sammlung
dialog 57

EPOCHEN DEUTSCHER KULTUR
VON 1870 BIS ZUR GEGENWART

BAND 5

RICHARD HAMANN / JOST HERMAND

EXPRESSIONISMUS

Mit 50 Abbildungen

NYMPHENBURGER VERLAGSHANDLUNG

Lizenzausgabe für die Bundesrepublik Deutschland, Österreich und die Schweiz
des im Akademie-Verlag GmbH., Berlin – © 1976 – unter dem Haupttitel
„Deutsche Kunst und Kultur von der Gründerzeit bis zum Expressionismus"
erschienenen Bandes „Expressionismus"
Druck: Passavia Passau
Umschlagentwurf: Ingeborg Geith & Willem Weijers unter Verwendung
eines Ausschnitts aus dem Werk „Lyrique" von Wassily Kandinsky;
mit freundlicher Genehmigung von Frau Nina Kandinsky, © by ADAGP,
Paris und COSMOPRESS, Genf.
ISBN 3-485-03057-0 (Pb) · 3-485-04057-6 (Ln)
Printed in Germany

INHALTSVERZEICHNIS

VORWORT

In den Dreck gezogen, als ‚entartet' bezeichnet und zugleich überschwenglich gepriesen, ja bis in den Himmel gehoben: so schwankte das Bild des Expressionismus jahrzehntelang zwischen den ideologischen Fronten. Seit den frühen zwanziger Jahren gibt es wohl kaum eine politische oder künstlerische Strömung, die sich nicht in vehementer Weise mit diesem Phänomen auseinandergesetzt hätte. Denn eine solche Eruption politischer, ästhetischer und rein emotionaler Kräfte, die ziellos nach allen Richtungen auszubrechen schien, ließ sich einfach nicht übersehen. Hier waren sie alle betroffen: ob nun die Rechten oder Linken, die Engagierten oder Nichtengagierten. Und so konnte es kommen, daß ein und dieselbe Bewegung als präkommunistisch oder präfaschistisch, als reiner Kunstausdruck oder bloßer Politabklatsch, als bürgerlich-idealistisch oder bolschewistisch-aktivistisch, als soziologisch bedingtes Massenphänomen oder Ausdruck jenseitig verzückter Einzelner verdammt oder hochgejubelt wurde – je nachdem welcher Ideologie man sich selber verschworen hatte. Doch so hanebüchen manche dieser Urteile auch klingen mögen, erstaunlicherweise treffen sie alle auf irgendeine Weise zu. Der ‚Expressionismus' ist nun einmal ein höchst komplexes Gebilde, das sowohl künstlerisch als auch weltanschaulich nur schwer auf einen Nenner zu bringen ist. Wild zwischen den extremsten Gegensätzen hin- und herflackernd, hier im rein Subjektiven, dort im rein Kollektiven, hier im rein Geistigen, dort im rein Triebhaften untertauchend und dann mit jauchzend-verzückter Simultangebärde alle diese Polaritäten in eins zusammenfassend, steigert er sich immer wieder in jenen Universalrausch hinein, der gerade in seiner absoluten Verschwommenheit so unverkennbar ‚expressionistisch' wirkt.

Abgestoßen von dieser unwissenschaftlichen Tendenz zu grenzenloser Vermischung, haben daher viele Expressionismus-Forscher versucht, dieses schillernde Phänomen auf e i n e Komponente festzunageln und den Expressionismus mit wechselnder Akzentsetzung als Ausdruck deutsch-gotischen Jenseitsdranges, avantgardistischer Formexperimente, bohemienhafter Zügellosigkeit, nietzscheanischer Lebensverkultung oder radikaler Geistigkeit zu interpretieren, um nicht ständig mit jener zum Topos gewordenen Stange im Nebel herumzufuchteln oder fahrlässig ‚ins Allgemeine zu wabern', wie sich Gottfried Benn gern ausdrückte. Doch jeder Versuch, den Expressionismus auf ein säuberlich umgrenztes Spezialphänomen zu beschränken, hat stets dahin geführt, wohin solche Untersuchungen notwendig führen müssen: ins Spezialistische und damit Undialektische, das über dem ästhetisch oder weltanschaulich Partikularen das im hegelschen oder gesellschaftswissenschaftlichen Sinne ‚Ganze' aus dem Auge verliert. Obendrein ist dadurch das Dilemma entstanden, daß es nicht mehr einen, sondern eine ganze Reihe von ‚Expressionismen' gibt, hinter denen man kaum noch das gleiche historische Urbild vermuten würde. Aufgrund dieser chaotischen Pluralität der Meinungen zeichnet sich seit einiger Zeit bei manchen Kunst- und Literaturwissenschaftlern die Neigung ab, auf diesen Begriff überhaupt zu verzichten oder den Expressionismus als eine kurzlebige Episode im Rahmen einer allumfassenden ‚Moderne' aufgehen zu lassen, die schon mit dem Naturalismus beginnt und in bürgerlich-modernistischer Sicht gern zu jener ‚Avantgarde in Permanenz' erhoben wird, die wie die Pariser ‚haute couture' jedes Frühjahr in verwandelter Form neue Urständ feiert.

Entgegen solchen Tendenzen wäre es nicht unangebracht, die Frage nach dem spezifisch ‚Expressionistischen' ruhig einmal etwas konkreter und gesellschaftsbezogener zu stellen, was sich nur durch eine genauere Bestimmung des historischen Stellenwerts dieser Bewegung und zugleich eine kulturgeschichtliche Integration ihrer verschiedenen ästhetischen Erscheinungsformen erreichen läßt. Ideologische Verdikte oder immanente Werkinterpretationen helfen hier ebensowenig weiter wie bloß an der Literatur oder bloß an der Malerei ausgerichtete Sehweisen. Denn bei einer so ‚universalen' Bewegung wie dem Expressionismus liegt nun einmal der Wert des Ganzen – wie schon im sogenannten ‚Sturm und Drang', bei den Jungdeutschen oder dem Naturalismus – nicht im ästhetisch Bleibenden oder geistig Wiederverwendbaren, sondern vornehmlich im Bereich des entwicklungsgeschichtlich Bedeutsamen. Betrachten wir daher im folgenden den Expressionismus einmal so, wie er sich selber verstand: als ‚Revolution', als Aufbruch, Erhebung oder Wandlung, worin der Wille zu einer grundsätzlichen Umwälzung der bestehenden Verhältnisse zum Ausdruck kommt. Denn was auch immer die einzelnen Expressionisten unterscheidet, der Hang zum Extremen, Aufrührerischen oder Weltumstürzenden ist wohl allen gemeinsam. An dieser These läßt sich schwerlich rütteln. Die Schwierigkeit der Expressionismus-Deutung beginnt erst mit der Frage, woher denn diese ‚revolutionäre' Gesinnung eigentlich stammt und wohin sie tendiert.

Man könnte es sich leicht machen und diesen gesteigerten Ausdruckswillen auf die geschichtlichen Ereignisse zwischen 1914 und 1923 zurückführen: auf Krieg, Revolution, Nachkriegsmisere und Inflation. Doch damit erfaßt man nur einen Aspekt dieser höchst facettenreichen Bewegung. Schließlich ist das typisch ‚Expressionistische', das sich trotz aller ideologischen und formalen Divergenzen nun einmal nicht übersehen läßt, schon um 1910 in aller Schärfe ausgeprägt. Die Maler der „Brücke" und des „Blauen Reiters", Dichter wie Trakl, Heym, Stadler, Sternheim, Kaiser, Aktivisten wie Hiller, Nelson, Pfemfert, ja selbst Komponisten wie Schönberg und sein Kreis treten alle schon vor dem ersten Weltkrieg mit Werken an den Tag, die von den schockierten Bildungsbürgern dieser

Ära als etwas absolut Neues, nämlich radikal ‚Expressionistisches' empfunden wurden. Der ekstatische Aufschrei in der Kunst dieser Jahre läßt sich deshalb nicht einfach als bloße Widerspiegelung der politischen Geschehnisse und Entwicklungstendenzen interpretieren, so bestechend eine solche These auf den ersten Blick auch wirkt. Man könnte eher umgekehrt sagen: Der Expressionismus ist kein Produkt, sondern ein Agens der folgenden Umwälzungen. Denn bei genauerem Zusehen liegt ihm eine wesentlich tiefergehende Auflehnung gegen alles Überlieferte und Traditionsbewußte zugrunde als lediglich ein gefühlsmäßig übersteigerter Affekt gegen den ersten Weltkrieg. Auf eine Formel gebracht, kommt in ihm ein Protest gegen die Gesamtheit jener wilhelminisch-militaristischen und bürgerlich-kapitalistischen Lebens- und Wirtschaftsformen zum Durchbruch, wie sie bereits seit der Reichsgründung von 1871 bestanden und die im ersten Weltkrieg lediglich ihre äußerste Zuspitzung erfuhren. Im Rahmen des Expressionismus wird also nicht nur die wilhelminische Junkerkaste samt ihren ideologischen und finanziellen Steigbügelhaltern angegriffen, sondern das privatkapitalistisch-autoritäre ‚System' mit all seinen Verkrüppelungen der menschlichen Natur, seinen innenpolitischen Unterdrückungsmechanismen und imperialistischen Eroberungsgelüsten überhaupt in Frage gestellt.

Ebenso radikal wie die Verdammung der bestehenden Machtverhältnisse ist die Zielutopie vieler Expressionisten. Mit der Größe und zugleich Problematik eines allumfassenden Anspruchs wird der dem ‚Untergang' geweihten Welt der bürgerlichen Ordnung in den Manifesten und Pamphleten dieser Richtung immer wieder eine neue ‚Offenheit dem Universalen gegenüber' gefordert, die nicht selten im Postulat einer Totalerneuerung sämtlicher menschlichen Verhältnisse kulminiert. Und zwar bedient man sich dabei aller nur erdenkbaren Mittel: des Schocks, des bloßen Bürgerschrecks, der politischen Agitation, des überspannten Schreis, der puerilen Enthemmung – je nach der ideologischen Bewußtheit der jeweiligen Trägerfiguren. Neben den politisch direkten Richtungen laufen darum auch eine Reihe idealistisch-geistbetonter, rein zynischer, anarchistischer oder neureligiöser Strömungen einher, ja überlagern sie sogar streckenweise, da sich die älteren Ideologien, die noch aus der Welt der Stilkunst um 1900 stammen, manchmal als so mächtig erweisen, daß der expressionistische Impuls nur in grotesker Umstilisierung zum Durchbruch kommt. Der revolutionäre Ansatz dieser Bewegung ist deshalb ständig der Gefahr ausgesetzt, aus dem Konkreten ins Allgemeine, Menschheitliche, Utopische, ja Größenwahnsinnige umzukippen. Nur so läßt sich verstehen, daß sich im Bereich ihrer Schlagworte geradezu alles findet, was sich an ‚revolutionären' Losungen denken läßt: die Freiheit-Gleichheit-Brüderlichkeit-Ideale der Französischen Revolution, die christliche Forderung des Mitleids und der Nächstenliebe, der demokratische Elan der Achtundvierziger-Bewegung, die Ideen des Weltkommunismus, des radikalen Pazifismus oder eines humanistisch-idealistischen Aktivismus, woraus meist eine allgemeine Aufbruchstimmung abgeleitet wird.

Der typische Radikal-Expressionist ist daher ‚ewig im Aufruhr', ein ‚homme révolté', der sich die totale Zerstörung der alten Welt zur Aufgabe setzt. Wo alles stagniert oder dem Untergang zueilt, empfindet er die ‚Revolte' als das einzige, was noch einen belebenden Impuls vermittelt. „Revolte ist das stete Prinzip", schreibt Carl Einstein schon 1912, „das der einzelne in sich trägt, eine Gemüts- und Denkform" (S. 47). Und so liest man in den Schriften der eindeutigen Revolutionäre ständig von einer unbarmherzigen Zerfetzung und Zertrümmerung alles Bestehenden, einer kommenden ‚Menschheitsdämmerung', einem Jüngsten Gericht oder einer apokalyptischen Katastrophe, da man fest davon überzeugt ist, daß sich eine wirklich ‚neue' Welt nur auf den Trümmern der alten oder – noch besser – aus dem Nichts heraus aufbauen lasse. Wie jede echte Revolution will auch der Expressionismus wieder mit dem Jahre Null anfangen, ja glaubt aus diesem radikalen Neubeginn seine besten Kräfte ziehen zu können. Kein Wunder, daß sein Groll gegen die herrschende Ordnung oft so ekstatische Züge annimmt und sich in eine blindwütige Raserei der absoluten Vernichtung überschlägt. Alles – der Staat, das Gesellschaftssystem, die Kultur, ja selbst das persönlichste Gefühl – erscheint ihm vom Ungeist der alten Mächte infiziert und damit der totalen Verderbtheit und Korruption anheimgegeben. Anstatt sich, gleich dem ebenfalls rebellischen Naturalismus, nur mit Einzelaspekten wie der Milieudeterminiertheit und der sozialen Frage auseinanderzusetzen, geht die Avantgarde des Expressionismus stets aufs Ganze: als gelte es, die Welt durch eine ins Kosmische greifende Universalrevolution zu erlösen. Hier wird nicht reformiert, sondern revolutioniert, und zwar mit dem Elan eines kompromißlosen Absolutheitsstrebens, das sich nur dem ‚Unendlichen' gegenüber verpflichtet fühlt.

Aufs Künstlerische übertragen, bedeutet das, daß man das rein Ästhetische weit hinter sich läßt und sich nicht mehr bloß als Maler, Komponist oder Dichter, sondern als ‚Volkstribun' fühlt, der mit allen ihm gegebenen Mitteln gegen die Mächte des Terrors, des Kapitalismus, des Militarismus und Imperialismus zu Felde zieht und auch die nötigen Konsequenzen dieses Kampfes ins Auge faßt. Für die L'art-pour-l'art-Theorien der Form- und Jugendstilkünstler der Jahrhundertwende haben darum diese Kreise nur Verachtung übrig. So spricht Ernst Stadler einmal abschätzig von den Auskostern „zerebraler Gourmandisen" und den „snobistischen Predigern eines geistigen Dandytums", wie man sie um 1900 allenthalben angetroffen habe (II, 27). Andere drückten sich in dieser Hinsicht noch schärfer aus. „Ein schlecht gemachtes Propaganda-Stück des Vereins zur Bekämpfung der Geschlechtskrankheiten", schreibt Johannes R. Becher am 6. November 1915 in der „Aktion", „erscheint uns heute ... bei weitem gewichtiger als das ziselierteste gleitendste Rilke-Gebild" (Sp. 562). Ja, manche – wie der frühe Georg Heym oder Carl Einstein in seiner Studie „G. F. R. G. (Gesellschaft für religiöse Gründungen)" – scheuten sich nicht, das religiös-mythologische Dekor der Jahrhundertwende in aller Offenheit als ‚Humbug' anzuprangern. Was man neben den inhaltlichen Verstiegenheiten in den Werken eines Richard Strauss, Gustav Klimt, George, Rilke oder Hofmannsthal als ebenso verdammenswert empfand, war der Kult der schönen Form, das Geschniegelte und Geglättete, das nur dem Anspruch des Vornehmen dient. „Man verwechselte Dichten und Würde", heißt es in Kasimir Edschmids „Frühen Manifesten", „man glaubte, das Wesentliche sei das Erlauchte, die Würde sei besser als der Mut unbedenklichen Zugriffs" (S. 29). Mit gleicher Zielsetzung schrieb George Grosz 1924 in dem Bändchen „Situationen" (S. 1):

> „Kunst ist für mich keine ästhetische Angelegenheit. Zeichnen nicht Selbstzweck ohne Sinn. Kein musikalisches Gekritzel, das nur von feinnervigen Gebildeten zu erfühlen und zu erraten ist. Zeichnen hat sich wieder einem sozialen Zweck unterzuordnen".

Wohin man auch blickt, wird daher die Kunst der Jahrhundertwende – vor allem der Jugendstil – von den Expressionisten als bloße Nabelschau oder Formeneitelkeit diffamiert, die sich in reinen, aber nichtssagenden Sprach-, Ton- und Liniengebilden erschöpft habe.

Im Gegensatz dazu streben die ‚hommes revoltés' im expressionistischen Lager nach einer ‚poésie engagée', ‚art engagée' und ‚musique engagée', die sich ausschließlich von der Größe ihrer Ideen oder ihres menschheitlichen Elans leiten läßt. Hier werden Künstlertypen gepriesen, die auf alles Private verzichten, aus ihrer persönlichen Einsamkeit heraustreten und sich zu geistigen oder politischen Führern aufschwingen. Das Ideal der Radikal-Expressionisten ist daher der Ausrufer, der sich ständig auf einer imaginären Tribüne bewegt und die um ihn versammelte Volksmenge mit ekstatischer Gebärde zur Revolution mitzureißen versucht. So heißt es bei Walter Hasenclever in seinem Gedicht „Der politische Dichter" (MD, S. 216):

> „Er wird ihr Führer sein. Er wird verkünden.
> Die Flamme seines Wortes wird Musik.
> Er wird den großen Bund der Staaten gründen.
> Das Recht des Menschentums. Die Republik".

Ebenso lautstark versucht Johannes R. Becher auf seine Hörer einzureden (A 1915, Sp. 562):

> „Zimmert, zimmert Tribünen! redet! schallt, spaltet! entblättert, schält euch! streut euer Honig-Beet-Gesicht stäubend unter klaffende Krater-Menge; brüllende Verteilung euerer Manifeste. Kosmischer Verantwortung sich schwer lastend und erhaben zugleich bewußt zur ewigen Geschichte – hört hört! – feuerig, entscheidend und brav sein Teil beitragen. Wieviel unendlich mal wertvoller dies –: als fein korrekt, verbildet stolz, abseitig . . . Völker! Freunde! Ihr Angehörigen aller, aller Staaten! Provinzen des Geistes stellt euch! Erwidert! Haltet Versammlungen ab! Diskutiert! Von neuer Marseillaise elektrisch bengalisch flankiert".

Ludwig Meidner: Titelblatt (1919)

Was für George noch etwas ‚Sakrales' war, dem man sich nur mit der nötigen Ehrfurcht nähern durfte, wird so zu einer Kunst in billigster Form: zum Massenartikel, zum Pamphlet, zum Aufruf, zum Plakat, zum Donnerschlag, der Herzen und Hirne öffnet. Jedes geschriebene oder gemalte Produkt soll in schlagwortartig vereinfachter Form erscheinen, sich wie ein Zeitungsblatt „An Alle!" wenden, wie ein Lyrikband Bechers in Anlehnung an Lenins berühmten Funkspruch heißt, und von allen verstanden werden. Dazu passen aufrührerische Blätter wie die „Aktion", der „Sturm", die „Tribüne", die „Revolution" oder die „Erhebung", die schon im Titel zu verstehen geben, daß hier die Kunst nicht zum Besten der Kunst, sondern zum Besten der Menschheit betrieben wird. Überhaupt versteht sich die Literatur dieser Richtung mehr und mehr als Waffe, als Propaganda, als Florett. „Wir wollen eine Literatur", schreibt Kurt Hiller einmal enragiert in seinem „Aufbruch zum Paradies" (1922), „die birst vor Tendenz, nicht Literatur zu bleiben" (2. Aufl., S. 20). Nicht minder entschieden äußerte sich Sternheim zu dieser Frage, der im Vorwort zu den „Schippeliana" (1917) von Ottomar Starke die lapidare Behauptung aufstellte, daß „stets alle eigentliche Kunst politisch war" (S. 8). Auch die bildenden Künstler wollten hinter diesem Anspruch nicht zurückstehen. Statt weiterhin wohlbehütete Museumsstücke zu schaffen, an denen sich nur Künstler und Kenner delektieren, forderten selbst sie eine aktivierte Kunst, die sich in Form von Plakaten, Holzschnitten und Zeitungs- und Zeitschriftenillustrationen direkt an die breiten Massen wendet. „Bilder sind Extrablätter über den letzten Stand des Geistes", schreibt Felix Stiemer über die Holzschnitte von Felixmüller, „fort aus den Ausstellungen. Auf die Straße! Verkauf des geistigen Telegrammverkehrs in Millionenauflagen" („Schöne Rarität", Juni 1918).

Das Ergebnis dieses expressionistischen Aktivismus ist ein Gesinnungspathos, das sich in jeder sprachlichen oder bildkünstlerischen Geste unmittelbar an die Öffentlichkeit richtet. Im Gegensatz zu Stimmung, Stil und Form – den Idealen von 1900 – erstrebt man jetzt eine Tendenzkunst, deren höchstes Ziel der revolutionäre Umsturz aller bestehenden Verhältnisse ist. Man will mit einem Appell an die Menschheit einen ‚Kreuzzug des Geistes' entfachen, wie es häufig heißt, der weder Maß noch Grenze kennt. Wer sich nicht zu diesem ‚Neuen Pathos' bekennt, wird von vornherein als Schwächling oder dünnblütiger Ästhet abgestempelt. Besonders die Lyrik dieser Ära schwelt ständig in diesem hochgespannten Ton: agitatorisch wie bei Hasenclever, hymnisch wie bei Werfel oder explosiv wie bei Becher, als seien Gedichte so etwas wie ‚Extrablätter des Geistes', die man von einer weithin sichtbaren Tribüne auf eine unübersehbare Volksversammlung herunterflattern läßt. Doch auch die Dramatiker, vor allem Toller, Unruh und Hasenclever, stellen sich gern in den Dienst der politischen Agitation. Überhaupt dichtet man stets so, als ob man sich auf einem Podium, einer Kanzel oder einem Rednerpult befände und eine Hörerschaft vor sich habe, die man zu einem grundsätzlichen Gesinnungswandel aufrufen muß. Mit jedem gedruckten oder gesprochenen Wort will man erziehen, wirken, beeinflussen, Idealismus verbreiten, das heißt wie ein Prediger erheben oder wie ein Propagandaredner mitreißen. So ruft etwa Sorges Bettler zu Anfang des vierten Aktes im Überschwang seiner revolutionären Gefühle in den Zuschauerraum hinein:

> „Seht doch, ich stürme unter euch, die Fackel
> Rot in geschwungener Hand. Empfangt mich doch!
> Umdrängt mich doch! Ich bin des Segens voll!"

Welch ‚universaler' Anspruch in einer solchen Geste steckt, kommt wohl am deutlichsten in jenem berühmten „Appell an die Kunst" von Iwan Goll zum Ausdruck, der in seinem Wortschwall wie auch in seinen herausfordernden Postulaten gleichermaßen ‚expressionistisch' wirkt (A 1917, Sp. 599 f.):

> „Kunst ist kein Beruf. Kunst ist kein Schicksal. Kunst ist Liebe. Liebe erheischt Gegenliebe, ist eine bilaterale Angelegenheit.
> Kunst erheischt Publikum, ist eine öffentliche Angelegenheit. Kunst wird heute zur sozialen Liebestätigkeit. Darum, Künstler, tritt ins Volk und zeige ihm dein großes Herz. Deine Rufe an den Menschen, deine Volksreden, werden Gedichte sein ...
> Der Ich-Lyriker lügt, der sich von der Menschheit abtrennt und seinen imaginären Schmerz mit Rosenöl beträuft.
> Der Maler lügt, der sich in Miniaturen und Personenporträts einzwängt; er hat kein großes, offenes Herz, nicht die gottgefüllte Geste ...
> Wer ein Herz hat, der stellt sich vor die Menschen hin, der reißt sich auf und sagt den Schmerz der Millionen, die um ihn herum leiden.
> Der baut Tempel, weite Hallen, unendliche Gärten, zwitschernde Paradiese, die runden Gewölbe des Volkshauses, wo Brudermenschen zusammenstehen und zusammen leiden; Tribünen, von denen die rote Wahrheit erbarmungslos in die schwarze Welt geschüttet wird, Wahrheit, eine ätzende Helligkeit, schwerer zu vertragen für Menschenaugen als die Flüssigkeit der Sonne.
> Der Maler zeigt in erschütternden Fresken die große Berufung der Menschheit: den großen, irisierenden Mann, die ewige Allegorie der Schönheit.
> Und du, Dichter, schäme dich nicht, in die verlachte Tuba zu stoßen. Komm mit Sturm. Zerdonnere die Wölklein romantischer Träumerei, wirf den Blitz des Geistes in die Menge. Laß ab von den zarten Verirrungen und leichten Verzweiflungen des Regenwetters und der Dämmerungsblumen.
> Licht brauchen wir: Licht, Wahrheit, Idee, Liebe, Güte, Geist! Sing Hymnen, schrei Manifeste, mach Programme für den Himmel und die Erde. Für den Geist!"

Weit überzeugender als in jeder noch so suggestiven Interpretation wird in diesen Langzeilen ein ethischer Radikalismus beschworen, der in seiner naiven Inbrunst etwas Peinliches und zugleich Atemberaubendes hat. So unmittelbar wie nur möglich wird hier einzig an den ‚guten Willen' appelliert, als gäbe es für einen rigoros gesinnten Menschen überhaupt keine zeitlichen, räumlichen oder klassendeterminierten Begrenzungen. Doch hinter all diesen blasphemischen Übersteigerungen schlägt für den, der historisch zu lesen versteht, ein rebellisches und zugleich von nobelsten Impulsen beseeltes Herz. Wer sich also bereits von diesem Gedicht abstoßen läßt und die in ihm ausgesprochene Gesinnung als bloßes Hirngespinst, wildgewordenen Idealismus oder kleinbürgerliche Sentimentalität verurteilt, wird nie ein rechtes Verhältnis zum Expressionismus bekommen. Denn in Sätzen wie diesen, deren ‚Sozialismus des Herzens' bei den Ästheten dieser Ära lediglich einen schlechten Nachgeschmack hinterließ, manifestieren sich nun einmal die einzigen Proteste, die sich in diesen Jahren finden lassen. Ansonsten herrscht vor und während des ersten Weltkrieges auf künstlerischem Gebiet weitgehend die altbekannte ‚Trägheit des Herzens', die sich höchstens zu „Betrachtungen eines Unpolitischen" aufzuraffen versteht – oder, was noch schlimmer ist, eindeutig ins Horn des Imperialismus stößt und vom angestammten ‚Platz an der Sonne' oder vom ‚Recht des Stärkeren' faselt.

Man stochere daher in der expressionistischen Literatur nicht nur unter ‚ästhetischen' Gesichtspunkten in den Werken von Trakl, Heym und Stadler herum oder ziehe Außenseiter wie Barlach und Kafka heran, um durch die Hereinnahme solcher Autoren dem Ganzen mehr Gewicht, mehr Tiefe, mehr pseudo-metaphysischen Hintersinn zu geben. Entwicklungsgeschichtlich bedeutsamer sind auf jeden Fall die anderen: die Toller, die Kaiser, die Sternheim, die engagierten Lyriker und aktivistischen Theoretiker. Denn erst durch sie wurde ein geistiger und politischer Elan entfesselt, ohne den der Expressionismus wohl nie ein auf ‚Revolution' hindrängendes Gruppen-, ja geradezu Massenphänomen geworden wäre. Mag dieser ‚Aufruhr des Herzens' auch noch so stark mit ideologischen Schwächen belastet, noch so vordergründig und bombastisch sein: er war es, der zu jener Engagiertheit im weltgeschichtlichen Sinne und zugleich Forderung nach grundsätzlicher Umgestaltung aller menschlichen Verhältnisse führte, die dem Expressionismus seine Größe und seine bis heute weiterwirkende Verpflichtung geben. Daß es dabei im einzelnen zwischen einem vordergründigen Berauschtsein und einem wesentlich tiefer bohrenden Umgestaltungswillen zu unterscheiden gilt, da vielen Expressionisten die Zielrichtung dieser Revolution lange Zeit weitgehend unbewußt blieb, wird sich im folgenden zeigen. Behalten wir jedoch trotz dieser Unterschiede stets den grundsätzlich ‚revolutionären' Zug dieser Literatur im Auge, der ihr so oft abgestritten worden ist.

Ähnliches trifft auf die Malerei, Architektur und Musik dieser Richtung zu, obwohl man für diese kaum ein gutes Wort einzulegen braucht, da sie in den Werken der „Brücke", des „Blauen Reiters", des Bauhauses und des Schönberg-Kreises längst eine Weltgeltung besitzt, die den Dichtern des Expressionismus nur in Ausnahmefällen (und auch dann nur vorübergehend) zuteil geworden ist.

Doch vielleicht sollte man selbst in diesen Bereichen in Zukunft weniger nach dem im ominösen Sinne ‚Bleibenden' oder ‚Metaphysischen' Ausschau halten, sondern auch dort mehr die zeitgeschichtliche Relevanz, die emanzipatorischen Impulse und die historischen Konsequenzen der einzelnen Werke ins Auge fassen. Denn schließlich war der Expressionismus sogar in der Malerei, Architektur und Musik in erster Linie ein Fanal, ein Wendepunkt, eine auf radikalen Postulaten beruhende Revolutionskunst – und keine ‚foine' Angelegenheit für Ästheten, die sich lieber an anderen Epochen literarisch stimulieren sollten.

Beginnen wir daher in medias res, das heißt mit jenen Stimmen der expressionistischen Kunst, in denen der Schrei nach dem Totalumsturz der bestehenden Ordnung zum Ausdruck kommt. Daß sich dabei notwendig einige Vergröberungen einstellen, ist bei einem Überblick, der alle drei Künste ins Auge zu fassen versucht, wohl kaum zu vermeiden. Kennern des Expressionismus wird hier bei jedem Zitat sofort ein zweites oder drittes Beispiel einfallen, daß ihnen ebenso überzeugend erscheint wie das im Text angeführte. Doch eine solche Verknappung gehört nun einmal zum Wesen jeder Epochendarstellung – es sei denn, man weiche von vornherein ins Enzyklopädische aus. Etwas problematischer bleibt dagegen ein anderer Aspekt. Was nämlich in dem Abschnitt „Der Totalaufstand gegen die bestehende Ordnung" an einseitig ‚negierenden' Elementen herausgeschält wird, ist in der Praxis der expressionistischen Kunst meist auf eine höchst simple und doch vertrackte Weise dialektisch mit jenen Elementen verbunden, die erst im zweiten Hauptabschnitt über die „Zielutopie der expressionistischen Revolution" erscheinen. Hier wird also manches – aus Gründen der Darstellung – auseinandergerissen, was an sich zusammengehört. Expressionismus ist selten bloße Destruktion oder bloße Utopie, sondern meist „Triumph und Verfall" zugleich. Man nehme deshalb bei der Lektüre stets ein imaginäres Stereoskop zur Hand, um die Einheit des Ganzen im Auge zu behalten und nicht zu vergessen, daß jede Auffächerung in Einzelaspekte zwangsläufig gegen das Prinzip des ‚Expressionistischen an sich' verstoßen würde. Diese Bewegung ist eben im Einzelnen nur schwer zu fassen, da sie selbst im unscheinbarsten Detail sofort ins ‚Universale' tendiert. Doch mit irgendetwas muß man ja schließlich beginnen. Fangen wir also mit dem vordergründigen und einseitig herauspräparierten ‚Schrei nach dem Umsturz' an. Die verschiedenen dialektischen Wechselbezüge, die den Expressionismus als Gesamtheit durchdringen, werden sich später schon noch deutlich genug zu erkennen geben.

DER TOTALAUFSTAND GEGEN DIE BESTEHENDE ORDNUNG

THEMEN, STOFFE, MOTIVE

Eine so radikale Grundgesinnung, wie sie für den Expressionismus nun einmal typisch ist, verlangt notwendig nach einer ebenso radikalen Thematik. Viele Vertreter dieser Bewegung begannen dabei im psychologisch-privaten Bereich, indem sie den revolutionären Gegensatz des Alten und des Neuen auf einen dramatisch erlebten Generationskonflikt zurückzuführen versuchten. Gestützt auf das unveräußerliche Recht der jugendlichen Selbstbestimmung, das zu gleicher Zeit auch Hans Blüher, Gustav Wyneken, die ‚Freie Schulgemeinde' und der ‚Wandervogel' propagierten, wandten sich gerade die Frühexpressionisten immer wieder mit abgrundtiefem Haß gegen jede Form von Autorität, die nach wilhelminischen Vatervorstellungen roch. Und so stößt man häufig auf jene typisch ‚bürgerlichen' Probleme eines Sprößlings aus ‚gutem Hause', der gerade seine Gymnasial- und Studienjahre absolviert und sich dabei nicht so frei entfalten kann, wie er ursprünglich gehofft hatte. Durch diese Art von expressionistischer Revolutionsliteratur zieht sich darum stets der Kampf des jugendlich-faustischen Menschen mit dem ‚heilig glühenden' Herzen gegen die Welt der Spießer, Philister und Famulus-Typen, deren Leben sich in beschränkter Untertanengesinnung und eifrigster Pflichterfüllung erschöpft. Von Werk zu Werk begegnet man hier denselben lebenshungrigen, leistungsverweigernden, genialisch veranlagten Jünglingen, die sich in offenem Aufruhr gegen die moralische Stickluft und arbeitsame Pedanterie ihrer Elternhäuser befinden. Statt sich im bürgerlichen Sinne verwursten oder unterbuttern zu lassen, nimmt man in diesen Bereichen die Freiheit für sich in Anspruch, aufzubrechen wohin man will.

Im Gegensatz zu naturalistischen Antiautoritäts-Dramen wie Hauptmanns „Friedensfest" (1890) oder Wedekinds „Frühlings Erwachen" (1891) äußert sich das spezifisch Neue und Andersartige dieser pathetisch vorgetragenen Vaterverleugnung vor allem in ihrer unterschwelligen Tendenz ins Psychoanalytische und Tiefenpsychologische, das in den Werken vor 1910 nur eine höchst periphere Rolle spielt. Durch diese halb bewußte, halb unbewußte Anlehnung an Freud wird in manchen expressionistischen Dichtungen ein ‚Urhaß' entfacht, der sich mit ausschließlich milieudeterminierten oder individualpsychologischen Kriterien, wie sie noch in den achtziger und neunziger Jahren im Vordergrund gestanden hatten, nicht mehr interpretieren läßt. Während es im Sturm und Drang, bei den Jungdeutschen und im Naturalismus bei solchen Vater-Sohn-Konstellationen stets um die Nöte einer deutlich differenzierten Einzelseele gegangen war, dominieren jetzt überindividuelle Faktoren wie Kastrationsangst, ödipale Bindung an die Mutter oder Vatermordgelüste, wodurch das Spannungsverhältnis zwischen Vater und Sohn auf spezifisch expressionistische Weise ins Grelle und Aggressive gesteigert wird und zugleich einen ‚universalen' Anstrich erhält. An die Stelle des psychologischen Konfliktdramas tritt so im Expressionismus meist das einpolige Wandlungsdrama, in dem sich der eingeschüchterte Jüngling am Schluß ruckartig zu einem autonom handelnden Manne entwickelt.

In Sorges „Bettler" von 1912 ist dieser expressionistische Vatermord noch eine aus Gift und gutem Willen zusammengebraute Erlösertat, um den irregeführten ‚Alten' aus seinen unheilbaren Wahnzuständen zu befreien. Daß dabei auch die Mutter mit draufgeht, erinnert ein bißchen an „Hamlet", aber auch an gewisse Hintertreppenromane, in denen es nie an ‚schönen Leichen' fehlt. Und zwar entschließt sich der Sohn zu dieser Handlung an demselben Tag, als der Vater nach Jahren kindischen Selbstgenügens seine Frau zum erstenmal wieder mit erotischen Forderungen bedrängt, was an freudianisch-ödipaler Symbolträchtigkeit kaum zu überbieten ist.

Das gleiche gilt für den „Sohn" (1914) von Hasenclever, obwohl in diesem Werk ein fast an Schillers „Don Carlos" gemahnender Idealismus zu herrschen scheint. Der Vater ist hier so grausam und tyrannisch, daß er seinem Sohn sogar die griechische Grammatik mit der Hundepeitsche beizubringen versucht. In allem, ob nun der karg bemessenen Freizeit, der Auswahl der Lektüre oder der Erledigung der Schulaufgaben, dominiert allein die Autorität des Erzeugers. Selbst die halb inzestuöse Bindung an seine Gouvernante hält deshalb den Sohn nicht davon ab, aus diesem Gefängnis gewaltsam auszubrechen. Kaum auf freiem Fuß angelangt, wird er von Gleichgesinnten dazu aufgestachelt, vor einer Gruppe von rebellischen Jugendlichen eine Brandrede gegen die Tyrannei der Väter zu halten. Danach sagt sein bester Freund von ihm (S. 98):

> „Hier war der Mann, den ich brauchte, du hattest, was uns allen fehlte –: Jugend und Glut des Hasses. Nur solche Menschen können Reformatoren sein. Du warst der Einzige, der Lebendige, der Rufer: Gott will es ... Die Tyrannei der Familie zerstören, dies mittelalterliche Blutgeschwür; diesen Hexensabbat und die Folterkammer mit Schwefel! Aufheben die Gesetze – wiederherstellen die Freiheit, der Menschen höchstes Gut. Denn bedenke, daß der Kampf gegen den Vater das gleiche ist, was vor hundert Jahren die Rache an den Fürsten war. Heute sind w i r im Recht! Heute singen wir die Marseillaise!"

Aufgeputscht durch solche Reden, geht Hasenclevers Sohn schließlich mit dem Browning in der Hand auf seinen Vater los. Doch den ereilt zum Glück der Schlag, so daß der Sohn sein Mordgewehr wieder unbenutzt in die Tasche stekken kann. Nach dieser zum Manne machenden ‚Heldentat' schiebt er sogar die mütterliche Gouvernante beiseite, um sich mit jambischem Elan der ganzen Menschheit in die Arme zu werfen.

Ebenso unüberbrückbar ist die tiefe Kluft, die den „Jungen Menschen" (1916) von Hanns Johst von seinen Bühneneltern trennt. Während sich die jugendliche Hauptfigur ständig mit ekstatischer Ausschließlichkeit zur „rasenden Wollust" bekennt, sind die ‚Alten' dieses Stücks längst zu pedantischen ‚Ich-Leichen' abgesunken, wie es im Jargon dieser Kreise gern heißt. Selbst der Tod ihres Sohnes, dessen Leben aus einer Folge tragisch durchlittener Kreuzwegstationen bestand, bringt sie nicht von ihren festgefahrenen Lebensgewohnheiten ab. „Wir haben unsre Pflicht getan!", sagt der Vater am frisch aufgeworfenen Grab, „wir müssen gehen! Es ist halb Eins . . . und um Eins ist schon das Essen gerichtet!" Worauf die Mutter voller Seelenkälte bemerkt: „Du bist so gut, Vater! . . . Ich hoffe, daß die Lende langt! Aber mit den Pilzen wird es knapp werden!!" (S. 87). Was bleibt dem jungen Menschen da anderes übrig, als mit einem kühnen Satz über die Friedhofsmauer zu springen und dem zu Tode erschrockenen Publikum jauchzend entgegenzustürmen?

Noch groteskere Dinge vollziehen sich in Fritz von Unruhs „Ein Geschlecht" (1917), in dem ein unentwirrbares Chaos von geschwisterlichen Inzestgefühlen, ekstatischem Liebestaumel, Menschheitsbeschwörung, Geistverzückung und Vernichtungsraserei zu herrschen scheint. Doch auch hier läßt sich der Grundimpuls dieser aufgestauten Erregung eindeutig auf einen abgründigen Vaterhaß zurückführen. So schleudert etwa der älteste Sohn seiner Mutter an einer Stelle folgende Tirade an den Kopf (S. 33):

„Dann hobt Ihr uns die Väter auf den Sockel
und jedes Wort der Kinderstube wies,
den Urtrotz in mir weckend, streng auf ihn,
bis ich, genährt am Zweifel, kraftentschlossen
dies Vaterbild, das Gott geglichen, stürzte.
Da liegt es wie ein Steinklotz überm Weg!
Ich steige drüber weg und blas den Schutt
von allen Wurzeln meiner Seele ab".

Ähnliche Gefühle beseelen den jungen Friedrich in Ernst Tollers „Die Wandlung" (1919), wenn auch nicht in dieser Kleistschen Verkrampfung wie bei Unruh. Auch sein Vater hatte stets auf „wohlanständiges Leben und gefestigten Wandel" gedrängt und ihm dadurch jede innere Entfaltungsmöglichkeit genommen. „Damals als ich fort wollte", schreit Friedrich einmal auf, „zwang er mich, hierzubleiben . . . Er hat mir meine Jugend versperrt" (S. 20). Doch zum Glück stirbt dieser Vater früh genug und erspart damit seinem Sohn einen unnötigen Kraftaufwand.

Um so schlimmer ist der kleine Walter in Arnolt Bronnens „Vatermord" (1920) dran. Sein Vater prügelt und quält ihn geradezu ununterbrochen. Als er ihn einmal besonders bestialisch mißhandelt hat, beschwört Walter seine kuhäugig danebenstehende Mutter (S. 44):

> „Er ist kein Mensch / Was er mir antut / Die ganze Welt wollt das nicht tun / Mutter / Er haßt mich / Voll Neid und Haß schaut er auf mich / Und kennt mein Herz und sieht mein Hirn und ich weiß nicht wo ich mich verkriechen soll / Er schaut und ich bin ihm preisgegeben / Er denkt und ich bin ihm geopfert / Er spricht und ich bin vergiftet / Mutter / Was er will macht er mit mir / Das heiße Herz reißt er mir heraus".

Aufgrund dieser Konstellation steigert sich das Ganze in rasendem Crescendo zu einem freudianischen Finale, wie es im Buche steht. Als der Machtanspruch des alten Fessel (wie sollte ein solcher Vater anders heißen!) immer bedrückender wird, rennt ihm Walter schließlich das Küchenmesser in den Bauch. Im gleichen Augenblick reißt sich die Mutter die Kleider vom Leib und versucht, den jungen ‚Helden' auf ihr Bett zu zerren, den eigenen Sohn als den neuen Meister und Bezwinger anerkennend. Doch statt nun Ödipus mit dieser Iokaste zu spielen, macht sich Walter endgültig los und jubelt in das Weltall hinein (S. 80):

> „Niemand vor mir niemand neben mir niemand über mir der Vater tot / Himmel ich spring dir auf ich flieg / Es drängt zittert stöhnt klagt muß auf schwillt quillt sprengt fliegt muß auf muß auf / Ich Ich blühe".

Bis dahin tobt sich alles im engeren Rahmen der Familie aus. Auf Anhieb scheint hier jeder ein kleiner Ödipus zu sein, der so eng zwischen die jeweiligen Vatertyrannen und Muttergeliebten eingepfercht ist, daß sein eigenes Ich völlig zu verkümmern droht. Im Gegensatz zu Sophokles kippt jedoch dieses Dreierverhältnis nur in den seltensten Fällen ins Tragische um. Fast immer gelingt es dem ‚Sohn', am Schluß gewaltsam ins Freie auszubrechen und auf diese Weise seinen mitleidenden Altersgenossen ein heroisches Exempel zu setzen. Und damit tritt an die Stelle des alten Ödipus – trotz vieler freudianischen Implikationen – in den meisten dieser Werke der ‚neue Mensch' des Expressionismus. Mögen diese Gestalten auch noch so ichbezogen sein, letztlich spiegeln sie alle jenen ‚bürgerlichen' Sohn, der durch die Übernahme expressionistischer Ideale zwangsläufig in die Rolle eines politischen Rebellen hineinwächst.

Eins der interessantesten Dokumente dieser Entwicklung ist die Flugschrift „Die vaterlose Gesellschaft. Zur Psychologie der Revolution" (1919) von Paul Federn, in der die Revolution von 1918 als ein Aufstand gegen jene patriarchalische Gesellschaftsordnung gedeutet wird, die in Deutschland und der Donaumonarchie seit altersher in Gott und Kaiser kulminiert habe. Im Gegensatz zu dieser allmächtigen Vaterideologie fordert Federn in seiner Schrift eine kommunistische Bruderschaftseinstellung, bei der sich Marx und Freud geradezu kollegial die Hand reichen. Auf literarischem Gebiet läßt sich diese Wendung zu einer vaterlosen Gesellschaft am besten an Bronnens „Geburt der Jugend" (1922) demonstrieren, die mit den Klassenkampf-Wehen zwischen Schülern und Lehrern beginnt und sich dann vom Vatermord über den Elternmord bis zur Liquidierung aller Erwachsenen steigert. ‚Buben' und ‚Mädel' zerstampfen hier die lahmen ‚Alten' einfach unter ihren Rössern und verschmelzen zuletzt in einem dumpfen, heißen Leib, aus dem einige „phallisch Emporwachsende mit schaumigen Lippen und dampfendem Schweiß" nach oben schießen und den ekstatischen Hymnus „W-i-i-r Gott!" anstimmen. In dieser Szene ist das dichterische Ich endlich zur gesamten Jugend – und die gesamte Jugend zum dichterischen Ich geworden. Eine solche Szene hätte sich selbst Nietzsche in seinen wildesten Träumen nicht ausdenken können.

Doch damit demonstrieren alle diese Werke eigentlich nur das Recht der Jugend auf Jugend, wodurch sie bei aller ‚Radikalität' zwangsläufig im Bereich des Puerilen bleiben. Indem sie nämlich Jugend gegen Alter, Freiheit gegen Autorität, Genie gegen Spießertum setzen, proklamieren sie zwar das Neue, fallen aber zugleich in eine sentimentale Romantik zurück. Denn in diesen Dramen wird Freiheit nirgends als eine gesellschaftsorientierte Verpflichtung verstanden, sondern stets der unverstandene Einzelne beschworen, der vergebens gegen eine Welt der Dummheit anzukämpfen versucht. Kein Wunder, daß es gerade in diesen Jahren zu einer auffälligen Renaissance bisher verkannter Dichter wie Lenz, Hölderlin, Kleist, Büchner und Grabbe kam, die wegen ihrer Unbürgerlichkeit gegen einseitig verteufelte ‚Philister' wie Goethe und Gerhart Hauptmann ausgespielt werden. Allenthalben schwärmt man wieder für Kraftgenies und große Außenseiter, die sich wie in Kornfelds „Verführung" (1916) mit einer Welt banaler Spießer auseinandersetzen müssen, um ihnen die Aura des absolut Einmaligen zu geben.

Und so wird denn das ‚Revolutionäre' im Umkreis dieser Werke nur allzu häufig als Aufruf zu Genialität und Bohemienhaftigkeit mißbraucht, was zwangsläufig auf einen abgestandenen Liberalismus hinausläuft. Wie in Carl Ehrensteins „Klagen eines Knaben" (1916) oder Alfred Wolfensteins „Bäume in den Himmel" (1922) tauchen immer wieder Jünglingsgestalten auf, deren hochgespannte Wünsche meist nur darin bestehen, ein paar Mädchen zu verführen, reisen zu können, sich auszuleben oder was sie sonst noch unter ‚Entfesselung des Individuums' verstehen. Anstatt wirklich ‚welterschütternde' Taten ins Auge zu fassen, macht sich hier das frustrierte Verlangen von Achtzehnjährigen Mut auf Revolution, indem es ein schrankenloses Bekenntnis seiner geheimsten Sehnsüchte ablegt. Der tiefe Sinn der expressionistischen Antibürgerlichkeit kommt daher in diesen Werken, die auf einem schematisierten Generationskonflikt beruhen, der weitgehend im Bereich rein privater Gefühlsspannungen und -entladungen bleibt, noch gar nicht zum Durchbruch. Was diese Autoren erstreben, ist immer noch die ‚Freiheit' des bürgerlichen Liberalismus: das sich im Selbstgenuß erschöpfende Recht auf Liebe und Ungebundenheit. Wie in den Tagen der Romantik empört sich hier das Genie gegen den Philister und rennt schon in der ersten Szene ins Bordell, um damit seine absolute Unbürgerlichkeit zu demonstrieren, ohne zu merken, daß es damit die Welt seiner Väter lediglich perpetuiert.

Aus dieser Einstellung ergibt sich nur allzu konsequent, daß man bei seiner Verdammung der bestehenden Ordnung häufig bei einer ebenso altmodischen wie harmlosen Spießersatire stehenbleibt. Auf den ersten Blick wirkt die Art dieser Satire, vor allem wenn sie die Schärfe eines George Grosz besitzt, durchaus schlagend und neu. Denn schließlich waren die Revolutionen von 1789 und 1848 noch für und nicht gegen den Bürger eingetreten. Doch im Grunde handelt es sich bei diesen Attacken gegen die Welt der Philister, wie sie von manchen Expressionisten geritten werden, um eine recht romantische Angelegenheit. Nicht eine bestimmte Klasse wird in ihren Werken angegriffen, sondern eine abstrakte Front von Spießern, die sich quer durch die gesamte Gesellschaft zieht. So unterscheidet etwa Rudolf Leonhard in der Programmschrift „Tätiger Geist" (1918) nur zwischen zwei ‚Klassen': den „Bürgerlichen" und den „Unbürgerlichen" (S. 375). August Stramm bezeichnet diese beiden Gruppen in einem Brief vom 21. März 1915 an Herwarth Walden als die „Ister" und die „Werder". Noch radikaler geht Theodor Haubach vor, der 1919 im „Tribunal" die Frage „Wer ist Bürger? – Wer ist Mensch?" mit der These beantwortet (I, 52):

> „Bürger, d. i. kümmerlicher Mensch mit vermoosten Horizonten, enger begrenzter Nörgler am Leben, Sattzufriedener oder hämischer Besserer (hierher alle Reformer), ein Blutloser, Ordnungssüchtiger, Feind aller Höhe und Tiefen, Vergreister, Steriler, Botmäßiger, nie ganz reiner, nie ganz Böser. – Doch Mensch: Ungebärdig und nie ohne Chaos, Teufel und Gott, Tendenzloser, Sehnsüchtiger nach Abenteuer und Rätsel, voll tropischer und polarer Stürme in den Wettern der Seele, oft Tier, oft Engel, Aufbäumender zum gestirnten Himmel".

Bei einer solchen Perspektive nimmt es nicht wunder, warum so viele expressionistische Äußerungen den Standpunkt arroganter Literaten verraten, die sich besser dünken als der ‚große Haufen', dessen Banalität als geradezu ‚unerträglich' hingestellt wird. Auf diese Weise verwandelt sich der Begriff ‚Bürger' oder ‚Philister' in einen Sammelbegriff für alles, was man als ‚abgestandenes 19. Jahrhundert', als ‚Biedermeier' oder ‚juste milieu' empfindet. Ob nun im Adel, in der Arbeiterklasse, im Groß- oder Kleinbürgertum: überall sieht sich der Expressionismus mit Banausen oder Schmerbäuchen konfrontiert, die eigentlich gar kein Lebensrecht besitzen. Es ist daher nur konsequent, wenn Kornfelds Bitterlich in seiner „Verführung" (1916) den Spießer Josef bei seinem ersten Auftreten einfach erwürgt, weil ihn sein bloßer Anblick beleidigt. Anspruch auf Genuß und Liebe, wie überhaupt auf ein ‚erfülltes' Leben, hat eben hier nur das Genie.

Wenn man diesen „allgemeinen bourgeoisen Sumpf" zur Darstellung bringt, der nach Sternheims Schätzung fast „95 Prozent" des deutschen ‚juste milieu' umfaßt (VI, 173 ff.), wird daher an nichts gespart, um den Eindruck einer grotesken Atmosphäre der Servilität und Katzbuckelei zu erwecken. Wohl den aggressivsten ‚Spießerspiegel' dieser Art hat George Grosz gezeichnet. Auf seinen Bil-

dern nimmt die Welt der Spießer fast immer den Charakter des Tierischen oder zumindest Subhumanen an. Da gibt es die Raffkes mit den Schweinsäuglein und Hängebäckchen, die mit wulstigen Lippen über schmutzige Geschäfte grinsen. Da gibt es die wolfsköpfigen Richter und Pastoren, die kapitalistischen Faultiere, die Lebegreise mit der Rammlervisage, die dickbäuchigen Paviane oder Glatzköpfe, deren Gesichter wie Spanferkel glänzen. Da gibt es die Stammtischschweine mit den tropfenden Bierkrügen und herunterhängenden Hosenträgern, die Oberlehrer mit den Wotansbärten und die kleinen Angestellten mit den verdreckten Papiermanschetten. Ja, bei Grosz wird sogar die Szene des ‚Heiligen Abends', auf der sich eine verblödete Kleinbürgersgattin an „Stille Nacht, heilige Nacht" heiser krächzt, während sich ihr wurstfingriger Herr Gemahl eine Festtagszigarre in die Affenschnauze klemmt, zu einem Dschungel unterdrückter Triebe – als sei ganz Deutschland ein einziger Spießerwald voll mickriger Ungetüme und gefährlich frustrierter Monster.
Die gleichen ins Animalische verzerrten Philister, Konformisten oder ‚Ich-Leichen', die sich dem konventionellen Rahmen so weit angepaßt haben, daß von ihrem eigenen Selbst überhaupt nichts übriggeblieben ist, finden sich in der expressionistischen Literatur. Auch hier begegnet man jenen „bürgerlichen Lebegreisen", die den ganzen Tag „auf Sofas blöden". Auch hier „verglimmt" die „Abendmahlzeit der Familie in Gähnkrampf und Rülpsen wie stets", wie es in dem Roman „Trieb" (1919) von Curt Corrinth heißt (S. 35, 55). Nicht viel anders geht es in den Werken Sternheims zu. Man denke an seine Spießersatiren „Bürger Schippel" (1913) und „Perleberg" (1917), die sich in aller Schärfe gegen das Gemütliche und Heimelige, das stille Glück im Winkel wenden, in denen das sentimental-angehauchte Kleinbürgertum dieser Ära die höchsten aller ‚ewigen Werte' erblickte. Mit besonderem Vergnügen werden dabei jene bürgerlichen Fettwänste attackiert, die ihre primitive Geldsackgesinnung mit pseudoromantischen Neigungen zu übertünchen versuchen und doch saudumme Pfahlbürger bleiben. Ebensogern präsentiert Sternheim das vielgestaltige Bestiarium der Pedanten, Verdrängler, Beamten, Spießer und Pflichterfüller, deren Gefühle schon von kindauf vom Mehltau der Gewohnheit überschimmelt sind. Wenn es je ‚sanfte Unmenschen' gegeben hat, die in ihrer eigenen Frustriertheit ihre höchste Tugend erblicken und diese Zwangsvorstellung auch allen anderen aufzuzwingen versuchen, dann hier.
Das gleiche gilt für die berühmte Familienszene in Kaisers „Von morgens bis mitternachts" (1916), die mit ihren verstaubten Blumentöpfen, den in Handarbeiten versunkenen Töchtern und dem dilettantischen Klavierspiel ausgesprochen ‚muffig' wirkt. Die Tagesordnung wird hier so pedantisch eingehalten, daß die Großmutter auf der Stelle tot umfällt, als ihr Sohn einmal „vor dem Mittagessen" das Haus verläßt (S. 63). Inmitten eines solchen Spießermilieus entschließt sich die Hauptfigur dieses Dramas kurzentschlossen, lieber ein „verwahrloster Wanderer auf der Straße" als ein noch so respektabler Familienvater zu sein

(S. 62). Zu ähnlichen Entschlüssen ringen sich viele der Sternheimschen Dramenhelden durch. Ein gutes Beispiel dafür bietet sein „Entfesselter Zeitgenosse" (1920), bei dem diese Entscheidung bereits im Titel vorweggenommen wird. Doch auch sein Wilhelm Ständer, der Held von „Tabula rasa" (1916), sagt am Schluß von sich selbst: „Unabhängig von Zunft und Gemeinschaftsidealen, will ich nur noch mein eigenes Herz durchforschen, die Lehrer suchen, die m e i n e Natur verlangt, und sollte ich sie in China oder in der Südsee finden" (II, 247). Ebenso verbissen kämpfen die Helden in den Werken Klabunds, Alfred Brusts, Gustav Sacks oder Corrinths darum, aus jenem bürgerlichen „Sklavenpferch" befreit zu werden, „da die Freiheit stickt und menschlich-heilige Triebe morschen", um noch einmal das Romanpamphlet „Trieb" zu zitieren (S. 29).

Wie bei den Vater-Sohn-Konflikten taucht dabei in vielen dieser Spießersatiren als Gegenbild des Philisterhaften häufig das Faustische auf. Auch die expressionistischen Anarchisten haben ihre Erweckungen, ihre Ausbrüche ins ‚Freie Feld', ihre Verjüngungsszenen und Walpurgisnächte, wenn auch selten auf dem gleichen gefühlsmäßigen oder intellektuellen Niveau wie ihr erlauchtes Vorbild. Doch auf ‚Niveau' pfeifen diese Typen sowieso. Ihnen geht es weniger um das Streben ins ‚Höhere' als um die radikale Befreiung ihrer durch die bürgerliche Tyrannei total frustrierten Triebe. Aus diesem Grunde paradieren sie überall mit ihrer konsequenten Unbürgerlichkeit, dem Bohemienhaften und Polizeiwidrigen und sehen den Höhepunkt dieses genialischen Vagabundierens darin, nach einer sinnlos versoffenen Nacht bei einer Prostituierten zu erwachen. Am verächtlichsten erscheint diesen ‚Helden' die Zwangsanstalt der ‚bürgerlichen Ehe', die meist mit Begriffen wie ‚Gefängnis', ‚Irrenhaus' oder ‚Verkrüppelungsinstitut' angeprangert wird. Um so leidenschaftlicher verkünden sie das Recht auf ‚Freie Liebe', auf allgemeine Promiskuität, auf Geschwisterliebe, Bisexualität oder Homoerotik, um nur ja nicht wieder in die Fesseln der Monogamie zurückzufallen. Der scheinbar selbstgenügsamen Bourgeoisie mit ihrer doppelten Moral wird daher in den Werken des Expressionismus ständig die Welt des Varietés und des Tingeltangels, das außergesellschaftliche Völkchen der Artisten, Clowns, Zigeuner, Dirnen und Pennbrüder entgegengehalten. Hier, bei den ‚Unbehausten', fühlt man sich zu Hause – und nicht in jenen ‚guten Stuben', wo trotz aller forcierten ‚Heimeligkeit' eine grenzenlose Langeweile herrscht.

In der Malerei ließen sich dafür die „Artisten" Heckels, die „Zigeuner" Otto Muellers und die „Dirnen" des frühen Otto Dix als Illustrationen heranziehen. Und zwar entwickelt man bei solchen Figuren, vor allem wenn Erotisches ins Spiel kommt, eine Schärfe, die weit über die impressionistische Freude an der Frivolität und Pikanterie hinausgeht. ‚Je schockierender, desto besser', scheint die Maxime dieser Bilder zu sein. Man denke an jene „Maria Ägyptiaca in der Matrosenkneipe von Alexandria" (1912) von Emil Nolde, die mit ihrer schamlosen Aufforderung zu einem höchst fleischlichen Sex der heuchlerischen Moral des Bürgertums mitten ins Gesicht zu schlagen scheint. Nicht minder aufreizend wirkt Noldes Bild „Die Ehebrecherin" (1911), auf dem die ‚Sünderin' noch die Edelste der auftretenden Figuren ist. Überhaupt wird auf diesen Bildern – im Gegensatz zur herkömmlichen Moral – immer das Unterste zuoberst gekehrt. So läßt etwa George Grosz gern die Geschlechtsteile unter der Kleidung durchschimmern, um so das Vorhandene, aber Versteckte ans Licht zu ziehen. Auf solchen Bildern soll das verstörte Bürgertum endlich erkennen, wie ‚verlogen' es selbst in seinen intimsten Lebensäußerungen ist. Doch auch sonst wird ihm nichts erspart, was sich aus der Welt der Gosse und der Bordelle an sexuellen Monstrositäten aufbieten ließ. Allenthalben stößt man auf Dreckigstes, Übelstes, Kriminellstes. Und zwar äußert sich dabei – schon um den Schockeffekt zu verstärken – immer wieder ein gewisses Einverständnis mit diesen sozialen Randerscheinungen. Ja, manche Expressionisten suhlen und sielen sich geradezu in diesen Gammler- und Bummlerbereichen, als sei das Untertauchen im Anarchismus das einzige Heil der kommenden Menschheit. So heißt es bei Rubiner einmal (A 1912, Sp. 645 ff.):

> „Wer sind die Kameraden? Prostituierte, Dichter, Zuhälter, Sammler von verlorenen Gegenständen, Gelegenheitsdiebe, Nichtstuer, Liebespaare inmitten der Umarmung, religiös Irrsinnige, Säufer, Kettenraucher, Arbeitslose, Pennbrüder, Einbrecher, Erpresser, Kritiker, Schlafsüchtige, Gesindel. Und für Momente alle Frauen der Welt. Wir sind der Auswurf, der Abhub, die Verachtung . . . Wir sind der heilige Mob".

Doch innerhalb dieser höchst schematischen Gegenüberstellung von ‚Bürgerlichen' und ‚Unbürgerlichen', Spießern und Genies, Ich-Leichen und Abenteurern gibt es natürlich auch Figuren, die man politisch etwas schärfer ins Auge faßt und als ideologische Drahtzieher oder Steigbügelhalter der wilhelminischen Gesellschaftsordnung an den Pranger stellt. Neben den vermorschten und verblödeten Philistern tauchen daher in der Gestaltenwelt des Expressionismus auch Fürsten, Adlige, Richter, Pfarrer, Lehrer oder Industrielle auf, welche trotz aller Verzerrung ins Groteske doch soviel Realistik behalten, daß sie deutlich genug als ‚Volksfeinde' zu erkennen sind. Während man im „Simplicissimus", den sich selbst Offiziere und Corpsstudenten hielten, über solche Typen gerade noch lächeln konnte, bleibt einem bei den satirischen Zeichnungen eines Grosz, Dix oder Masereel oft der Atem weg. Hier werden die „Stützen der Gesellschaft" und das „Gesicht der herrschenden Klasse" so geschildert, wie sie sich nur in den Augen eines haßerfüllten Revolutionärs abzeichnen können. Beispielhaft dafür sind die Groszschen Fabrikbesitzer und Bankdirektoren, die lediglich Coupons schneiden, ihren Schmerbauch spazierenführen oder sich vor ihren Arbeitern wichtig machen. Ebenso häufig begegnet man auf seinen Zeichnungen jenen adligen Offiziersgreisen mit den spitzen Himmelfahrtsnasen und zittrigen Klumphändchen, die kaum noch eine Zigarre halten können und doch in allen Dingen den großen ‚Herrn' markieren wollen.

Das gleiche gilt für manche literarischen Werke des Expressionismus, wo man mit ins Fratzenhafte verzerrten Generälen, bestechlichen Juristen, vermickerten Pastoren, sektschlürfenden Dividendenschlemmern und ähnlichen Verbrechertypen konfrontiert wird, die im Leser haßerfüllte Gefühle des Abscheus hervorrufen sollen. Ob nun bei Toller, Kaiser, Heym oder Benn: überall wird man in die Welt der Amtsstuben, Hörsäle, Offizierskasinos oder Nachtcafés geführt, wo sich das wilhelminische Führungspack entweder herrscherlich in die Brust wirft oder sich mit schweinischem Behagen seinen Freizeitwonnen überläßt. Und zwar macht man dabei kein Hehl daraus, daß dieses ‚Geschmeiß' endlich ausgerottet werden müßte. Lediglich Sternheim verfährt hier etwas amüsanter. So läßt er in seiner Novelle „Fairfax" (1922) einen Grafen Bodo von Schleyn-Weyn-Reitzenstein auftreten, der mit seinem weißen Koller, seinem gewaltigen Pallasch und seinem silberschuppigen Metallhelm wie ein expressionistisch ausstaffierter Lohengrin aussieht. In seinem „Snob" (1914) handelt es sich um einen Parvenü, der sich der ‚guten Gesellschaft' als das Produkt eines Fehltritts seiner Mutter mit einem Grafen empfiehlt und dadurch selbst die Sinne seiner blaublütig-kühlen Braut zum Wallen bringt. Noch grotesker wirkt seine „Ulrike" (1918), über deren adlig-uckermärkische Herkunft es gleich zu Anfang heißt (IV, 141):

> „Aller Mahlzeit Beginn und Schluß hieß Gebet, Brot, Schwein und Kartoffel lagen inmitten. Das und die Familie war protestantisch. Preuße der liebe Gott. Evangelisch war Magd Knecht Vieh und alles sehr in den Herrn gekehrt. Über der Gemüter fader Landschaft lag des Hausherren Zufriedenheit in Kindern und Gesinde als Licht, als Sturm und Gewitter sein Unwille. Auf seine Person war alles Begreifen gedrillt, der Hosen Sitz, des Bartes Sitz früh allemal Symbol".

Aufgrund dieses Herkommens entscheidet sich die junge Ulrike von Bolz bei Ausbruch des ersten Weltkrieges unverzüglich, als ‚barmherzige Schwester' in einem Feldlazarett Verwundete zu pflegen. Doch schon nach kurzer Zeit macht sie hier – horribile dictu – eine tiefgreifende Wandlung in ein nymphomanes Affenweibchen durch, das nur noch dem Spreizen ihrer Schenkel lebt und darin seine einzige Ehre erblickt. Und das nicht einmal aus Liebe zu einem Adligen, sondern zu einem gewissen Posinsky, dem selbst der jüngste Leutnant in der gesamten Armee die Satisfaktion verweigern würde.

Dies sind zwar Übertreibungen, aber doch mit einer unleugbaren Verve und Treffsicherheit aufs Papier gebracht. Wesentlich verworrener wirkt die expressionistische Kritik stets dann, wenn sie sich der Welt der modernen Großstädte zuwendet. Obwohl dies der Ort ist, wo so viele der von ihr verurteilten Adligen, Offiziere, Richter und Bankjobber ihr Unwesen treiben, wird auf diesem Sektor nicht nur verdammt, sondern auch gepriesen, von finsteren Steinwüsten und zugleich von leuchtenden Metropolen gesprochen. Denn schließlich sind auch die meisten Expressionisten typische Großstadtmenschen, die ohne das von ihnen angeprangerte Milieu gar nicht leben könnten. Im Hinblick auf das Phänomen ‚Stadt' neigen daher viele zu einer recht paradoxen Attitüde, die zutiefst mit ihrem Unverständnis für die Probleme der steigenden Industrialisierung zusammenhängt. Doch neben dieser Ambivalenz herrscht in dieser Hinsicht auch eine ebenso problematische Radikalität, deren Haß gegen alles Städtische keine Grenzen zu kennen scheint. Ein solches Tabula-rasa-Denken führt meist dazu, daß mit der Welt der großen Städte auch der technische Fortschritt als solcher verworfen wird. Was also diese Gruppen verdammen, sind – im Gegensatz zum Naturalismus – nicht nur die Mietskasernen, das Elend der Hinterhöfe und der Zwölfstundentag, sondern die industrielle Produktionsweise und die mit ihr verbundene Verstädterung überhaupt. Ihnen erscheint alles Steinerne, Asphaltene, Fabrikmäßige von vornherein korrupt und damit zum Untergang verdammt, was sich oft genug in expressiv übersteigerte Verfluchungen entlädt.

So wird in den Gedichten eines Becher, Heym, Zech oder Trakl die Welt der Städte meist als eine Welt der ‚Geschwüre', des ‚Gassenkots', der ‚Fäulnis', der ‚Verwesung' oder der ‚schwarzen Abgründe' beschrieben, in der sich überhaupt kein menschenwürdiges Dasein entwickeln kann. Allenthalben taumeln hier Irre, Kranke, Ausgebeutete und Gebrechliche mit schreckverzerrten Gesichtern von einem dunklen Winkel in den anderen, bis sie von der Schwärze der Nacht verschlungen werden. Daß sich dabei zwangsläufig der Eindruck des Mythischen oder Apokalyptischen einstellt, weist in seinen affektgeladenen Zügen auf den epigonenhaften Charakter dieser Kritik. Vor allem Heym sieht die Stadt ganz unter dem Bilde des großen Baal, des allesverschlingenden Molochs, der selbst auf die ihm dargebrachte Anbetung mit Feuer, Qualm und Lärm reagiert. So heißt es in seinem Gedicht „Der Gott der Stadt" (MD, S. 43):

„Das Wetter schwält in seinen Augenbrauen.
Der dunkle Abend wird in Nacht betäubt.
Die Stürme flattern, die wie Geier schauen
Von seinem Haupthaar, das im Zorne sträubt.

Er streckt ins Dunkel seine Fleischerfaust.
Er schüttelt sie. Ein Meer von Feuer jagt
Durch eine Straße. Und der Glutqualm braust
Und frißt sie auf, bis spät der Morgen tagt".

Als ebenso verdammenswert empfinden viele Expressionisten den Triumphzug jener ‚teuflischen' Geräte, Motoren und Instrumente, durch die sich der Mensch im Zuge der Industrialisierung immer stärker von seinem eigentlichen Wesen entfremdet habe und zu einem roboterähnlichen Ausführungsorgan rein mechanischer Arbeitsvorgänge geworden sei. „Die Maschine: wie wir dieses Vieh hassen", schreit Karl Otten einmal auf, „nieder mit der Technik, nieder mit der Maschine" (MD, S. 241). Ähnliche Empörungsrufe werden in Kaisers „Gas"-

Trilogie (1917–1920) und in Tollers „Maschinenstürmern" (1922) laut, in denen sich die Masse der Arbeiter verzweifelt gegen die Allmacht der Technik aufzulehnen versucht, um nicht zu verdorrten, abgehärmten Sklaven oder bloßen Zahlenmenschen zu verkümmern. In den „Gedichten" (1920) Albert Ehrensteins steht daher neben dem ekstatischen Aufschrei „Zerstört die Städte!" zugleich der ungestüme Imperativ „Zerstört die Maschinen!", was in letzter Konsequenz auf die Forderung „Zerstört den Staat!" und damit auf einen Gesamtumsturz aller bestehenden Verhältnisse hinausläuft (S. 208).

Mit der gleichen Vehemenz wendet man sich gegen den Krieg, jenes zwangsläufige Produkt aus Wilhelminismus, Kapitalismus und Militarismus, in dem sich alle Übel dieser Jahre zu einem Hauptübel zu vereinigen schienen. Und zwar verdammt man den Krieg meist im Zeichen der ‚reinen Menschlichkeit', das heißt als eine gewaltsame Pervertierung der prähistorisch-paradiesischen Friedfertigkeit. Im Gegensatz zu Stefan George und Paul Ernst, die noch um die Jahrhundertwende das Heroische zum Idealzustand des Menschen erhoben hatten, predigen daher viele Expressionisten einen rousseauistischen Pazifismus, der den Terrorakten der herrschenden Power-Eliten das schon von der Aufklärung ersehnte Ideal des ‚ewigen Friedens' entgegenhält. Am deutlichsten zeigte sich diese Gesinnung in den ersten Augusttagen des Jahres 1914. Während sich die Vertreter der Stilkunst-Ära fast ausschließlich zum Chauvinismus kriegerischer Haßgefühle aufputschen ließen, wird in den Werken der Expressionisten der nach Eroberung lüsterne „Machtgeist unsres mächtigen Volkes", wie es in Unruhs „Ein Geschlecht" heißt (S. 10), einer schonungslosen Kritik unterzogen. Die Autoren der „Weißen Blätter" und der „Aktion", Toller in seiner „Wandlung" (1919), Karl Kraus in seiner „Fackel" und seinen „Letzten Tagen der Menschheit" (1919): alle empören sich gegen das sinnlose Massenschlachten, durch das ein Blutschlamm entstanden sei, der sich über ganz ‚Barbaropa' ergieße. Wer sich an diesem Zwang zum Mord beteiligt, wird mit geradezu alttestamentlicher Strenge zu ewiger Verdammnis verflucht. „Verflucht alle Feldbäuche, kugelsichern Generäle und Kapitäne der Luft", heißt es in Ehrensteins „Gedichten" (1920), „verflucht alle Munitionsarbeiter und Feldeisenbahner! Verflucht alle Durchhälter, Sozialpatrioten, zeitungsberichtenden Kriegszuhälter und Heldenschriftsteller!" (S. 45).

Je länger der Krieg dauerte, desto lauter wurden selbstverständlich die Antikriegsfanfaren. Die Mehrzahl der jungen Expressionisten bekannte sich dabei mit idealistischem Elan zu einem ‚Sozialismus des Herzens', der den Mächten der Gewalt allein mit der beispielsetzenden Überzeugungskraft der Gewaltlosigkeit entgegenzutreten versucht. Vor allem Werfel, Rubiner, Leonhard Frank, Becher und Toller verkündeten in den Jahren zwischen 1916 und 1918 einen Kommunismus der Gesinnung, der vornehmlich auf der ‚Umkehr der Herzen', der ‚Wandlung zum Guten' beruht. Diese Gruppe war der festen Überzeugung, daß man den ‚ewigen Frieden' auf alle Zeiten garantieren könne, wenn sich nur alle Menschen ruckartig auf ihre ursprüngliche Güte besinnen würden. So behauptete Ludwig Rubiner unter dem Einfluß Tolstois in seinem Drama „Die Gewaltlosen" (1920), daß man der bürgerlich-brutalen Realpolitik bloß mit der charismatischen Überzeugungskraft von Geist, Seele und Gemüt entgegenzutreten brauche, um die Volksmassen aus ihrer ‚Trägheit des Herzens' herauszureißen. Nach alter idealistisch-voluntaristischer Lehre heißt es hier emphatisch: „Du brauchst nur zu wollen. Den festen Willen haben, dann kommt alles " (SuB, S. 318). Als Beweis für diese These wird ausgerechnet Christus herangezogen, dessen weltverändernde Friedenslehre sich angeblich ebenfalls ohne Gewalt und Blutvergießen durchgesetzt habe. Derselbe utopische Idealismus herrscht in Leonhard Franks novellistischer Bilderfolge „Der Mensch ist gut" (1918), wo es schon auf der zehnten Seite heißt: „Man braucht ja nur zu lieben, dann fällt kein Schuß mehr. Dann ist der Friede da". Dem bloßen Nachbeten der nationalen Phrase, dem Stolz auf die gewaltige Kriegsmaschinerie, der unersättlichen Ländergier, den imperialistischen Hetzparolen der Großindustrie, den schneidigen Anfeuerungsrufen des Kaisers, dem schmetternden Kommandoton eines Ludendorff und Hindenburg tritt in diesem Werk der machtlose ‚kleine Mann von der Straße' mit seinem empörten Herzen entgegen, der mit christlichen Erlösungsvorstellungen, einem Sozialismus des Gefühls und der rousseauistischen Traumparole „Der Mensch ist gut" alle Friedenswilligen, die schnell zu Hunderten, Tausenden, ja Hunderttausenden anschwellen, auf seine Seite zu ziehen versteht und damit dem Krieg schlagartig ein Ende setzt.

Doch zu gleicher Zeit gibt es auch schärfere Stimmen, die nicht nur die schönklingende These der urchristlichen Gewaltlosigkeit verkünden, sondern mit ekstatisch gerecktem Zeigefinger auf die gräßlichen Unmenschlichkeiten dieses Krieges hinweisen, um selbst den verstockten Nationalisten und eingeschüchterten Untertanen den Schreck des Entsetzens einzujagen. Neben den geistbesessenen Tiraden der urchristlichen Heilsbringertypen eröffnen sich hier Ausblicke auf die geradezu unübersehbaren Leichenfelder vor Verdun, die im Schlamm versinkenden Schützengräben, die schmutzstarrenden Etappenbordelle und verlausten Unterstände. Hier hört man das Wimmern der tödlich Verwundeten. Hier sieht man Blinde, Krüppel, Wahnsinniggewordene. Hier wird man in nach Chloroform stinkende Operationssäle geführt, wo wie in einer Metzgerei laufend Beine und Arme abgesägt werden. Man denke an die leichenstarrenden Schützengräben auf den Bildern von Otto Dix, an den zum geschlechtslosen Kriegskrüppel zusammengeschossenen Hinkemann bei Toller, an die kalkbespritzten Skelette, die zwischen Drahtverhauen tanzen, in seiner „Wandlung" oder die zu neuer ‚Kriegsverwendungsfähigkeit' erklärten Moderleichen bei George Grosz. Die gleiche Hölle des Krieges herrscht in jenem Panzerturm, den Reinhard Goering in seiner „Seeschlacht" (1917) darstellt, wo jede keimhaft sich entwickelnde Tragik von der Furchtbarkeit der Situation überwältigt wird und am Schluß nur ein Tableau zerfetzter Leichen übrigbleibt.

Doch diese mit grausamer Unerbittlichkeit gezeichneten Schrecken des Krieges sind selbst für die Höllenbreughels unter den Expressionisten nicht das letzte Wort. Sobald es um das Bild einer reinen Zukunft geht, bricht bei beiden, den Vertretern der Gewaltlosigkeit und den enragierten Rebellen, die gleiche Hoffnung auf ein mögliches Paradies der Friedfertigkeit durch – von ganz hartgesottenen Typen wie George Grosz oder Otto Dix einmal abgesehen. Es ist daher nur konsequent, daß am Schluß vieler expressionistischen Antikriegswerke das Leitbild der Revolution aufgerichtet wird. So reißt sich etwa die Heldenmutter in Unruhs „Ein Geschlecht“ in der letzten Szene den Witwenschleier vom Kopf und fordert alle Soldaten auf, das von oben befohlene Morden sofort einzustellen und zu Meuterern zu werden. Noch rigoroser geht Hasenclever vor, der in seinem Gedicht „Der politische Dichter“ dazu aufruft, den ersten Weltkrieg im Sinne Lenins in einen Bürgerkrieg zu verwandeln und endlich die Revolution zu erklären (MD, S. 214):

„Wenn Unrecht lodernd als der Wahrheit Feuer
Tyrannenhäupter giftig übersprießt,
Bis aus dem Wurm der Erde Ungeheuer
Der Blitz des Aufruhrs, der Empörung schießt –
Ah dann: auf höchsten Türmen aller Städte
Hängt ausgespannt sein Herz in Morgenröte;
Asphaltene Dämmerung in des Schläfers Bette
Verscheucht Trompetenton: Steh auf und töte!“

Im Sinne dieser Strophen kehren auch andere den Spieß plötzlich gegen die Minister und Generäle um und reden von Barrikaden und Protestdemonstrationen, von brennenden Palästen und gestürmten Kasematten. Vor allem ab 1917, als die Lage an der Front bereits völlig hoffnungslos geworden war, erschienen immer mehr Antikriegswerke, die am Schluß eindeutig in die Revolution einmünden. In Hasenclevers „Antigone“ (1917), Franks „Der Mensch ist gut“ (1918), Lamszus' „Das Irrenhaus“ (1919), Tollers „Wandlung“ (1919), Corrinths „Trieb“ (1919): überall treten am Schluß Verkünder der internationalen Verbrüderung auf, die das Volk aus seiner chauvinistischen Verblendung herausreißen und zu einer kommunistisch-urchristlichen ‚Menschlichkeit‘ bekehren. Und zwar marschiert man dabei meist mit Kruzifixen und roten Fahnen zugleich, singt Choräle und die Marseillaise, fällt sich in die Arme und errichtet eine ‚Republik‘, die bis ins kleinste Detail das absolute Gegenbild zur wilhelminischen Reichsvorstellung ist. Wie schnell man dabei hinters Licht geführt wurde, weil diesem idealistisch-kommunistischen Revolutionsüberschwang die nötige Konkretheit fehlte, wird sich später zeigen.

AUSDRUCKSMITTEL

I. Die Wendung zur Öffentlichkeit

Aufgrund einer so umstürzlerischen Gesinnung muß der Stil dieser expressionistischen Aktivisten notwendig in Predigt, Aufruhr oder Verkündigung kulminieren. Wer erdballerschütternde Veränderungen herbeiführen will, kann sich nicht mit Kleinigkeiten aufhalten. Die Urform der radikal-expressionistischen Aussage ist daher das Laute, Öffentliche, Plakathafte. Wie bei Wahlversammlungen, im Zirkus oder vor der Schaubude auf dem Rummelplatz wird innerhalb dieser Richtung stets die große Trommel gerührt. Eine solche Tendenz ins Vergröbernde sollte niemanden verwundern. Ein so stark auf die Volksmenge hin gerichteter Stil muß nun einmal etwas Heftiges, Vehementes, ja Marktschreierisches haben, wenn er eine revolutionäre Wirkung ausüben will. Manche Expressionisten oder ‚Explosionisten', wie sie von den Ästheten der älteren Schule gern genannt wurden, gebärden sich deshalb bewußt primitiv, lallen wie Trunkene oder brechen in ein wüstes Geschimpfe aus, um sich nur ja als ‚Rebellen' kenntlich zu machen. Die meisten sind erfüllt von dem „höchst aktiven, vorwärtsdrängenden Wunsch, ruhestörenden Lärm zu verursachen", wie es in dem Band „Der Mensch schreit" (1916) von Ehrenstein heißt (S. 45).

Aus diesem Grunde wirkt der expressionistische Aktivismus selbst da aufrüttelnd, wo seine ideologischen Tendenzen nicht über eine verschwommene Allgemeinheit hinausreichen oder absolut im Dunkel bleiben. Er ist revolutionär an sich – welches Thema er auch anpackt. Seine Anhänger wollen im Prinzip aufrütteln, wütend oder heftig wirken, und zwar gleichgültig ob sie sich für den Tierschutzverein, den Weltfrieden oder für ein neues Buch einsetzen. Statt in die Arena der bürgerlichen ‚Reformpolitik' herabzusteigen, wie sie es nennen würden, propagieren sie einen Revolutionismus schlechthin, bei dem kein Stein auf dem anderen bleiben soll. Was sie darum in ihren Werken erstreben, ist nicht Aufbau, sondern Aufruhr, nicht Theater, sondern Tribüne, nicht Denkmal, sondern Plakat. Alles, was sie tun, tendiert sofort ins Große, ja Überdimensionale, wenn auch nicht im Sinne einer großen Form, sondern einer gewaltsamen Formlosigkeit, die alle bisherigen Wertvorstellungen bis zur Verzerrung karikiert.

Beginnen wir mit der Literatur. Während sich die Dichter um 1900 fast ausschließlich an elitäre Zirkel, Kreise, Orden oder Kultgemeinden gewandt hatten, faßt der Radikal-Expressionist stets die Gesamtheit des Volkes ins Auge, der man nur mit einem kämpferischen Pamphletstil beikommen kann. Der legendäre kleine ‚Mann von der Straße' interessiert ihn, nicht die Cliquen und Konventikel, in denen hochnäsige ‚Ästheten' den Ton angeben. Statt sich wie George seinen Jüngern nur mit einem sorgfältig drapierten Faltenwurf zu nähern, heißt es in aktivistischen Manifesten zwischen 1910 und 1920 in unbekümmerter Hemdsärmeligkeit: „Aufgepaßt ihr Leute!" oder „Macht doch endlich mit!" Vor allem Ludwig Rubiner redet seine Leser ständig mit „Kamerad", „Mann aus dem Volke" oder „Mitarbeiter" an. Ja, Iwan Goll gebärdet sich wie ein Kinobesitzer oder Schausteller auf dem Rummelplatz, wenn er seine eigenen „Dithyramben" an den Mann zu bringen versucht. „Für einen Groschen öffnet sich euch das Paradies", heißt es bei ihm reißerisch, „hier allein gibt es die glücklichen Menschen. Für einen Groschen, o Brüder, könnt ihr glückliche Menschen sehn" (JT 54, S. 8). Andere treten in dieser Hinsicht noch lärmender und banaler auf. So möchte Paul Duysen in seinem Roman „Jedermann der viehische Mensch" (1921) seine Botschaft in „Millionen Ohren schreien" (S. 2). Ja, Walter Rheiner verkündet am 15. Mai 1918 in der Zeitschrift „Menschen":

> „Brüder! Meine Brüder! Erd-Bürger! Sternen-Söhne! Mütter-Söhne! Kinder des geliebten Erd-Gestirns, des heimatlichen Planeten! Citoyens! O mon frère! Vater! Mutter! Schwester! Geliebte! Du meine Frau! Jesus! Dich, dich und Dich, Dich – Euch, Euch, Euch alle rufe ich!"

Es war daher nichts Ungewöhnliches, wenn expressionistische Lyriker ihre Gedichte mit lauter Stimme bei Versammlungen, in Cafés oder Ballokalen selber vortrugen, um möglichst viele Menschen zu erreichen. Von einem Rilke oder Hofmannsthal wird man sich das schwerlich vorstellen können. Heym und Hoddis wurden dagegen gerade durch ihr persönliches Auftreten in Hillers „Neopathetischen Cabaret" bekannt. Einen ähnlichen Zweck verfolgten die „Lyrischen Flugblätter", die Alfred Richard Meyer herausgab. Ja, manche gingen soweit, wie die italienischen Futuristen mit Plakaten, Zeitungsannoncen und Straßenveranstaltungen für den agitatorischen Inhalt ihrer Werke zu werben.

Daß dabei das ‚Ästhetische' oft etwas zu kurz kam, kümmerte eine Reihe dieser Aktivisten nicht im geringsten. Sie fühlten sich im Sinne des Essays „Geist und Tat", den Heinrich Mann 1910 im „Pan" veröffentlicht hatte, in erster Linie als Ankläger, Verteidiger oder Anwälte des öffentlichen Gewissens – und erst in zweiter als ‚Dichter'. Daher liegt die Stärke des expressionistischen Verkündigungsstils eher im Schrei nach Freiheit, Umsturz oder allgemeiner Raserei als in einem wohlausgeklügelten ‚positiven' Programm von höchster literarischer Formvollendung, womit man politisch erregte Massen lediglich langweilen würde. Diese Leute wollen sich und andere nicht auf dem ‚Umweg' über die Theorie, sondern durch den unmittelbaren Akt des Schreiens erlösen und erheben so den Ausruf, das steile Pathos und die aggressive Exklamation zu Werten an sich. Aus diesem Grunde sind ihnen die sprachlichen Bombenwürfe oft wichtiger als jede weltanschauliche Tendenz. Man höre dazu Bechers berühmtes Gedicht „Vorbereitung", in dem dieser Aktivismus oder Manifestismus wohl seine reinste Ausprägung erlebt (MD, S. 213):

„Der Dichter meidet strahlende Akkorde.
Er stößt durch Tuben, peitscht die Trommel schrill.
Er reißt das Volk auf mit gehackten Sätzen.

Ich lerne. Ich bereite vor. Ich übe mich.
Wie arbeite ich – hah leidenschaftlichst! –
Gegen mein noch unplastisches Gesicht –:
Falten spanne ich.
Die Neue Welt
(eine solche: die alte, die mystische, die Welt der Qual
austilgend –)
Zeichne ich, möglichst korrekt, darin ein.
Eine besonnte, eine äußerst gegliederte, eine geschlif-
fene Landschaft schwebt mir vor,
Eine Insel glückseliger Menschheit.
Dazu bedarf es viel. (Das weiß er auch längst sehr wohl.)

O Trinität des Werks: Erlebnis Formulierung Tat.
Ich lerne. Bereite vor. Ich übe mich.
. . . bald werden sich die Sturzwellen meiner Sätze zu einer
unerhörten Figur verfügen.
Reden. Manifeste. Parlament. Das sprühende politische Schau-
spiel. Der Experimentalroman.
Gesänge von Tribünen herab vorzutragen.
Menschheit! Freiheit! Liebe!

Der neue, der Heilige Staat
Sei gepredigt, dem Blut der Völker, Blut von ihrem Blut,
eingeimpft.
Restlos sei er gestaltet.
Paradies setzt ein.
– Laßt uns die Schlagwetter-Atmosphäre verbreiten! –
Lernt! Vorbereitet! Übt euch!“

Im Gegensatz zu späteren Revolutionsdichtungen – wie etwa denen von Brecht – fehlt dieser Art von Literatur noch jede innere Dialektik. Ihre Metaphern und Gedankengänge, so bombastisch sie auch manchmal aufgeputzt sind, dringen selten über das Klischeehafte oder bewußt Antithetische hinaus. Und zwar äußert sich diese Tendenz zum Schreihaften nicht nur in der Lyrik. Auch das expressionistische Drama gipfelt meist in einseitiger Verkündigung, die dem Zuschauer nur die Wahl läßt, ebenfalls in den Chor der Befreiten einzustimmen oder ungetröstet von dannen zu ziehen. Überhaupt wird in dieser Literatur nur wenig nuanciert, sorgfältig ausgemalt oder psychologisch zerfasert, sondern alles in sprachlichen Aufruhr umgesetzt. Wohin man blickt, stößt man auf Ideenträger, die vom Rostrum der Menschheit ihre revolutionären Direktiven in die Massen schleudern.

Wie vornehm und zurückhaltend nimmt sich dagegen die Dichtung des Symbolismus und des Jugendstils aus, obwohl auch sie eine deutliche Tendenz ins Monumentale, Herrscherliche und Pathetische besitzt. Doch ‚Vornehmheit' ist wohl das Letzte, was der Expressionismus anstrebt. Er will aufrütteln, einreißen, zertrümmern – und nicht mit eurhythmisch durchstilisierten Gesten oder schönen Worten brillieren. Die Literatur eines George, Rilke oder Hofmannsthal, die solchen Idealen nachgestrebt war, wird daher von den jungen Expressionisten mit wahren Schimpfkanonaden überschüttet und als ‚geschniegelte' Kulturpoesie angeprangert. Einer der lautesten Rufer in diesem Streite war Kurt Hiller, der in seiner „Weisheit der Langenweile" (1913) für die „Neuklassiker, Formfritzen und Mystikmacher" der Jahrhundertwende nur ein dreckiges Grinsen übrig hat (I, 93). Vor allem die „steifgebeinten Mißpathetiker" des George-Kreises mit ihren „Jahrbüchern der geistigen Bewegungslosigkeit" müssen bei ihm arg Federn lassen (I, 122), wobei er mit Ausdrücken wie Kunstbürschchen, Idioten, Geschmackslaffen, Flegel, Schwachdeetze oder Mießnicks nicht gerade sparsam umgeht. Statt weiterhin bloßen „Imponier-Schmus" zu fabrizieren und dadurch einem „blasierten, herzlosen, müden und tatenleeren Ästhetizismus" zu verfallen (A 1911, Sp. 138), fordert er in seiner „Weisheit der Langenweile" eine Literatur, die ins „Fleisch der Zeit" haut, daß die „Fetzen" nur so fliegen (I, 16). Und zwar preßt er diese neue Gesinnung, dieses „Neue Pathos" in folgender Formel zusammen: „Rasende Intensität des letzten Zusammendrängens; eines letzten Knetens, Knechtens, Klärens; äußerste Anspannung aller Muskeln des artistischen Intellekts; harte Orgie der Symphonisierung" (I, 10).

Unter den Lyrikern des Expressionismus hat wohl Ernst Stadler dieser Tendenz zum Formsprengenden, zum Sichausschütten, zu Aufruf und Aufbruch den konsequentesten Ausdruck verliehen. Bei ihm heißt es in den Zeilen „Form ist Wollust" (I, 127):

„Form und Riegel mußten erst zerspringen,
Welt durch aufgeschlossne Röhren dringen:
Form ist Wollust, Friede, himmlisches Genügen,
Doch mich reißt es, Ackerschollen umzupflügen.
Form will mich verschnüren und verengen,
Doch ich will mein Sein in alle Weiten drängen –
Form ist klare Härte ohn' Erbarmen,
Doch mich treibt es zu den Dumpfen, zu den Armen,
Und in grenzenlosem Michverschenken
Will mich Leben mit Erfüllung tränken".

Zu den logischen Konsequenzen dieses Auf- und Ausruferhaften gehört die allgemeine Übersteigerung der sprachlichen Mittel in Richtung Expression und Ekstase. Ob nun im Drama oder in der Lyrik: überall werden Bilder und Metaphern wie wuchtige Blöcke nebeneinander getürmt. Ein Lapidarstil entwickelt sich, der auf jeden kunstvollen Übergang verzichtet. Man will nicht mehr logisch sein, nicht mehr ausmalen oder statistisch registrieren, sondern alles zu posaunenhafter Stoßkraft verdichten. Auf Adjektive, Konjunktionen, Artikel oder Bindestriche, diesen Kitt der ‚bürgerlichen' Sprache, wird daher weitgehend verzichtet. Alles soll wie Donnerworte, wie Verkünder- oder Prophetenstimmen wirken. Becher, Werfel und andere Ekstatiker greifen daher gern zu kosmischen Bildern, zu denen sämtliche Sterne und Planeten herhalten müssen.

Man hat das oft mit dem Barock, mit Gryphius und Kuhlmann, verglichen, deren Lyrik in diesen Jahren wieder zu neuem Ansehen kam. Doch solche Analogien sind recht trügerisch. Denn die Art und Weise, wie der Expressionismus das Erhabene oft nur als Folie für das Gewöhnliche verwendet, verstößt an sich gegen jedes religiöse Gefühl. Trotz des großzügigen Gebrauchs von Wörtern wie maßlos, unendlich oder ungeheuer, denen man in expressionistischen Lyrikanthologien fast auf jeder Seite begegnet, ist das Ganze meist viel zu laut und grell, um den Eindruck der Ergriffenheit zu erwecken. Was die Dichter um 1914 darstellen wollen, ist nicht die Unterwerfung des Menschen unter Gott, sondern einen selbstbewußten, prometheischen Aufruhr des menschlichen Herzens gegen alle von oben eingesetzten Gewalten, in denen sich eine politische, gesellschaftliche oder religiöse Macht manifestiert. Dazu paßt, wenn Johannes R. Becher 1919 in der „Literatur" den Expressionismus als einen Stil der „alogischen Bomben" und „explosivartigen" Sprachverknotungen bezeichnet, dessen letztes Ziel es sei, nicht nur den traditionellen Satzbau, sondern alle traditionellen Werte „unterminieren" zu wollen (S. 91).

Im Gegensatz zur impressionistischen ‚Kunst des Treffens' oder der dekorativen Sprachgestik des Jugendstils neigen daher viele Expressionisten zu einer sprachlichen Raserei des Kolossalen und Superlativistischen, die stellenweise kaum zu überbieten ist. Bei Corrinth „siedehitzt" die Katastrophe, bei Däubler schlagen „Millionen Nachtigallen", bei Becher „hallelujen Explosionen". Andere schwärmen von leidenschaftlichsten Orgien und erdballerschütterndsten Orkanen, beschwören tragischste Menschenuntergänge oder träumen von ungeahntesten Wundern der Zukunft. Auch wenn man sich wechselseitig als ‚Expressionist' hochzuloben versucht, herrscht zum Teil ein schreihaftes Gegell, das sich nur als sprachliche ‚Elephantasias' charakterisieren läßt. So schreibt etwa Kurt Hiller über Georg Heym, als gelte es, einen neuen Messias, einen neuen Führer anzupreisen (Ex, S. 26):

> „Man panzre sich das Trommelfell: nur mit Drommeten ist er zu verkünden. Ich ziehe alle Nervenenden ein und strenge nichts an als die Lunge. Brüllende Superlative, brechet in Scharen hervor! Igitur: Georg Heym ist

> der wuchtigste, riesenhafteste; dämonischste, zyklopischste; ein Platzendes Hinhauender unter den Dichtern dieser Tage“.

Es wäre leicht, [redacted] fortzusetzen. Man hat
schon oft darüber [redacted] und auftrumpfenden
Superlative als [redacted], Ellipsen und Kata-
chresen sind es [redacted] solche Übertreibun-
gen, mögen sie [redacted] Art sein, so eng
zum innersten [redacted] das eine nicht ohne das
andere betrachten [redacted] nicht alles entschuldigt,
was sich hier ins [redacted] historische ‚Handschrift‘
dieses Stils [redacted]
Das untrennbare [redacted] ist ein dynami-
sierender [redacted] an Spannung erzwingen
will. Während im [redacted] um 1900 eindeutig
ein autoritärer [redacted] Eindruck von Größe und
Statik erwecken [redacted] aktivierender Tätig-
keitsworte. Ein [redacted] Geschlecht“, das von Verben wie schlagen, keuchen, abhacken, erdrosseln, drücken, zwingen, zerquetschen, entfesseln, stoßen oder erwürgen nur so strotzt. Die gleiche Funktion haben die vielen Ausrufungszeichen, abgebrochenen Fragen und syntaktischen Gewaltsamkeiten, mit denen dieses Drama übersät ist. Doch nicht nur bei Unruh, auch bei anderen Dichtern dieser Bewegung wird man sofort mit Ausrufen, Satzfragmenten und rhythmisch-skandierten Prosabrocken bombardiert, wenn man sich ihren Werken nähert. Überall herrscht ein ohrenbetäubendes Geschrei und Gestammel, als befände man sich in einer unübersehbaren Volksmenge, wo einer den anderen überbrüllen muß. Man höre, was Margarete Susmann am 9. November 1918 in der „Frankfurter Zeitung“ über den Expressionismus schrieb: „Was ist zu tun? Nur Eines! Nur schreien können wir – schreien mit aller Kraft unserer armen, erstickten Menschenstimme – schreien, daß wir den grauenhaften Lärm des Geschehens übertönen – schreien“. Otto Flake nannte es 1919 den Zwang, alles Gesehene sofort lauthals „hinausschreien zu müssen“ (E, S. 347). Ja, Arnolt Bronnen, das ‚enfant terrible‘ des Expressionismus, schrieb noch 1926 in seinem „Ostpolzug“: „Viel Schreien ist besser als sehr klug sein“.

Besonders deutlich wird diese Tendenz zum Schreihaften im Bereich der Lyrik, wo sich manchmal jede dritte oder vierte Zeile in einen pathetischen Ausruf, einen Kraftausbruch oder eine emotionale Explosion entlädt. Angeregt durch die Futuristen und die Lyriker des „Sturm“-Kreises um Herwarth Walden, versucht sich etwa ein Dichter wie August Stramm – von dem Kurt Pinthus einmal schreibt (MD, S. 27), daß er sein Gefühl stets zu „donnernden Ein-Worten“ und „gewitterhaften Ein-Schlägen“ komprimiere – in einer Ballungstechnik, die alle nur denkbaren Gefühle und Ideen in eine dichtgedrängte Folge von Exklamationen und Infinitiven hineinzuzwängen versucht. Man höre dazu eine Stelle aus seinem Gedicht „Schrei" (S. 89):

[redacted]

Iwan Goll trat zu gleicher Zeit für eine „Ur-Sprache" ein, die dem Gestammel primitiver Völker gleichkomme (P, I, 255). Becher versuchte es in seinen „Gedichten für ein Volk" (1919) mit dem Prinzip der variierenden Steigerung, woraus Zeilenungetüme wie die folgenden entstanden, die ständig die allzu bekannte „O-Mensch"-Konstellation umkreisen (S. 41):

„O Muskelmensch! O Mensch der reinen Ströme!
Heiliger Mensch! O hilfreich Mensch! O Mensch der Strahlen!
Mensch erhoben breit wie Mondgebirge!
Vollwiesen-Mensch! O Mensch der Katarakte:
O Gletscher-Mensch! O Mensch der guten Taten!
Ja, Heros stürmisch gen die Höhen blitzend.
O Anfang-Mensch! Urmensch . . ."

Als nicht minder ekstatisch, grell oder zupackend wurde damals die Lyrik des jungen Benn empfunden, dessen Verse Else Lasker-Schüler 1913 in der „Aktion" als „Leopardensprünge" oder „Wildtierbisse" bezeichnete (Sp. 639). Ja, selbst im expressionistischen Drama liebte man diese Neigung zu formelhafter Verknappung oder Ausruffolge, was sich mit Werken wie Stramms „Geschehen" (1916), Hasenclevers „Die Menschen" (1918) und Goerings „Die Retter" (1919) belegen läßt, die fast durchgehend aus exklamatorischen Satzfragmenten bestehen.
Doch in Großformen wie dem Drama, dem Roman und der Novelle verwendet man weniger den Schrei als die Temposteigerung, um den angestrebten Ballungseffekt zu erzielen. So bevorzugt man auf dem Gebiet des Theaters im Gegensatz zu den breit ausgemalten Dekorationsinszenierungen eines Max Reinhardt plötz-

lich eine kinomäßige Bilderfolge, die völlig auf dem Prinzip sensationell beleuchteter und rasch vorüberhuschender Momentaufnahmen beruht. Mord und Totschlag, Ekstasen und Erotik, Vergiftung und Erschießung: alles wird in rasender Folge vor dem Zuschauer abgerollt. Wie im „Kabinett des Dr. Caligari" oder in „Metropolis" herrscht eine Schnellbildtechnik und Plakatfrechheit, die überhaupt kein Verweilen, keine ‚schönen Stellen' mehr kennt. Das gesamte Geschehen wird entweder wie in Goerings „Seeschlacht" (1917) in einen Akt zusammengedrängt oder à la Kaisers „Von morgens bis mitternachts" (1916) so stark in verschiedene Tempofetzen aufgelöst, daß man dem schnellen Schauplatzwechsel kaum noch zu folgen vermag. Überhaupt scheint sich hier alles rein eruptiv zu ereignen. Man nimmt keine Einzeleindrücke mehr wahr, sondern wird in einen Geschehnistaumel hineingerissen, der den Zuschauer mit dem Gefühl ekstatischer Überfülle und damit Aktivierung seiner Lebensgeister beglücken will. Das Nahe und Intime, das gerade die Impressionisten so kultiviert hatten, geht bei diesen Expreßdramen völlig verloren. Man erlebt nichts, was man auch mit Frau, Kind, Freundin oder Nachbar erleben könnte, sondern wird ständig mit dem ‚rasenden Leben' a priori konfrontiert.

Das gleiche gilt für den expressionistischen Roman und die expressionistische Novelle, wo man die spannendsten Lebensläufe und ungeheuersten Ereignisse der Weltgeschichte mit kinohafter Zeitraffertechnik zu einer betont ‚sensationellen' Bilderfolge zusammendrängt. So wird in Edschmids „Timur" (1916) oder Klabunds „Moreau" (1916) ein Schnellpanorama der Weltgeschichte entfaltet, das in seinem rapiden Szenenwechsel an Funk, Telegraphen, Schnelldruck und spannende Reklametechnik erinnert. Vieles ist dabei reinste Kolportage und soll wie eine zeitungshafte Schlagzeile aufgefaßt werden. Nicht anders verfährt Edschmid in seinen novellenartigen „Sechs Mündungen" (1915), die geradezu bersten vor hochgespannter Dramatik. Auch hier werden Ewigkeiten zu Minuten zusammengezogen oder weit auseinanderliegende Fakten zu ekstatisch erlebten Simultankomplexen verschmolzen. Dasselbe trifft unter anderem auf Sternheims „Napoleon" (1915) zu, der wie ein rasch vorüberfliegendes Stationendrama angelegt ist. In äußerster, fast schon grotesker Pointierung herrscht diese Tempasteigerung, die Döblin bereits 1913 als ‚filmartig' bezeichnete, in Melchior Vischers Erzählung „Sekunde durch Hirn" (1920), wo ein Stuckateur im Moment seines Absturzes von einem Baugerüst eine Visionenfolge durchlebt, die alle nur denkbaren Länder, Völker, Lüste und Verbrechen umfaßt.

Kein Wunder also, daß sich viele Expressionisten von Anfang an für die von den Stilkünstlern der Jahrhundertwende zutiefst verachteten ‚Schnellbildfilme' begeisterten. So gab etwa Kurt Pinthus, einer der Hauptsprecher dieser Bewegung, schon 1914 ein höchst aufschlußreiches „Kinobuch" heraus, zu dem Autoren wie Hasenclever, Brod, Lautensack, Rubiner und Ehrenstein mit rasender Spannung erfüllte Szenarios beisteuerten. Im Film hatten diese Autoren endlich ein von kulturellen Traditionen unbelastetes Medium gefunden, das mit rohen, plakathaften Mitteln arbeitete und sich von vornherein an die breitesten Massen wandte. In ihm hoffte man daher, den expressionistischen Stil viel reiner verwirklichen zu können als in den herkömmlichen Genres der ‚hohen Literatur'. Der „Caligari" und der „Golem", beide 1920, schienen daher manchen ebensowichtig, ja fast noch wichtiger als die Dramen der Sternheim, Kaiser oder Toller. Doch auch die billigsten Kolportagefilme erfreuten sich allgemeiner Zustimmung. So schreibt selbst der bisher so versnobte Oskar Bie 1921 in den „Münchener Neuesten Nachrichten" über einen der üblichen Kintopp-Reißer, in dem ein gewisser Mr. Fletcher die Hauptrolle spielt:

> „Ich sehe ein unbeschreibliches Variété der Technik. Sagenhafte Länder, Luftschiffe, Funktelegraphen, Riesenbetrieb einer Zeitung, Schnelldruck, spannendste Reklame und dazwischen ein kleines bißchen Menschlichkeit. Ist das nicht gut? Ist das nicht wahr? Fabelhafte Fernphotographien. Der junge Journalist auf dem Luftschiff photographiert die fliehende Prinzessin mit ihrem Europäer. Er überträgt das Bild durch die Luft auf dem Radiowege seiner heimischen Zeitung. Die nimmt es direkt auf, druckt es sofort und verstreut es als Reklame in das Publikum. Dämonisch! Hier ist Zusammenhang mit der modernen Kunst ... Kino im besten Sinne ist im modernen Drama, in der modernen Musik: Schnellbildtechnik, Selbstkarikatur, Plakatfrechheit, Telegrammsprache, Tempo und Technik, Technik und Tempo. Fabelhaft, wie das im Film aufeinanderknallt. Es explodiert vor Geladenheit. Eine Sache, selbst schon Tempo, wird in Tempofetzen noch zerrissen und blitzt in Auge und Gehirn. Ist das nicht moderne Literatur? Ist das nicht Wedekind und Sternheim? Seht die ersten Szenen von Georg Kaisers ‚Hölle, Weg, Erde'. Spritzende Scheinwerfer in Hotel, Anwaltstube, Untersuchungsgefängnis, Juwelierladen – war das Kino zuerst oder dies?"

Fast die gleichen Tendenzen lassen sich in der bildenden Kunst der expressionistischen Bewegung beobachten. Auch hier huldigt man weitgehend dem Prinzip der Öffentlichkeit. Statt sich wie um 1900 in kleinen und kleinsten Sezessionen von der Masse des Volkes sorgfältig abzuschließen, ja abzukapseln und einem Stil der vornehmen Reserviertheit zu huldigen, der eine spezifisch conaisseurhafte Note hat, entstehen jetzt Künstlerbünde wie die „Brücke" oder der „Blaue Reiter", die sich mit ihren Werken an ein breiteres Publikum wenden und dies in ihrem Sinne zu beeinflussen suchen. Im Zuge dieser Wendung ins Öffentliche spielen sich auch die expressionistischen Maler gern als Aktivisten auf und verschreiben sich dem Holzschnitt, der Zeitungs- und Zeitschriftenillustration oder der genialischen Schnellproduktion von Gemälden, um möglichst viele Menschen mit ihren Werken zu erreichen. Ja, manche bewerben sich im Bewußtsein ihrer Sendung wiederholt um öffentliche Aufträge und entwerfen Ausstellungsdekorationen, kirchliche Glasfenster oder Fresken für Bahnhofshallen.

Wie unter den Dichtern gibt es auch unter den bildenden Künstlern eine Reihe von Volkstribunen, die ihre Gemälde und Graphiken als ‚Extrablätter des Geistes' auffassen, mit denen sie einen konkreten ideologischen Zweck verfolgen: sei es, daß sie wie Schmidt-Rottluff einem Holzschnitt-Christus die Jahreszahl 1918 auf die Stirn einzeichnen oder wie George Grosz unmittelbar in den politischen Tageskampf eingreifen. Doch selbst jene, die sich nicht so direkt engagieren, gebrauchen mit einem Male Ausdrücke wie ‚Straßenkampf', ‚aufrüttelnde Wirkung' oder ‚aus dem Goldrahmen steigen', um an diesem allgemeinen Aufbruch geistig und künstlerisch teilzuhaben.

Und zwar bedient man sich dabei einer Plakatmanier, durch die viele der expressionistischen Bilder schon auf weiteste Entfernung als Pamphlet, als Manifest oder Aufruf zu erkennen sind. Anstelle des vornehmen Galerietons, wie er noch um 1900 gang und gäbe war, bevorzugt man jetzt viel gröbere Effekte, die an farbiger Lautstärke und Kraßheit der Linienführung manchmal kaum zu überbieten sind. Maler wie Meidner oder Dix wollen nicht mehr dem reizsamblasierten Snob verfeinerte ästhetische Genüsse verschaffen, indem sie ihn mit impressionistischen Lichträuschen, Liniengespinsten oder flüchtigen Bewegungsreizen überschütten, sondern fühlen sich zu Erziehern der Masse berufen, die sich viel primitiverer, das heißt effektvollerer Mittel bedienen müssen. Statt also weiterhin für die künstlerische Ausgestaltung vornehmer ‚Wohnklausen' zu sorgen, entwirft man jetzt Plakate des Geistes, bei denen der gesamte Bildinhalt zu klaren Linien und ungetrübten Farbkomplexen vereinfacht wird, um so schlagend, so suggestiv, so überzeugend wie nur möglich zu wirken. Man will kein schmückender, sondern ein ‚redender' Maler sein, wie es in vielen Manifesten dieser Ära heißt. Die Farben werden darum meist so verwandt, wie sie aus der Tube kommen: möglichst unvermischt, direkt, knallig, laut. Obendrein versieht man viele Farbkomplexe noch mit einer dicken Konturierung, um nur ja den Eindruck einer vornehmen Abdämpfung zu vermeiden. Das gleiche gilt für die Linienführung, die oft etwas Scharfkantiges, ja Schreihaftes hat. Was also in der expressionistischen Literatur die Superlative und Wortballungen sind, äußert sich auf den Gemälden dieser Richtung als koloristischer Knalleffekt, als genialisch hingewischte Fläche oder als wuchtig markiertes Grundelement, wobei weniger der inhaltliche Sinn als der aktivierende Elan den Ausschlag gibt.

Man hat daher auch bei der expressionistischen Malerei oft das Gefühl, in eine Rummelplatzatmosphäre hineingezogen zu werden, wo eine lautstarke Schaubudenfrechheit dominiert und Moritaten- und Bänkelsänger mit langen Stöcken auf ihre schaurigen Bilder weisen. Vor allem Nolde und Rohlfs, aber auch Schmidt-Rottluff und Heckel, ja selbst Pechstein, Kirchner und Campendonk konfrontieren ihr Publikum gern mit höchst wilden, grausamen, frechen, barbarischen, panoptikumshaften Motiven, was diesen Malern in ihren Anfängen häufig den Vorwurf des ‚Plakativen' oder der ‚primitiven Stümperei' eintrug. Doch das Marktschreierische ist durchaus Absicht, nicht Unvermögen. Man ist so

Max Pechstein: Sprechende (1917)

heftig, so wütend im Ausdruck, um von vornherein für ‚revolutionär an sich' gehalten zu werden. Oft sind es gar nicht die Bildinhalte, mit denen man schockieren will – obwohl auch hier, wie schon in der expressionistischen Literatur, an Tigern, nackten Weibern, Verbrechern, Exoten und anderen schönen Raubtieren keinesfalls gespart wird – sondern die aufreizende Malweise: das Ruppige, Ungepflegte, Hingewischte, ja bewußt Barbarische und Archaisierende. Manche, vor allem Campendonk, Klee und der frühe Grosz, nehmen sich dabei die Sgraffiti an den Abortwänden, die allbekannten Kinderkritzeleien oder die hanebüchenen Produkte der Sonntagsmaler zum Vorbild. Andere, wie Heckel, Pechstein und Kirchner, imitieren die durch Carl Einsteins Publikationen bekannt gewordene Kunst der ‚Primitiven', der Neger und Papuas. Wieder andere halten sich an die Fetische und Totempfähle der nordamerikanischen Indianer, die Höhlenzeichnungen von Altamira oder die Gemälde der Wahnsinnigen, die man durch die Veröffentlichungen von Hans Prinzhorn kennengelernt hatte. Und zwar geschieht das alles im Zeichen einer möglichst radikalen Intensivierung der gesamten Bildfläche. Man will schockieren, indem man Gemälde produziert, die so schrill, so verzerrt, so übertrieben wirken, als ob sie in der Wut, im Suff, im dionysischen Rausch oder in einem Anfall von Wahnsinn entstanden seien.

Wie bewußt man dabei vorging, läßt sich an den Programmen dieser Bewegung ablesen. Viele malten in ihren Anfängen nur deshalb so primitiv, um sich damit gegen die verfestigte Bildwelt der Stilkunst um 1900 aufzulehnen, hinter deren formaler Strenge man zu Recht ein höchst autoritäres Wertsystem witterte. Die ersten Reflexionen über die Schaffung einer ‚neuen Malerei' stehen darum ganz im Zeichen der Formzertrümmerung. So schreibt Kandinsky 1912 im „Blauen Reiter", daß man aus der „Form keine Gottheit" machen solle, und rückt wieder energisch die „Inhaltsfrage" in den Mittelpunkt (2. Aufl., S. I, 76). In scharfer Frontstellung gegen die linienseligen Symmetrien des Jugendstils und die strenge Majestät der neudeutschen Monumentalkunst um 1900 fordern daher er und andere eine weitgehende Steigerung aller Bildinhalte in Richtung Rausch, Klang, Ekstase oder Abstraktion, um so den Eindruck genialischer Schöpferkraft oder eines freigesetzten Aktivismus des menschlichen Geistes zu erzielen. Wie schon die expressionistischen Dichter empfinden auch die Maler dieser Bewegung ihr Schaffen nicht mehr als Feier, Ritus oder Kult, sondern als aufrüttelnde Ausdrucksgebärde. Ihr vordringlichstes Ziel ist es, alles, was ihnen ins Blickfeld gerät, in aktivierte Farben, Formen und Linien aufzulösen, damit der Betrachter in den gleichen Zustand des Glühenden, Wilden, Rauschhaften gerate, der auch sie beim Schaffen beseelte. Um diesen Effekt zu erreichen, werden alle bildungsmäßig-akademischen Restriktionen einfach aufgehoben. Formfetzen fliegen auf diesen Bildern herum, die man mit den Wortbomben ohne Rhythmus und Reim in den Werken Unruhs, Bechers und Golls vergleichen könnte. Den gleichen Sinn oder Unsinn haben die alogischen Farbkleckse oder absurd verlaufenden Linien, bei denen man sich an die Interjektionen, Parenthesen oder Exklamationen gewisser expressionistischer Bühnenwerke erinnert fühlt. Und zwar geschieht das in allen nur denkbaren Ausdrucksformen, wodurch die Malerei dieser Ära trotz mancher stilistischen Ähnlichkeiten doch recht vielgestaltig wirkt. Man denke an den wirbelnden Linienstil eines Kokoschka, den breithinstreichenden, derben Flächenstil eines Schmidt-Rottluff, die kantige Manier Heckels, die schnoddrig-freche Linienführung bei Kirchner, das spitzig Pointierte und betont Einknickende bei Otto Mueller, das kindlich Vereinfachende bei Klee, das plakathaft Schreiende und Farbenballende bei Nolde, die monumentalisierenden Farbarchitekturen bei Macke und Marc, das dämonisch Brutale bei Jawlensky oder das aggressiv Hingekritzelte bei Grosz.

Eine so eruptive, ja geradezu orgiastische Malweise, die sich der Genialität um jeden Preis verschreibt, um so glühend, so gewalttätig, so plakathaft wie nur möglich zu wirken, trifft natürlich nicht immer ins Schwarze. Neben rauschhaft geglückten stehen daher ebenso viele rauschhaft mißglückten Gemälde. Doch das kümmerte diese Maler nur wenig. Wie für die Dichter dieser Bewegung war für sie nicht das Geglückte, Gekonnte, Gelungene das höchste Kriterium ihrer Kunst, sondern der intensivste Ausdruck. Das ‚Bleibende' überließen sie gern den staatlich bestallten Akademieprofessoren und anderen Rauschebärten. Anstatt für die ‚Ewigkeit' zu schaffen, wie das von der offiziellen Ästhetik gepredigt wurde, ging es ihnen in erster Linie um das Hier und Jetzt. Sich und andere zu aktivieren, ja im Spontanakt des Schaffens und Nacherlebens ins Revolutionäre durchzubrechen: das erschien ihnen als das Entscheidende. Und so griffen sie manchmal lieber zu einem alten Mallappen als zum Pinsel und fuhren mit diesem so lange auf der Leinwand herum, bis das Ganze nur so barst vor Farbe und Ausdruck. Wohl die wildesten Worte hat Pechstein für diesen Schaffensrausch gefunden, bei dem es einmal heißt: „Rausch! Gehirn zerschmettern! Wonnevolle Schmerzen des Gebärens! Krachen des Pinsels; am liebsten Durchstoßen der Leinwände. Zertrampeln der Farbtuben!" Ja, ein Mann wie Nolde, dessen Bilder von Farbe förmlich triefen, wurde von manchen fast wie eine Schreckfigur, ein Buhmann des Expressionismus empfunden. „Du", hieß es damals in einem Witz, der an vielen Malakademien kursierte, „ich sag's dem Nolde, der holt Dich und schmiert Dich auf die Leinwand!"

In der Musik hat man diese expressionistischen Ausdrucksmittel bisher nicht so klar erkannt oder herausgearbeitet. Schließlich ist ein Konzert von vornherein etwas Öffentliches, das sich an ein zu gewinnendes oder zu überzeugendes Publikum wendet. Um überhaupt als ästhetisches Phänomen ‚realisiert' zu werden, braucht man hier Ausführende und solche, die sich von den für sie produzierten Klängen beeindrucken oder gar mitreißen lassen. Allerdings kann auch eine konzertant vorgetragene Musik sehr innig, sehr intim, sehr leise sein, was für weite Bereiche der spätromantischen Kammermusik oder die impressionistisch hingehauchten Klanggebilde eines Debussy gilt. Damit verglichen, wirkt auch die Musik um 1910 wesentlich lauter, schriller, ja geradezu ekstatisch und schreckt wie die expressionistische Literatur selbst vor massivsten Klangzusammenballungen und schreihaften Explosionen nicht zurück. Hatten sich die Tongemälde eines Richard Strauss, die subjektiv-durchglühten Symphonien Gustav Mahlers oder die formalistisch-verspielten Akkordarbeiten eines Max Reger noch weitgehend an das traditionelle Dur-Moll-Schema gehalten und die spätromantische Melodik weitergepflegt, so verbreitet sich in frühexpressionistischer Zeit mit einem Male eine Atonalität, die in extremem Gegensatz zu allem steht, was den Komponisten seit zweihundert Jahren hoch und heilig gewesen war. So gesehen, ist der Umbruch in der Musik fast noch schärfer als in den beiden anderen Künsten. Dort wird zwar auch mit Worten, Farben und Linien auf eine Weise umgesprungen, die den gut- und bestbürgerlichen Kunstkonsumenten dieser Jahre geradezu skandalös erschien, doch werden die hergebrachten Ausdrucksmittel nicht so grundsätzlich verändert wie in der Welt der Töne. Das hängt zum Teil mit der Bildlosigkeit und damit unumgänglichen Abstraktion zusammen, die nun einmal zum Wesen des musikalischen Ausdrucks gehören. Die expressionistischen Komponisten konnten nicht wie ihre malenden oder dichtenden Kollegen einfach zu neuen Inhalten greifen, um mit dem Anspruch des Revolutionären aufzutreten, sondern mußten zu diesem Zwecke ihr gesamtes Klangsystem umstürzen. Und das taten denn auch ihre extremsten Vertreter mit aller nur denkbaren Radikalität.

Wo also bisher eine strenge Tonalität geherrscht hatte, tritt um 1910 eine schwebende Tonalität oder eine absolute Atonalität, die überhaupt keine Rücksicht mehr darauf nimmt, welche Gesetze der ‚Auflösung' und Dissonanzenvermeidung in den Harmonielehren des neunzehnten Jahrhunderts gegolten hatten und die rein ihrem eigenen Ausdruckswillen folgt. Wie schon Feruccio Busoni fordert man plötzlich allenthalben Viertel-, ja sogar Achteltöne oder völlig aufgelöste Farbflächen, die sich kaum noch notieren lassen. Wohl die frühsten Beispiele dafür liefern Franz Schreker, Rudi Stephan sowie Arnold Schönberg und sein Kreis, bei denen sich diese „Emanzipation der Dissonanz", wie man das damals nannte, schon um 1910 nachweisen läßt. Überall findet man hier bewußte Schärfungen durch kleine Sekunden, übermäßige Quarten oder große Septimen. Dazu kommen Ballungen von bisher strikt verbotenen Tontrauben oder sinnlos akkumulierten Akkorden, die jegliche Durchgangsfunktion verlieren und zum absoluten Selbstzweck werden. Das gesamte Tongefüge löst sich dadurch manchmal in eine Dissonanzenfolge auf, die von den zeitgenössischen Hörern als totale Zersplitterung, ja geradezu Auflösung der Musik überhaupt empfunden wurde. Hier gab es plötzlich keine gehörstützenden Melodien oder wohligen Einbettungsharmonien mehr, sondern bloß noch scheinbar beziehungslose Einzeltöne oder Einzelakkorde, wofür man den Ausdruck „Kakophonie" verwandte. Besonders extrem verfuhr Anton von Webern in dieser Hinsicht, dessen „Fünf Stücke für Streichquartett" (1909) völlig aphoristisch oder schreihaft angelegt sind. Fast jeder Ton bekommt hier seine eigene Artikulation und Dynamik, was zu einer weitgehenden Entfunktionalisierung des Gesamtgefüges führt. Doch mehr als das. Die einzelnen Töne werden nicht nur durch Pausen voneinander getrennt und dadurch in ihrer Isoliertheit exklamatorisch hervorgehoben, sondern obendrein durch übermäßige Intervalle und absolut mathematische Formstrukturen so weit auseinandergerissen, daß man überhaupt keinen Gesamtzusammenhang mehr wahrzunehmen vermag.

Die gleiche Radikalisierung läßt sich auf dem Gebiet des Rhythmischen beobachten. An die Stelle sorgfältig ausgewogener Bewegungsstrukturen, die durch stimmungsvoll-agogische Elemente einen leicht individualisierten Charakter bekommen, tritt im Rahmen der expressionistischen Musik entweder eine komplizierte Polyrhythmik wie in Strawinskys „Geschichte vom Soldaten" (1918), eine völlige Auflösung gesamtrhythmischer Strukturen oder ein unverrückbar durchgehaltener Fundamentalrhythmus, mit dem man den Eindruck einer hochexpressiven Motorik zu erzeugen versucht. Neben gewissen Paukenrhythmen, der Monumentalität alter Litaneien und barocker Orgelpunkte war hier vor allem der Einfluß des Jazz von Bedeutung, der auch in der ‚seriösen' Musik eine ganz neue Bewertung des Schlagzeugartigen mit sich brachte. So überschreibt etwa Paul Hindemith den 5. Satz seiner „Suite für Klavier" (1922), der sich „Ragtime" nennt, mit der Überschrift: „Betrachte das Klavier als eine interessante Art Schlagzeug und handle dementsprechend".

Auch was einmal als Melodie oder thematisches Material gegolten hatte, wird in diesen Jahren auf typisch expressionistische Weise in unzusammenhängende Klangfetzen zerrissen. Während man in der Musik von Strauss und Mahler noch das Gefühl ständig ondulierender Linien hat, die manchmal gar kein Ende zu nehmen scheinen, wird man jetzt mit einer Exaltation nach der anderen konfrontiert. Aufgetürmte Akkorde, outrierte Klanggebärden, extremste Höhen- und Tiefenlagen, dreifaches Forte nach hingehauchtem Pianissimo, ein ständiges Hin und Her zwischen homophonen und linearen Teilen, gehetzte Glissandi, stoßhafte Rhythmen, unerwartete Klangballungen, ständiges Rubato, übermäßige Intervalle: all das und noch vieles andere wird aufgeboten, um den expressiven Effekt einer Dauerspannung und zugleich Irritation zu erreichen. Nirgends findet man schöne, ‚dankbare' Stellen, nirgends werden schmückende Sequenzen eingelegt, nirgends wird etwas der besseren Einprägsamkeit halber zweimal oder gar dreimal gesagt. Das gesamte Tonmaterial erscheint in äußerster Konzentration, in blockhafter, ungeschlachter Reduktion oder ekstatischer Vereinzelung, und zwar so laut und markant wie nur möglich, um im Hörer das Gefühl eines ruhelosen Erregtseins zu erzeugen. Wie in vielen Werken des malerischen oder literarischen Expressionismus herrscht auch hier das ‚Revolutionäre an sich'. Nicht Kunstgenuß will man bieten, sondern Aktivität erwecken – zu welchem Ziele sie auch immer führen möge. Wohl die bezeichnendsten Beispiele dafür bieten die „Fünf Orchesterstücke" (1909) von Schönberg, die „Sechs Orchesterstücke" (1910) von Webern und die „Drei Orchesterstücke" (1914) von Berg, wo ein dramatisch-expressiver Stil dominiert, der mit grell schmetternden Trompeten, gewaltigen Streicheraufschwüngen, spitzig hervorstechenden Holzbläsern, donnernd aufeinandergeschlagenen Becken, aufpeitschenden Schlagzeugeffekten und exotisch anmutenden Xylophon- und Celesta-Klängen ein Äußerstes an Gefühlspathos zum Ausdruck bringen will. Bombast steht hier unmittelbar neben klanglicher Askese, Aufschrei neben Verstummen, Solistisches neben massiven Unisonopartien. Ja, noch in seiner „Lyrischen Suite" von 1926 läßt Berg in typisch expressionistischer Kontrastmanier auf ein „Presto delirando" unmittelbar ein „Largo desolato" folgen. Nicht ganz so ‚gewählt' drückt sich der junge Hindemith aus, der den letzten Satz seiner Bratschen-Sonate Op. 25, Nr. 1 einfach mit den Worten überschreibt: „Rasendes Zeitmaß. Wild. Tonschönheit ist Nebensache".

Rein umfangmäßig gesehen, wirkt sich das so aus, daß an die Stelle der Großwerke der Jahrhundertwende – der Monumentalsymphonien Mahlers, der Variationszyklen Regers und der farbenreichen Tongemälde eines Richard Strauss – jetzt weitgehend kurze oder kürzeste Musikstücke treten. In einem Satz das zu sagen, was andere in sieben Sätzen n i c h t sagen: dieser Aphorismus Nietzsches scheint vielen expressionistischen Komponisten nur allzu gegenwärtig zu sein. So schreibt etwa Schönberg im Vorwort zu den „Sechs Bagatellen für Streichquartett" (1913) von Webern:

> „Jeder Blick läßt sich zu einem Gedicht, jeder Seufzer zu einem Roman ausdehnen. Aber: einen Roman durch eine einzige Geste, ein Glück durch ein einziges Aufatmen auszudrücken: solche Konzentration findet sich nur, wo Wehleidigkeit in entsprechendem Maße fehlt".

Doch diese Charakterisierung des Webernschen Komprimationsstils trifft selbstverständlich auch auf seine eigenen Werke zu. So dauert etwa Schönbergs Monodrama „Erwartung" (1909), in dem eine Frau nachts im Walde umherirrt, ihren Geliebten plötzlich tot am Boden liegend findet und in einen markerschütternden Schrei ausbricht, bloß eine knappe halbe Stunde. Ebenso komprimiert wirken viele seiner Lieder und Klavierstücke aus diesen Jahren, die oft nur wenige Takte umfassen.

Neben dieser formalen Reduzierung auf das, was man das ‚Essentielle' nannte, kommt das spezifisch Expressionistische natürlich auch im Thematischen zum Ausdruck. Da wären erst einmal die Marschlied-, Choral- und Kantaten-Elemente, die häufig in diese Musik hineinspielen und ihr einen ‚aktivierenden' Charakter geben sollen. Im Sinne des Chorals „O Ewigkeit, du Donnerwort" oder bestimmter „Dies irae, dies illa"-Anklänge, die sich in dieser Zeit einer besonderen Beliebtheit erfreuten und bis zu Kurt Weills „Divertimento" (1922) und Alban Bergs „Violinkonzert" (1935) weiterwirkten, wird man ständig von irgendwelchen Propheten oder Stimmen aus dem Jenseits zu Umkehr und Wandlung aufgerufen. Daß damit nichts spezifisch Religiöses gemeint ist, beweist die simple Tatsache, daß man dieselben Klänge auch für den Zweck erotischer Stimulierung verwendet. Ob nun Posaunenchöre oder Negermusik, sexuell-erregende Synkopen oder verzückte Litaneien – die Absicht, die dahintersteht, ist die gleiche. Man soll bekehrt und zugleich aufgeputscht werden. Oder noch schärfer gesagt: Jeder, der ein solches Werk hört, soll sich zum ‚rasenden Leben' bekennen. In äußerster Intensität kommt das in Schönbergs Hauptwerk, seinem Opernfragment „Moses und Aaron" (1928–1932), zum Ausdruck, wo der verführerische Tenor Aarons und die schwerfällig stammelnde Sprechstimme des Moses, der Tanz um das Goldene Kalb und die Verkündigung der neuen Gesetze von ein und demselben ‚expressionistischen' Pathos beseelt sind.

Die „Kakophonie" oder „Anarchie" in der Musik dieser Jahre ist daher gar nicht so esoterisch gemeint, wie man bisher manchmal angenommen hat. Auch sie soll in ihrer Wildheit und Zügellosigkeit zu „strahlender Zukunft, zu neuer Wiedergeburt führen", wie sich Theodor von Hartmann 1912 im „Blauen Reiter" hoffnungsfroh ausdrückte (S. 47). Und damit wird selbst die Musik dieser Jahre – wenn auch meist nur in der Intention – von dem gleichen Drang ins Öffentliche beseelt, der auch die expressionistische Literatur und Malerei beherrscht.

II. Aggressive Deformierung

Aus dieser sprachlichen, malerischen und musikalischen Ballungstendenz, diesem Renommieren mit Wortbomben, Farbklecksen und Dissonanzen ergibt sich notwendig eine fortschreitende Form- und Gestaltzertrümmerung, die auch die menschlichen Inhalte nicht unversehrt läßt. Und damit stellt sich die Frage, ob man in einem solchen Stil überhaupt etwas schlechthin Positives darzustellen vermag oder ob der Expressionismus nur dann seine volle Vehemenz entfaltet, wenn er sich auf dem Gebiet der Travestie und der Satire austoben kann. Denn eine so radikale Aufhebung aller formalen Restriktionen – verbunden mit einer konsequenten Zerreißung und Zerstückelung der äußeren Erscheinungswelt – geht nun einmal nicht ohne eine weitgehende Verzerrung und Verbeulung der wiedergegebenen Menschen und Gegenstände ab. Wer so wild um sich schlägt und im Sinne einer apokalyptisch gestimmten ‚Menschheitsdämmerung' alles Bestehende niederzureißen versucht, schlägt zwangsläufig auch seinen eigenen Idealen und damit sich selbst ins Gesicht.

Es gibt deshalb kaum ein expressionistisches Bild, das nicht durch seine kraß vergröbernde Manier den Eindruck des Verbeulten, Zerlaufenen und Zerquetschten erweckt, wo nicht durch Wüstheit, Gedunsenheit und grelle Übersteigerungen sogar das an sich positiv Gemeinte ins Karikaturistische verzerrt wird. Statt impressionistischer Farbdelikatessen und jugendstilhafter Ornamentfreudigkeit herrscht auf den Gemälden dieser Richtung weitgehend das Barbarische und Archaisierende. Unter Verzicht auf die einst so geliebten Nuancen und Valeurs

werden meist nur unbehauene Kuben, Klötze und Blöcke aufeinandergetürmt. Alles wird so lange zusammengeschlagen oder zermanscht, bis es wie ein chaotischer Farbsalat oder Bildkompott wirkt. Stimmungsvolles, Gemüthaftes oder Intim-Persönliches verschwindet fast ganz. Wohin man auch blickt, sieht man sich mit Masken, Fratzen und Fetischen konfrontiert, die alle spezifisch ‚humanen' Züge vermissen lassen. Manchmal hat man geradezu den Eindruck, als solle dem Betrachter durch weitaufgerissene Augen, bleckende Zähne und wildeste Gebärden ein solcher Schock versetzt werden, daß es ihm kalt den Rücken hinunterläuft. So läßt etwa Nolde auf seinen Bildern gern Figuren auftreten, wie sie bisher nur auf knallbunten, hingekleckten oder schaurig-verzerrten Kinderbildern oder Gemälden von Geistesgestörten zu sehen waren. Auch Schmidt-Rottluff fuhrwerkt manchmal so wild mit dem Pinsel auf der Leinwand herum, daß einem angst und bange dabei werden kann. Kein Wunder, daß man bei vielen dieser Bilder den Eindruck von Alpträumen, Halluzinationen, magischen Visionen oder verzückten Trancezuständen hat, zumal auch inhaltlich mit Hexen, Dämonen und furchteinflößenden Raubtieren nicht gerade gespart wird. Bis zu welchem Grad sich diese Aggressivität manchmal erhitzt, beweisen bekannte Bilder wie Kokoschkas „Mörder, Hoffnung der Frauen" (1912), Grosz' „Metropolis" (1917) und Beckmanns „Die Nacht" (1918).
Die gleichen Tendenzen zeigen sich in der expressionistischen Literatur, wo die dargestellten Figuren durch rapide Temposteigerung, krassen Ausdruckswillen und übermäßige Wortballungen oft so stark ins Karikaturistische gezogen werden, daß sie den Eindruck hilflos zerquetschter und verbeulter Wesen erwecken. Wer immer schreit – was sowohl für das Drama als auch für die Oper des Expressionismus gilt – kann ebensowenig ‚erhaben' wirken wie eine Gestalt auf einem expressionistischen Gemälde, die wie ein gewaltsam zertrümmerter Kubus aussieht oder gleichsam zu einem Klumpen Lava erstarrt ist. Auch in der Dichtung dieser Bewegung begegnet man darum ständig dem Fratzenhaften, Grellen, Gewalttätigen und Grausamen, wie es Edschmid in seinem „Timur" oder Unruh in „Ein Geschlecht" zu gestalten versuchten. An die Stelle bürgerlicher Wohlanständigkeit tritt hier eindeutig das Unkultivierte, Ungehemmte, Häßliche, ja geradezu Ruppige und Rüde, das man noch um die Jahrhundertwende, als die Rilke, George und Hofmannsthal den Ton angaben, als absolut unkünstlerisch empfunden hatte. Und zwar steigert man sich dabei häufig in die Pose des Grobianischen hinein, wodurch selbst das ‚Positive' in den Bereich nihilistisch verzerrter Karikaturen herabgezogen wird. Indem man von vornherein auf jenes Leichte und Spielerische verzichtet, dem der „Simplicissimus" einen Großteil seiner Wirkung verdankte, landet man im Bereich des Expressionismus nur allzu häufig bei einer Raserei, die in ihrem Totalaufstand gegen alles Bestehende in masochistischer Verquältheit sogar gegen sich selbst zu wüten beginnt.
Das notwendige Ergebnis dieser Einstellung ist ein Destruktionswille, der geradezu alles, ob nun das Böse oder das Gute, das Hassenswerte oder das Er-

habene gemeinsam in die Pfanne haut. Gerade bei jenen, die sich einem ‚Revolutionismus an sich' verschreiben, nimmt oft die gesamte Welt groteske, puppenhafte oder karikaturistische Züge an, was man mit Begriffen wie ‚schwarze Satire' oder ‚schwarzer Expressionismus' umschreiben könnte. Anstatt lediglich die herrschenden Kreise und ihre Wertvorstellungen zu entlarven, kommt es häufig zu einer Gesamtabwertung alles Bestehenden und damit zu einer Deformierung des Menschlichen schlechthin, die auf dem Weg über den Futurismus, Kubismus und Dadaismus schließlich zur völligen Zerreißung und Auflösung der dargestellten Erscheinungswelt führt. Und so bleibt von der ‚Menschlichkeit' des Menschen oft nicht viel erhalten. Nasen, Ohren, Hände, Beine: alles wird zerstückelt, zerteilt und dann auf die sinnloseste Weise wieder zusammengekleistert, als sei der Mensch nur noch ein Automat, den man beliebig ummontieren kann.

Hand in Hand mit dieser formalen Destruktion geht die thematische ‚Entwürdigung' des Menschen. Auch in den Stoffen und Motiven schießt man manchmal soweit über das revolutionäre Ziel hinaus, daß man die so inbrünstig ersehnte Utopie völlig aus den Augen verliert. Weniger das Paradiesische als das Wilde, Bestialische, Anarchistische oder Untermenschliche wird oft als der Wohnort des ‚neuen Menschen' glorifiziert, und sei es nur, um der verhaßten Welt des bürgerlichen Establishments mit ihrer frustrierten Ethepethete-Moral ein Schreckbild des völlig Andersartigen entgegenzuhalten. Auf diese Weise entwickelt man ein Repertoire das Bohemienhaften, Außergesellschaftlichen, Exotischen, Wilden, Barbarischen, Krankhaften und Wahnsinnigen, wie es das in dieser Fülle vorher wohl selten gegeben hat. Alles, aber wirklich alles wird aufgeboten, um gegen den Stachel der herrschenden Autoritätsgesinnung und ihrer gnadenlos-puritanischen Wohlanständigkeit zu löcken.

Da wäre zunächst einmal die Welt des Archaischen, Exotischen und Negerhaften, das heißt im weitesten Sinne ‚Wilden', die man dem wilhelminischen Bürgertum als eine wesentlich glühendere und lebenswertere Daseinsform entgegenhält. Statt im Rahmen der konventionellen Stammtisch- und Gute-Stuben-Welt Erfüllung und Genügen zu suchen, will die Jugend dieser Jahre im ‚Wirbel des Lebens' immer erregendere, immer heißere Erfahrungen machen. Auch in der Kunst werden darum die ‚wildesten' Farben und Klänge aufgeboten, um sie in ein Agens lebenssteigernder Stimulierung zu verwandeln. In der Musik erklingen solche ‚heißen' Rhythmen zum erstenmal in Strawinskys „Sacre du printemps" (1911), Bartóks „Allegro barbaro" (1911), Hindemiths „Nusch-Nuschi-Tänzen" (1921) und Prokofieffs „Skythischer Suite" (1923), die beim großbürgerlichen Publikum, das sich gerade an Wagners Klangschwelgereien und die impressionistische Farbpalette eines Richard Strauss gewöhnt hatte, auf eisige Ablehnung stießen, während sie die expressionistisch eingestellte Jugend zu ekstatischer Bejahung hinrissen. Doch nicht nur diese bewußt ‚barbarischen' Rhythmen aus der Klangwelt des Archaischen, auch der damals als rein negroid empfundene ‚Jazz' wird von

den frühen Sonaten Hindemiths bis zu den Werken des mittleren Weill und Křeneks Oper „Jonny spielt auf" (1927) als spezifisch expressionistisches Klangelement verwendet, mit dem man sich zu einer neuen ‚Primitivität' bekennen will. In der Dichtung des Expressionismus findet man dieses Barbarische, ja geradezu Bestialische bereits beim frühen Edschmid, vor allem in seinem „Timur" (1917), der den Eindruck einer blasphemisch übersteigerten Orgie in grausamster Dschingis-Khan-Mentalität erweckt. Vom impressionistischen Exotismus eines Dauthendey mit all seinen farbigen Valeurs, pikanten Erotismen und psychologischen Raffinessen bleibt bei solchen Werken wenig übrig. Wie so oft im Rahmen des ‚schwarzen Expressionismus' folgt hier eine Brutalität auf die andere, um dem dekadent-erschlafften Bürgertum zu zeigen, was wahre ‚Kraft und Stärke' sind. Die gleiche Neigung zum ‚Barbarisieren' zeigt sich in der Malerei dieser Jahre, wo sich ein Negerplastikstil entwickelt, der auf den Bildern eines Nolde, Pechstein oder Schmidt-Rottluff manchmal fast ans Panoptikumshafte grenzt. Im Gegensatz zu den Tahiti-Geschöpfen eines Gauguin, die dem Betrachter mit der Pose des Religiös-Verehrenswerten entgegengehalten werden, wird hier auf Stimmung oder Einfühlung weitgehend verzichtet. Die Negermasken und Negergesichter der expressionistischen Malerei wirken weder religiös-verehrenswert noch menschlich-sympathisch, sondern streifen in ihrer schockierenden Deformation nur allzu oft ans Karikaturistische. Ja, in manchen Fällen werden sie so stark ins Primitive, Subhumane oder Tierische verzerrt, daß sie jede menschliche Ansehnlichkeit verlieren und geradezu ins Unflätige absinken.
In die gleiche Kategorie gehört die Jahrmarkts-, Kintopp- und Buffalo-Bill-Atmosphäre, die in vielen expressionistischen Werken herrscht. Hingerissen von der ‚freien Welt' des Außergesellschaftlichen, schildert man immer wieder jene Artisten, Zigeuner, Zirkuskünstler und andere fahrenden Leut', deren Lebensraum nicht die bürgerliche Arbeitswelt, sondern der Rummelplatz ist. Man wird daher im Bereich des Expressionismus – ob nun auf den Bildern Heckels, des frühen Dix oder in Tollers „Hinkemann" – ständig in ein Milieu versetzt, wo sich Ringer und Tiger produzieren, wo man Säbel verschluckt oder jene damals so berühmte ‚Dame ohne Unterleib' zu sehen bekommt. Doch selbst in Werken, die nicht unmittelbar in diesem Milieu spielen, glaubt man als Leser oder Betrachter immer wieder vor expressionistisch aufgeputzten Schaubuden in schreiendsten Farben und Beleuchtungen zu stehen. Wohin man auch blickt, wird man mit Exotischem oder Animalischem konfrontiert. Masken treten auf. Ausrufer schleudern einem ihre kindisch-lallenden, trunkenen oder agitatorischen Phrasen ins Gesicht. Clowns schneiden ihre groteskesten Grimassen. Vieles erhält dadurch den Eindruck des Drastisch-Reißerischen, der ganz bewußt an Bänkelsang oder Moritaten erinnern soll. Eine Reihe expressionistischer Gemälde ließe sich daher getrost als Tafeln oder Plakate an Jahrmarktsbuden aufhängen. So ist etwa der Maria-Ägyptiaca-Zyklus von Nolde in einem so krassen Moritatenstil gemalt, daß man sich sehr wohl einen Ausrufer mit Zeigestock daneben vorstellen könnte, der die

einzelnen Bilder mit schriller Stimme als erschröckliche Begebenheiten kommentiert. Auch in der expressionistischen Literatur erinnert manches durchaus an übelste Kolportage in der Art von Frankenstein-Moritaten, Golem-Schaurigkeiten, gespenstischen Wachsfigurenkabinetten oder Kitsch-, Porno- und Kriminalgeschichten, die von Blut und Angstschweiß nur so triefen. Viele haben es einfach satt, ewig nur ‚bürgerlichen Feinsinn' zu produzieren. Anstatt also die gängigen Lovestories mit immer raffinierteren erotisch-psychologischen Einzelzügen anzureichern, preist man jetzt gerade das von der bürgerlichen Ästhetik als ‚primitiv' oder ‚unterwertig' Verschrieene, um wieder etwas Derb-Handfestes in den Griff zu bekommen. So schreibt etwa Döblin 1917 über die Situation im Roman (Aufsätze, S. 23):

> „Der Tagesroman wird sich nicht eher erholen, als der Grundsatz zum Durchbruch kommt: mulier taceat, zu deutsch: die Liebe hat ein Ende. Der geschmähte Räuberroman, Karl May, die Schundliteratur ist besser".

Das gleiche gilt für das expressionistische Drama. Auch hier verzichtet man auf alles Psychologisch-Verfeinerte und stürzt sich in berserkerhafter Ungehemmtheit in den Rummel der Ballokale, Jahrmärkte, Volksversammlungen und Sechstagerennen, um nur ja keine falschen Intimitäten aufkommen zu lassen. Nicht nur in Kaisers geradezu paradigmatischer Szenenfolge „Von morgens bis mitternachts", auch bei Sorge, Unruh, Toller und Bronnen finden sich ständig solche Szenen. Vor allem letzterer arbeitet gern mit Gift, Verführung und Mord, als sei die ganze Welt ein großes Hinterhaus. Immer wieder präsentiert er seine Figuren wie ein Ausrufer mit Lautsprecher und Trommelwirbel und schockiert – in Werken wie „Geburt der Jugend" (1922), „Exzesse" (1923) und „Anarchie in Sillian" (1924) – das herbeigeströmte Bürgertum in bester Jahrmarkts- und Schaubudenmanier mit Sex- und Gewaltakten. Andere greifen wie Wedekinds Dompteur sogar zur Peitsche, um ihr ‚verehrtes Publikum' dadurch zu brüskieren, daß man ihm scheinbar wohlgesittete Menschen als skrupellose Bestien präsentiert. Manches erinnert hier auffällig an die Kinoaufführungen dieser Jahre, die meist in billigen Lokalen oder Kneipen stattfanden, und zwar mit lauten Orchesterzwischenspielen und einem Ansager, der wie auf einem Rummelplatz die hanebüchende Handlung mit einem Zeigestock und mörderischer Stimme verständlich zu machen suchte. Ja, der berühmteste Film dieser Ära, das „Kabinett des Dr. Caligari" (1920), beginnt mitten auf einem solchen Rummelplatz, wo ein halb wahnsinniger Jahrmarktsbudenbesitzer einen mondsüchtigen Somnambulen aus seinem Sarg befreit und ihn mit geheimnisvollen Mordbefehlen auf den Pfad des Schreckens schickt. Was als Glorifizierung des Außergesellschaftlichen gedacht war, überschlägt sich auf diese Weise nur allzu oft in eine allgemeine Degradierung und Depravierung des Menschen ins Tierische oder Wahnwitzige, die sich in ähnlicher Form bereits an den exotisch-negroiden Motiven ablesen ließ.

Fast die gleiche Tendenz liegt der expressionistischen Vorliebe für die Unterwelt des Kriminellen zugrunde. Auch hier ist der Grundimpuls erst einmal die Sympathie mit dem Außergesellschaftlichen, mit den sogenannten ‚Randexistenzen' der bürgerlichen Welt, die man in anarchistischer Tradition zu ‚Rebellen' hochjubelt. Verbrecher, Gangster, Ganoven, Zuhälter, Mörder, Dirnen sind daher in den Werken des Expressionismus geradezu Legion. Anstatt nur die problemlose Sonnenseite der bürgerlichen ‚Wohlanständigkeit' zu reflektieren, wirft man jetzt in aller Direktheit einen Blick hinter die Kulissen dieser Gesellschaft und zerrt mit grimmigem Behagen jene Elemente ans Tageslicht, worin sich die notwendigen Schattenseiten einer nur auf dem Prinzip des skrupellosen Eigennutzes beruhenden Wirtschaftsordnung manifestieren. Indem man im Zuge dieser Entlarvungskampagne immer ‚gemeinere' Typen aufmarschieren läßt, kommt es schließlich auch auf diesem Sektor zu einer allgemeinen Entwertung des Menschlichen an sich. Denn bei einer solchen Sehweise, die nur das brutale „Enrichissez vous" der kapitalistischen Besitzmoral ins Auge faßt, gehen auch die positiven Kräfte unbarmherzig im Strudel der allgemeinen Raffgier unter. Oben sieht man die großen, unten die kleinen Verbrecher am Werke, als sei die ganze Erde eine einzige große „Mahagonny"-Welt des skrupellosesten Egoismus, in der jedes hoffnungsvolle Fünkchen altruistischer Gesinnung von vornherein gnadenlos ausgetreten wird.

Noch deutlicher zeigt sich diese Tendenz zu allgemeinster Depravierung im Bereich der expressionistischen Bordellatmosphäre, wo man ebenfalls dem herrschenden Bürgertum die Maske vom Gesicht zu reißen versucht, indem man gerade die auf die absolute Reputierlichkeit bedachten Offiziere, Fabrikbesitzer, Juristen, Lehrer und Corpsstudenten als fleißige Hurenbenutzer porträtiert. Im Gegensatz zu früher wird dabei diese Welt nicht mehr in ein animierendes Halbdunkel gehüllt oder mit einem Hauch ‚Romantik' überzogen, sondern so dreckig, so ekelhaft, so verbrecherisch wie nur möglich dargestellt, um dem mit einem schlechten Gewissen behafteten Bürgertum einen Schock nach dem anderen zu versetzen. Man denke an die Prostituierten und Bordellmütter beim frühen Dix oder bei George Grosz, die man sich nur in den übelsten Kaschemmen vorstellen kann. Diese Gestalten stammen nicht aus jener philisterhaften Wunschtraumwelt, welche um 1900 noch mit leichtgekleideten Tingeltangelmädchen bevölkert war, die es für eine Ehre erachteten, ihren Freiern unter rosigen Lämpchen erste Einblicke in ihre jugendlich erblühenden Reize zu gestatten. Im Gegensatz zu solchen Figuren wirken die Huren des Expressionismus wie herumstreunende Hunde, deren einziger ‚Trieb' darin besteht, jedes Opfer, das ihnen über den Weg läuft, bis auf den letzten Pfennig auszuplündern. Sie haben weder süße Brüstchen noch süße Wädchen oder andere süße Dingelchen, wie sie in der bürgerlichen Pornographie des 19. Jahrhunderts seit Clauren immer und immer wieder besungen werden. Ebensowenig treten diese Dirnen als antikisch drapierte Hetären, königliche Mätressen oder haremshafte Lustweiber auf, die

nichts als ‚männerbeglückende' Orgien im Sinn haben. Ganz im Gegenteil. Expressionisten wie Grosz oder Dix schildern die Hurenschwärme einfach so, wie sie sind: kalt, zynisch und schmutzig. Mit harten Visagen und vogelartigen Krallen ausgestattet, versuchen diese Weiber aus ihren kärglichen Reizen so viel Kapital wie nur möglich herauszuschlagen, indem sie sich erst entblößen, dann verweigern und so dem frustrierten Konsumenten, der bereits bezahlt hat, um den eigentlichen Genuß betrügen. Selbst wenn sie angekleidet auftreten, vergißt Grosz selten, unter ihren Blusen und Röcken eklige Hängebusen, Faltbäuche oder mickrige Schamhaare einzuzeichnen, um nur ja keine falschen Illusionen aufkommen zu lassen. Die gleiche Kraßheit herrscht in der Ausmalung des Bordellmilieus. Statt Sekträusche oder dionysische Orgien zu schildern, wie das in der impressionistischen Literatur üblich war, werden jetzt lediglich die üblen Begleitumstände solcher Häuser und Absteigequartiere dargestellt. Nicht schneidige Leutnants und fesche Lebemänner beherrschen hier die Szene, sondern lüsterne Sugardaddies mit Glatzen und Schmerbäuchen, die schwammigen Kokotten am Hintern herumkneten, mit ihren Schweineschnauzen in der Unterwäsche nach Trüffeln zu wühlen scheinen und sich schließlich sexuell so übernehmen, daß sie Herzanfälle bekommen oder sich über die Waschschüssel beugen und kotzen. Nicht das Flair des Erotischen bestimmt diese Bilder, sondern lediglich das rollenfixierte Drum und Dran bezahlter Drüsenmanipulationen.
Ebenso knallhart werden solche Szenen in der expressionistischen Literatur geschildert. Man denke an die Hure mit dem Holzbein in Kaisers „Von morgens bis mitternachts", die Dirnenschwärme in Sorges „Bettler" oder die vielen „Hurenschnauzen" in der Lyrik des frühen Benn. Auch hier werden ständig Bordelle und Nachtcafés beschrieben, in denen sich übelste Hurenböcke auf ebenso üble Nutten stürzen und so der Eindruck einer Pansexualität entsteht, die jedes ‚humane' Element vermissen läßt. Was als bloßer Schock gedacht war, führt daher auch in diesen Bereichen zu einer allgemeinen Nivellierung ins Untermenschliche, Triebhafte und rein Tierische. So liest man bei Benn ständig Zeilen wie „Die Krone der Schöpfung, das Schwein, der Mensch" (III, 12). Den ‚Mann' definiert er in einer Apriori-Konstruktion als einen, „der Weibern manchmal was reinstößt" (III, 20). Und damit triumphiert sogar im Literarischen, ja im engeren Sinne ‚Lyrischen' immer wieder das Gemeine und Zynische, als sei der aller gefühlsmäßigen Elemente beraubte Geschlechtstrieb das einzige ‚movens agens' der Weltgeschichte. Statt zur Entlarvung der vorgetäuschten bürgerlichen Wohlanständigkeit beizutragen, bekommt so die Darstellung des Triebhaften nur allzu häufig einen reinen Selbstzweckcharakter. Ob Sieger oder Beute, Genießende oder Geopferte: alle werden als sexbesessene ‚Viecher' dargestellt, bei denen es sinnlos wäre, von ‚human' empfindenden Wesen zu sprechen. So heißt es in Paul Duysens Roman „Jedermann der viehische Mensch" (1921) ausdrücklich, daß der „Mensch ein Vieh ist, ja, daß er noch unter dem Vieh steht" (S. 2). „Der Geist, das Gemüt und alle schönen Dinge, die mit Eurem Mensch-Sein zusammenhän-

gen sollen", schreibt dieser Mann, „sind nur Phrasierungen, Masken Eurer tierischen Geschlechtlichkeit" (S. 5). Und er ist ehrlich genug, auch sich selbst in dieses Chaos hineinzuziehen und offenherzig zu bekennen: „Auch ich habe gelogen, betrogen, gestohlen, geschändet und gewüstet" (S. 3).

Wohl ihren Höhepunkt erlebt diese allgemeine Depravierung in der auffälligen Vorliebe für alles Krankhafte, Leichenhafte und Wahnsinnige, der man im Expressionismus so häufig begegnet. Auch diese Elemente wenden sich direkt oder indirekt gegen das penible Sauberkeitsbedürfnis des sich von allem ‚Niederen' sorgfältig abschließenden Bürgertums – und sind damit ein bewußtes oder unbewußtes Protestsymptom. Vor allem die Lyrik von Heym, Trakl und Benn strotzt nur so von Fäulnis- und Verwesungsmotiven, in der das Vermoderte und Bresthafte der gegenwärtigen Weltsituation zum Ausdruck kommen soll. In ihren Gedichten stößt man manchmal auf Szenen, wo die gesamte Erde wie ein großer Misthaufen wirkt und alles in Wahnsinn, Unflat und Untermenschentum zu versinken droht. Wie in einem Wachsfigurenkabinett, Panoptikum oder anatomischen Schausaal wird man hier mit Bildern des Grauens konfrontiert, deren wirkungsästhetische Absicht der ‚Schock um jeden Preis' zu sein scheint. Im Gegensatz zur naturalistischen Elendsmalerei wird dabei jede Möglichkeit der Identifikation oder des Mitleids bewußt ausgeschaltet, ja geradezu höhnisch verlacht. Die Welt, wie sie in diesen Werken erscheint, soll weder verehrens- noch hassenswert, weder himmlisch noch teuflisch sein, sondern sich in ihrer absoluten Negativität selbst widerlegen. Und zwar greift man dabei gern auf die ‚schwarzen' Visionen eines Baudelaire oder Rimbaud zurück, steigert sie jedoch ins kraß Medizinische, Grausige, Wahnsinnige und Fratzenhafte, so daß von der ursprünglichen ‚poésie' der französischen Symbolisten wenig oder nichts übrig bleibt. Schlagende Beweise dafür liefern die vielen ‚Irren' in der expressionistischen Lyrik, auf den Bildern Heckels und Otto Langes oder in den Wahnsinnsszenen des „Kabinett des Dr. Caligari", wo selbst die Vernünftigen plötzlich einen geistesgestörten Eindruck erwecken.

Neben dem Irren taucht in dieser Welt der reinen Negativität als besonders krasse Neuheit ständig das im engeren Sinne ‚Klinische' auf. Man lese dazu einen kurzen Abschnitt aus Georg Heyms Prosaskizze „Die Sektion" (1911), wo er die Arbeitsmethoden sezierender Ärzte beschreibt (II, 35 f.):

> „Sie nahmen aus den weißen Schränken ihr Sezierzeug heraus, weiße Kästen voll von Hämmern, Knochensägen mit starken Zähnen, Feilen, gräßliche Batterien voll von Pinzetten, kleine Bestecke voll riesiger Nadeln, die wie krumme Geierschnäbel ewig nach Fleisch zu schreien schienen.
> Sie begannen ihr gräßliches Handwerk. Sie glichen furchtbaren Folterknechten, über ihre Hände strömte das Blut, und sie tauchten sie immer tiefer in den kalten Leichnam ein und holten seinen Inhalt heraus, weißen Köchen gleich, die eine Gans ausnehmen.

Um ihre Arme wanden sich die Därme, grüngelbe Schlangen, und der Kot troff über ihre Kittel, eine warme, faulige Flüssigkeit. Sie stachen die Blase auf, der kalte Harn schimmerte darin wie ein gelber Wein. Sie schütteten ihn in große Schalen; er stank scharf und beizend wie Salmiak".

Doch auch andere Expressionisten beschreiben ständig Operationen, Curettagen, aufgeschnittene Gedärme, kreißende Frauen, Exkremente, verkrebste Schöße oder ausgelaufene Gehirne, um nur ja den nötigen Ekel hervorzurufen. Nichts bleibt einem in diesem Umkreis erspart, weder Spulwürmer noch Kot, weder Fäkalien noch verwesende Kadaver, weder Wasserleichen noch syphilitische Dirnen. Besonders der junge Benn schockiert seine Leser gern mit einer grausig verzerrten Tripper- und Unterleibspoesie, als sei die gesamte Welt ein großes, schleimiges, von üblen Gebresten nur so strotzendes Hurenhaus. Doch selbst ‚Idealisten' wie Rubiner sprechen immer wieder von „gequetschten Wurmmäulern", „ertränktem Aas" oder „klebrigen Schmeißfliegen", um wenigstens ein paar Bilder aus seinem Band „Das himmlische Licht" anzuführen (JT 33, S. 17). Das gleiche gilt für Johannes R. Becher, der in seinen „Gedichten für ein Volk" (1919) eine seltsame Vorliebe für alles Eklige und Widrige an den Tag legt, wodurch selbst bei ihm, dem hymnisch hingerissenen Pathetiker, das Kotige manchmal das letzte Wort behält. So heißt es an einer Stelle (S. 29 f.):

„Babel wächst ... Die Höllen-Fäulnis klafft.
Moder wirbelt. Schimmel-Sonnen kreisen.
Pest-Kloaken –: Fundamente reißen!
Scheusal-Männer Weiber-Klumpen schmeißen.
Schenkel blähen. Brust-Gebirge fabelhaft.
Fleisch stopft Fenster-Poren. Eiter Pfützen.
Fleisch-Sintflut durch euere Länder schwemmt.
Arche treibt ... Zerschmolzene Leiber spritzen.
Knochen Unrat jäh emporgestemmt ...
Stankluft würgt ... Latrinen rauchen.
Kindlein gröhlend in Kot-Brunnen tauchen.
Stankluft würgt ... Und Explosionen prellen".

In einer solchen Umgebung kann Hohes und Erhabenes eigentlich nur in der Form von Travestie, Parodie oder Karikatur erscheinen. Rein durch die Nachbarschaft von Zirkus, Leichenschauhaus und Bordell wird im Bereich des ‚schwarzen Expressionismus' auch das Monumentale, Religiöse und Idealistische ins Gemeine und Zynische gezerrt und damit seiner positiven Werte beraubt. Ja, nicht nur das ‚Erhabene', auch das rein Individuelle, Geistige und unmittelbar aus der Seele Stammende sinkt durch diese radikale Überspitzung des expressionistischen Elans nur allzu häufig ins Subhumane ab. Gewollt oder ungewollt wird so die gesamte Wertwelt des 19. Jahrhunderts, und zwar in ihren positiven und negativen Elementen, gleichermaßen in Trümmer geschlagen. Es gibt daher im Rahmen dieser Richtung kaum etwas, worüber man sich nicht grimmig oder hetzerisch lustig macht, was man nicht durch schrilles Übertreiben bis zur Fratze verzerrt. Anstatt sich wie die Jungdeutschen oder Naturalisten mit kleinen Nadelstichen zu begnügen, liebt man jetzt die großen Bombenwürfe, um endlich ‚klare Verhältnisse' zu schaffen. Revolution will man, nicht das Flickwerk wohlmeinender Reformen, die nie das wahre Ziel erreichen. Welchen Preis man dafür zahlt, ist den meisten ganz gleich. Für sie gilt nur das Hier und Jetzt – und sollte die ganze Welt darüber zugrunde gehen.

Man hat das oft als zynisch, pejorisierend oder nihilistisch hingestellt. Doch letztlich versucht sich selbst in den ebenzitierten Becher- oder Heym-Passagen, so grausig sie auch klingen mögen, ein brachliegender Enthusiasmus vor dem Ersticken zu bewahren, indem er nicht wie in der Literatur der Jahrhundertwende in die Welt geschichtsloser Mythen ausweicht, sondern die herrschende Gesellschaftsordnung durch die Hervorkehrung ihrer eigenen Schattenseiten als absolut widersinnig, eklig und damit untergangsreif zu widerlegen trachtet. Sogar dieser ‚schwarze Expressionismus' läßt sich daher als ein Totalaufstand gegen die verkrustete Welt der erstarrten bürgerlichen Konventionen interpretieren. In Parodie, Satire, Ironie und aggressiver Deformierung wird hier das ‚eigentliche' Wesen der wilhelminischen Welt als etwas zutiefst Lebensfeindliches entlarvt, dem man nur mit der Negation der Negation entgegentreten kann. So schreibt etwa George Grosz 1925 in dem mit Wieland Herzfelde herausgegebenen Büchlein „Die Kunst ist in Gefahr" im Rückblick auf seine eigene Vergangenheit (S. 19):

> „In der Vorkriegszeit ließen meine Erkenntnisse sich derart zusammenfassen: Die Menschen sind Schweine. Das Gerede von Ethik ist Betrug, bestimmt für die Dummen. Das Leben hat keinen Sinn als den, seinen Hunger nach Nahrung und Weibern zu befriedigen. Seele gibt es nicht. Hauptsache – man hat das Nötige. Ellenbogengebrauch war notwendig, allerdings ekelhaft. So drückt sich auch in meiner Produktion ein starker Abscheu vor dem Leben aus, der nur überboten wurde vom Interesse für die Vorgänge. Wurde der Ekel zu groß, betrank man sich".

Viel anders hat sich ein konservativer Rebell wie Benn in diesen Jahren auch nicht ausgedrückt. Überhaupt stellte dieser ‚schwarze Expressionismus' nur ein ideologisches Absprungbrett verschiedenster revolutionärer Haltungen dar. In welchem Lager man schließlich landete, zeigte sich erst dann, als man vor diesem schwarz in schwarz gemalten Hintergrund endlich positivere Vorstellungen des menschlichen Zusammenlebens zu entwickeln begann.

III. Travestie und Legende

Wenn sich daher die Lautstarken und Aggressiven, die ‚Aktivisten' unter den Expressionisten, einmal an ‚hohen Formen' vergreifen, statt lediglich im Abfall der Menschheit zu wühlen, so geht das selten ohne parodistische Nebeneffekte ab. Eine so zerstörerische, ja ‚mörderische' Grundgesinnung, wie sie in diesen Bereichen teilweise herrscht, kann sich gar nicht anders als ‚pamphletistisch' äußern. Seraphisches wäre hier ebenso fehl am Platze wie im bürgerlichen Sinne Gemüthaftes oder Heimeliges. Selbst das ‚Höchste', sei es politischer, künstlerischer oder religiöser Natur, sinkt in einer so depravierten Welt, wie sie in den Werken von George Grosz oder Benn erscheint, notwendig ins Alltägliche, Entwertete oder Gemeine ab. Hier macht sich lediglich der Trieb, die Notdurft, die Raffgier geltend, aber nicht ein in edle Tasso- oder Iphigenienwelten zielendes Streben. Wie lassen sich da überhaupt noch wahre Helden und Heroinen gestalten?

Beginnen wir die Erörterung dieser These mit einem kurzen Blick auf das expressionistische Drama. Wohl eins der besten Beispiele für diesen spezifisch expressionistischen Pamphletismus ist Georg Kaisers „Von morgens bis mitternachts", wo es sich um einen modernen Faust zu handeln scheint, der sich in jeder Situation schon nach der nächsten verzehrt und so ruhelos von einem Scheinziel zum anderen getrieben wird. Doch statt als Gelehrter in der Klause hockt diese Suchernatur bei Kaiser als Kassierer in einem Büro. Statt einen Pakt mit dem Teufel zu schließen, hat er ein Rendezvous mit einem Skelett. Statt in Auerbachs Keller zu steigen, berauscht er sich an einem Sechstagerennen. Statt Helena begegnet er einer eleganten Dame, die sich als die Mutter eines Kunsthistorikers erweist. Statt für Gretchen zu schwärmen, sitzt er mit einer Dirne im Chambre séparée. Statt Engeln zu begegnen, geht er in eine Heilsarmeeversammlung. Statt durch das ‚Ewig-Weibliche' erlöst zu werden, wird er von einer geldgierigen Fanatikerin an die Polizei verraten. Ja, in der letzten Szene nimmt er die Pose des Gekreuzigten an, während der elektrische Strom gerade durch einen Kurzschluß unterbrochen wird, statt wie Faust in den Himmel aufzuschweben. Dieselbe parodistische Absicht äußert sich in der Sprache dieses Dramas, in der selbst Metaphysisches im Börsenjargon oder Reporterstil abgehandelt wird. So heißt es in der Szene „Verschneites Feld", wo er dem Tod begegnet (S. 50):

> „Hast du die ganze Zeit hinter mir gesessen und mich belauscht? Bist du ein Abgesandter der Polizei? ... Ich danke für die Bedienung. Schließen Sie Ihren Laden mit alten Knochen. Ich bin nicht der erste beste, der sich beschwatzen läßt! ... Leben Sie wohl. Ich sehe bis zum Abend noch eine ganze Menge Verpflichtungen vor mir. Sie können unmöglich die erste sein. Vielleicht die letzte. Aber auch dann nur notgedrungen. Vergnügen macht es mir nicht. Aber, wie gesagt, notgedrungen – darüber läßt sich

reden. Rufen Sie mich gegen Mitternacht nochmals an. Wechselnde Telephonnummer beim Amt zu erfragen!"

Auch in anderen Kaiserschen Dramen dient die Verwendung heroischer Formen oder monumentaler Stilelemente fast ausschließlich dazu, durch einen möglichst starken Kontrast die in Frage gestellten Werte ins Lächerliche zu ziehen. Im „König Hahnrei" (1913) ist es der oft ironisierte Marke, der zur Parodie herhalten muß. In der „Jüdischen Witwe" (1911) handelt es sich um die Heroine Judith, die sich bei Kaiser in eine männertolle Nymphomanin verwandelt, die sogar mit dem Hohenpriester etwas zu lange im Allerheiligsten verweilt. Eine ähnliche Karikatur des alten Tragödienschemas liegt Kornfelds „Verführung" zugrunde, wo es sich um einen pathetisch herausgestellten Misanthropen handelt, dessen einzige große Tat darin besteht, daß er einen Unbekannten wegen seiner banalen Visage einfach erwürgt. Doch wohl den Höhepunkt an Blasphemie bildet die „Sancta Susanna" (1919) von August Stramm, deren von unbändiger Geschlechtsgier gepackte Titelgestalt sich sogar an dem Gekreuzigten vergreift und ihm den Lendenschurz herunterreißt, um im Anblick seiner Männlichkeit endlich einen Orgasmus zu erreichen. Es war daher nur konsequent, daß Lothar Schreyer bei der ersten Studioaufführung dieses Dramas die Rolle der Susanna einfach nackt spielen ließ.

Die gleichen parodistischen Effekte finden sich in der expressionistischen Prosa. So schildert etwa Albert Ehrenstein in seinem „Ritter Johann des Todes" (1919) einen der großen Heroen des Mittelalters, der in „donnerdicke Nebelfernen" entweicht, weil seine „Weib-Köchin" kein „neues Essen und Küssen mehr wußte" („Tubutsch", S. 3). In Melchior Vischers „Sekunde durch Hirn" (1920) lesen wir einmal von einem „gertenschlanken Mädchen", das sich „seufzend an den muskelharten Lenden eines Mohrenathleten so ein Mysterium abkeuchte" (S. 6). Doch fast noch interessanter als solche bewußten Parodien sind jene Werke, die an sich ins Monumentale zielen, aber durch das rasende Tempo ihrer Schilderung und die überspitzte Personencharakterisierung notwendig, wenn auch unfreiwillig ins Groteske entgleisen. Man denke an die ‚Helden'-Romane Klabunds, seinen „Moreau" (1916) oder „Mohamed" (1917), wo es sich um literarisch aufgehöhte Heiligenviten eines Feldherrn und eines Propheten handelt, deren Endeffekt jedoch eher komisch als erhaben ist. Indem nämlich ihr Leben wie eine expressionistisch verknappte Stationenfolge heruntergerasselt wird, verlieren sie alles Charismatische und sinken schließlich zu Narren ihrer selbst herab. Man halte Bücher wie den „Nietzsche" eines Bertram oder den „Goethe" Gundolfs daneben, die noch der Haltung des George-Kreises verpflichtet sind, um sich den Abstand Klabunds zu den monumentalisierenden Tendenzen der Jahrhundertwende vor Augen zu führen. Dafür spricht etwa folgende Szene, wo der junge Moreau zum erstenmal in grotesker Verzückung das erwachende Feldherrnbewußtsein in sich verspürt, das ihn später zu den wildesten Heldentaten hinreißt (S. 14):

„Am Abend gab es Käse zum Diner.
Moreau aß keinen Käse.
Papa setzt die Hornbrille ab. Seine Augen hängen ihm wie Quallen aus dem Gesicht. Pfui was für häßliche Augen denkt Moreau.
Du mußt den Käse essen.
Moreau sah dem Alten starr auf die Stirn:
Nein.
Der Alte nahm die Haselnußstaude, die heute morgen Moreau als Degen gedient hatte.
Moreau sprang auf. Ein Puma. Er riß dem Alten den Stock aus der Hand.
Mein Schwert, schrie er, mein Schwert.
Dann warf er sich auf den Boden, biß die Zähne in die Diele und blieb die ganze Nacht so liegen".

Ebenso bezeichnend für diesen pamphletistischen Monumentalstil ist Kasimir Edschmids „Timur" (1917): der Lebensabriß eines dschingiskhan-ähnlichen Tyrannen und Welteroberers, der so wirkt, als sei er mit Blut und Kot geschrieben. Hier ist jedes Detail – in bewußter Bürgerschreckmanier – ins Unmenschliche stilisiert. Ein Schock, ein Gewaltakt folgt auf den anderen. Dauernd wird gemordet, geschlachtet, hingerichtet, gespießt, gebraten, niedergemetzelt, bis die blutgefüllten Flüsse über die Ufer treten und die halbe Welt dem großen Timur gehört. Doch selbst dieser Timur, dessen Gestalt die anderen weit überragt, hat nichts Erhabenes oder Herrscherliches, sondern wirkt wie ein Ausbund an Wildheit, Gestank, Unmäßigkeit und Blutgier. „Timur eilte durch Sumpf und Bäume", heißt es an einer Stelle, „trabte, ereilte Geschwader, die erstarrten, ritt durch sie, stinkend von Fett und Schweiß und zerrissen die Kleider" (S. 193). Ebenso wild und gewaltsam sind seine einsam gefaßten Entschlüsse. „Timur saß drei Wochen in seinem Zelt", schreibt Edschmid, „kalkigen Augen, ohne Ton. Sein Kopf glühte stärker als eine Fackel aus den Spalten der Dunkelheit. Sein Hirn wütete wie ein Stier. Dann machte er einen Ruck und brach auf" (S. 179). Wohl am deutlichsten wird diese pamphletistische Übersteigerung, wenn das Ganze ins Legendenhafte übergeht. Hier erinnert manches fast an Nietzsches „Zarathustra", wenn auch in blasphemisch überhitzter Form. So heißt es einmal von der Heilung einer Wunde (S. 196):

„Von einem Baum fiel nachmittags ein Affe und biß Timur in die Achsel. Er gab nicht Acht auf das Geschwür, das eiternd anwuchs. Die Chinesin gab ihm Salben darauf, aber es riß neues Fleisch in sich hinein. Timur ließ zwei Menschen täglich schlachten, deren Hirn die Wunde fraß und, satt, nach Monaten sich schloß".

Ähnliche pamphletistische Übersteigerungen des Monumentalen, die durch ihre Wildheit zwangsläufig ans Groteske streifen, finden sich in der expressionistischen

Malerei. Auch hier wird das Positive, Heilige und Erhabene meist so unbeherrscht und ungezügelt vorgetragen, daß man eher den Schrei der Frechheit als die Erhebung ins Überweltliche wahrnimmt. Sogar die Jesus-Bilder dieser Richtung haben oft etwas Glotzäugiges, Negerfetischhaftes, ja geradezu Tierisches oder zumindest Urmenschlich-Bestialisches. Wenn man das überhaupt ‚religiös' nennen will, dann höchstens auf jener Stufe, auf der Gott noch nicht angebetet, sondern verprügelt wird. Ebenso verbeult und verzerrt erscheinen die anderen ‚Heiligengestalten' der expressionistischen Malerei. Ob man nun Madonnen oder Maria-Magdalenen malt, immer wieder hat man den Eindruck von Kinderzeichnungen, Klosettsgraffiti oder plakathaft vereinfachten Karikaturen, die trotz aller religiösen Inhaltlichkeit wie bewußte Parodien oder Travestien wirken. Man kann nun einmal Jesus kein ‚1918' auf die Stirn einzeichnen und ihm zugleich eine Holznase geben, wie Schmidt-Rottluff das tut, ohne damit das Heilige zwangsläufig ins Unheilige zu ziehen. Manchen Expressionisten wie Nolde und Schmidt-Rottluff war diese Tendenz sicher gar nicht bewußt – was sie nicht daran hinderte, ihrem unbewußten Atheismus freien Lauf zu lassen. Den gleichen Merkmalen begegnet man bei anderen ‚heldenhaften' Gestalten wie Feldherrn, idealgesinnten Jünglingen oder übermenschlichen Erobererfiguren, die trotz aller Erhabenheit meist so überlängte Arme, groteske Denkerstirnen oder outrierte Körperdrehungen aufweisen, daß sie notwendig verzerrt und deformiert erscheinen. Sogar die Plastiken Wilhelm Lehmbrucks, die noch am ‚edelsten' wirken und zum Teil an die Stilkunsttendenzen der Jahrhundertwende erinnern, tragen diese Merkmale. Bei anderen Expressionisten werden solche Gestalten meist noch viel gröber, wilder, gewaltsamer in derbgefügte Kuben oder grellfarbige Flächen zusammengepreßt, so daß man eher das Fratzenhafte als das Ideale wahrnimmt. In einem Stil, der so stark deformiert, kann nun einmal Hohes und Erhabenes nur mit gewissen Abstrichen erscheinen. Hier muß zwangsläufig das pamphletistisch Verzerrte dominieren.

Nun gut, könnte man sagen: das mag alles stimmen, aber ist dies nicht nur die eine Seite der Medaille? Gibt es nicht auch im Expressionismus neben der parodistischen Entlarvung des Erhabenen genau die entgegengesetzte Tendenz: nämlich die Erhebung des Niedrigsten und Dürftigsten in die Sphäre des Heiligen, indem man gerade die Ärmsten der Armen mit dem Mantel der Legende umkleidet? Eine solche Tendenz zur Heroisierung des Alltäglichen oder Monumentalisierung des Nichtmonumentalen läßt sich allerdings nicht leugnen. Doch auch sie spielt sich meist auf einer so grotesken Ebene ab, daß ihr Endeffekt eher parodistisch als erhaben ist. Denn in den meisten dieser Werke wird der überlieferte Stil der Legenden, Chroniken und Mysterienspiele auf so belanglose oder fragwürdige Objekte übertragen, daß bei diesem Einkleidungsprozeß nicht das Niedere gewinnt, sondern das Hohe verliert. Und selbst in jenen Fällen, wo dieser Prozeß nicht so eindeutig verläuft, geht es bei diesen Vertauschungen von Hoch- und Tiefzone selten ohne parodistische Nebeneffekte ab.

So schildert etwa Sternheim in seinem „Napoleon" (1915) das Schicksal eines Kochs, und zwar in einem solchen Stil, als ob es sich dabei um die Geschichte eines Heiligen oder Welteroberers handele, dessen Leben sich in geradezu überdimensionalen Ausmaßen abspielt. In einem witzigen Pseudochronikenstil werden hier Ewigkeiten zu Minuten zusammengezogen, wodurch wie bei Klabund der Eindruck einer dramatisierten Stationenfolge entsteht, die an ein ‚Schnellpanorama der Weltgeschichte' erinnert. Nicht irgendein novellistisch abgerundetes Erlebnis wird bei diesem Werk herausgegriffen, sondern wie bei einem König der Anfang, die Mitte und das Ende seiner Existenz dargestellt, als gelte es, das Leben des wirklichen Napoleon zu beschreiben. So heißt es zu Anfang (IV, 29):

> „Napoleon wurde 1820 zu Waterloo im Eckhaus, an dem sich die Steinwege nach Nivelles und Genappes trennen, geboren. Sein Kinderleben verließ historischen Boden nicht.
>
> Über die durch Hohlwege gekreuzten Flächen, auf denen des Kaisers Kürassiere in Knäueln zu Tod gestürzt waren, gingen seine Soldatenspiele mit Gleichaltrigen. Sie lehrten ihn ewige Gefahr Wunden und Sieg.
>
> Zwölf Jahre alt, nahm er von den Kameraden beherrschten Abschied, sprang zum Vater in die Kalesche, fuhr nach Brüssel hinüber, wo er vor ein Gasthaus abgesetzt wurde. In der Küche des Lion d'or lernte er Schaum schlagen, Fett spritzen, schneiden und schälen. Gewohnter Überwinder der Kameraden auf weltberühmter Walstatt, ließ er auch hier die Mitlernenden hinter sich, war der erste, der die Geflügelpastete nicht nur zu des Chefs Zufriedenheit bereitete, auch nach Gesetzen zerlegte. Er selbst blieb von allen Speisenden der einzige, den der Vol-au-vent nicht befriedigte; doch nahm er Lob und ehrenvolles Zeugnis hin, machte sich siebzehnjährig, auf den Weg, betrat an einem Maienmorgen 1837 durch das Sankt Martinstor Paris".

Auf der Höhe seines Ruhms findet sich der Passus (IV, 44):

> „Im Geschäft dehnte Napoleon die Herrschaft, die er auf Franzosen besaß, auf die übrige Welt aus. Er hatte London Petersburg Wien gesehen, Verbindung angeknüpft und befestigt, manche Anregung mit heimgenommen. Kein Haus wurde an der Themse und Donau berühmt, bei Sacher und Claridge fand man Platten ‚Au Chapon fin'. Es scheiterte auch sein Vormarsch an die Newa nicht wie der seines unsterblichen Namensvetters".

Ebenso witzig stilisiert heißt es am Schluß (IV, 56):

> „An Vergangenheit Macht Ehre Leid und Elend, häusliches bürgerliches Wesen, dachte er nicht mehr. Manchmal tätschelte er die Kuh, den Hund und wußte nichts dabei. Er wurde gar sehr schwach. Das war ihm eitel Wollust. Als die letzte größte Schwäche kam, war er gut und fromm".

Eine ähnliche ‚Heroisierung' des Alltäglichen in parodistischer Absicht herrscht in Sternheims Schutzmannsmysterium „Busekow" (1914) und in seiner Dienstmädchenlegende „Meta“ (1916), deren Protagonisten sich in ihren Hintertreppenerlebnissen wie alttestamentliche Heilige vorkommen. Wie verbreitet diese Erhebung ins Legendenhafte war, ließe sich mit unzähligen Beispielen belegen. Bei Kornfeld, Werfel, Trakl, Becher, Jahnn, Toller, Wolfenstein, Corrinth, Leonhard Frank: überall werden die Niedrigsten der Niedrigen à la Dostojewski in Situationen dargestellt, die mit dem Schimmer der Passion, des Martyriums und der schließlichen Erlösung und Auferstehung umgeben sind – ohne daß man dabei den Eindruck einer wirklichen Religiosität hätte. In der expressionistischen Malerei tauchen diese Heiligenscheine vor allem hinter den Köpfen von Zigeunern, Vagabunden, Lebensekstatikern oder anderen ‚Suchenden‘ und ‚Wandernden‘ auf, wofür man Bilder von Heckel und Otto Mueller als Dokumente heranziehen könnte.

Ja, manche Expressionisten gehen auf diesem Gebiet so weit, selbst das Schicksal von Verbrechern, Dirnen und Raubtieren ins Legendenhafte zu erheben, was zu noch ambivalenteren Ergebnissen führt. Das zeigt sich besonders deutlich an jenen Prostituiertenfiguren im expressionistischen Drama oder Roman, die zwar auf forcierte Weise ins Heilige gesteigert werden, aber durch die Kraßheit des Milieus und das bewußt Eklige der sexuellen Vorgänge schließlich doch im Tierischen versumpfen. Wohl das beste Beispiel dafür liefert die „Nahar“ (1922) von Ernst Weiß, in der sich die leidverwüstete, tobende, mordende Dirne Olga, die man im Kerker wie eine Kröte zertreten hatte, in ihrer zweiten Existenz in eine zwar edle, aber blutgierige Tigerin verwandelt, deren Schicksal den Autor fast noch stärker fasziniert als das ihrer menschlichen Vorgängerin.

Und damit stellt sich immer wieder die Frage, wer hier eigentlich erhöht und wer hier erniedrigt werden soll. Ist all dieser Legendenschimmer, mit dem man die Ärmsten der Armen, die Enterbten und Entrechteten umgibt, wirklich ein Versuch, jenen, die im Dunkel leben, zu einer strahlenderen Existenz zu verhelfen? oder wird hier lediglich Religiöses im älteren Sinne parodiert? Genau betrachtet, finden sich für beides Belege. Doch was überwiegt, ist weitgehend das bewußt oder unbewußt Parodistische, mit dem sich der Expressionismus gegen alle bisherigen Formen des ‚hohen Lebens‘ aufzulehnen versucht, indem er sie entweder parodiert, travestiert oder in ihrem innersten Wesen ins Gegenteil umkehrt.

ABBILDUNGEN

George Grosz: Metropolis (1917). New York, Museum of Modern Art

Conrad Felixmüller: Otto Dix malt (1920). Berlin, Neue Nationalgalerie

Frans Masereel: Illustration zu Leonhard Franks ‚Der Mensch ist gut' (1920)

Oskar Kokoschka: Mörder, Hoffnung der Frauen (1912)

Emil Nolde: Familie (1917)

Paul Klee: Auf der Wiese (1923)

Max Beckmann: Die Nacht (1919). Düsseldorf, Kunstsammlung Nordrhein-Westfalen

Egon Schiele: Doppelbildnis Benesch (1913). Linz, Neue Galerie

Emil Nolde: Der Missionar (1912)

Otto Mueller: Zigeunermadonna (1927). Darmstadt, Hessisches Landesmuseum

Karl Schmidt-Rottluff: Hockende Frauen (1912)

Franz Marc: Tiger (1912)

Otto Gleichmann: Strahlen – Stürzen (1920)

Otto Dix: Verwundeter (1924). New York, Museum of Modern Art

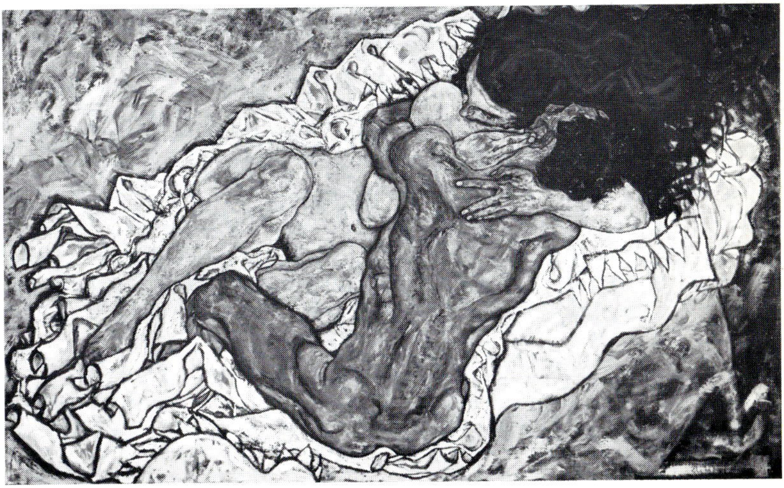

Egon Schiele: Liebespaar (1917). Wien, Österreichische Galerie

Max Pechstein: Weibliche Akte (1911)

Ernst Ludwig Kirchner: Das Paar vor den Menschen (1924). Hamburg, Kunsthalle

Max Pechstein: Bärtiger Eingeborener (1917)

DIE ZIELUTOPIE DER EXPRESSIONISTISCHEN REVOLUTION

DIE VORDERGRÜNDIGEN ZIELE

I. Aktivismus, Intensität, Simultangefühle

Aus der Analyse der expressionistischen Themen und Stilmittel hat sich eins mit aller Klarheit ergeben: der grundsätzlich revolutionäre oder – besser gesagt – radikalistisch-anarchistische Charakter dieser Bewegung. Man weiß jetzt wenigstens, wogegen sich der Expressionismus wendet: nämlich gegen alles. Da ihm die gesamte Welt verrottet, korrupt und verfilzt erscheint, will er keinen Stein auf dem anderen lassen und schlägt selbst die positiven Werte der Vergangenheit zu klump. So weit, so einleuchtend. Wesentlich schwieriger ist es dagegen, die ideologische Stoßkraft dieser Revolution zu erkennen. Wohin strebt der Expressionismus eigentlich? Was sind seine Zielutopien? Oder ist er lediglich eine Opposition, ohne zugleich eine Proposition zu sein?

Wer solche Fragen stellt, wird in den Programmen des Expressionismus mit ein paar ebenso hoch- wie hohlklingenden Phrasen abgespeist. Aber gilt das nicht für fast alle Revolutionen? 1789 waren diese Schlagworte „Liberté, Egalité, Fraternité" gewesen. 1848 hatte man nach „Demokratie" und „Republik" verlangt. Jetzt umschreibt man das Ziel der Revolution meist mit „Wesentlichkeit" oder „fesselfreiem, rasendem Leben". Keine dieser Thesen ist besonders originell. Doch auf eine Formel gebracht, wirken die meisten Revolutionsprogramme notwendig banal. Wenn man die Massen aufputschen will, kann man eben nicht sorgfältig differenzieren. Auch der Expressionismus zieht daher alles zu seiner ideologischen Stützung heran, was sich auf einen handgreiflichen Slogan reduzieren läßt. Bei einer so ‚universalen' Umwälzung, wie sie den Vertretern dieser Bewegung vorschwebte, braucht man zwangsläufig ebenso ‚universale' Leit- und Gegenbilder. Man verwendet daher jedes Konzept so umfassend wie nur möglich, um nur ja nicht in Teilreformen steckenzubleiben. Die meisten umschreiben dieses neue Ziel einfach mit der Formel ‚Aktivismus'. Andere sprechen von Jugend, Wille, Enthemmung, Weltverbesserung oder subjektiver Grenzenlosigkeit, wenn man sie um ihre Ziele befragt. Und zwar verstehen sie darunter eine Daseinsform, bei der es überhaupt keinen Leerlauf mehr gibt, sondern die stets bis zum Bersten mit Energie geladen ist. Vor allen Dingen will man erst einmal ‚frei' sein und geht deshalb allem aus dem Wege, was irgendwie nach Ordnung, Verpflichtung oder Verantwortlichkeit klingt.

Es ist mithin geradezu unmöglich, den Expressionismus auf eine bestimmte ideologische Leitlinie festlegen zu wollen. Er setzt sich für alles ein, was eine bestimmte Stimulation oder Erregung verspricht, und fragt nicht lange, woher diese

Erregung kommt oder wohin sie führt. Rein weltanschaulich gesehen, erwächst daraus zwangsläufig ein unübersehbares Tohuwabohu. Subjektivistisches steht hier neben Kollektivistischem, Aggressives neben Seraphischem, Egoistisches neben Altruistischem, Pessimistisches neben Utopischem, Geistiges neben rein Triebhaftem. Alle diese Dinge auf einen Nenner bringen zu wollen, woran schon so viele ‚Wesensbestimmungen' des Expressionismus gescheitert sind, wäre ebenso falsch, wie von e i n e r deutschen Romantik zu sprechen. Das spezifisch ‚Expressionistische', an dem man dennoch festhalten sollte, besteht meist nur in der Schärfe oder extremen Tonlage, mit der diese verschiedenen Konzepte oder Erregungsimpulse aufgegriffen und ästhetisch vermittelt werden. Daraus ergibt sich das scheinbare Paradox, daß der Expressionismus zwar alles verdammt, aber zugleich auch alles propagiert, was sich überhaupt an Vorstellungen, Ideen oder Utopien ausdenken läßt. Es wird meist nur viel krasser formuliert als in anderen Revolutionen oder anarchistischen Aufstandsbewegungen seit der Mitte des 18. Jahrhunderts. Und so steht oft gläubigste Hingabe an ein erträumtes Kollektiv neben viehischstem Egoismus, Geistiges neben Erotischstem. Darin sollte man keinen Gegensatz, sondern gerade die Einheit des Expressionismus sehen. Diese Bewegung denkt nun einmal in Superlativen.

Dennoch ist es nicht ganz sinnlos, wenigstens einige Programme kurz zu charakterisieren, in denen der Expressionismus mit dem Anspruch einer geschlossenen Weltanschauung auftritt. Da wäre erst einmal der von Kurt Hiller inaugurierte ‚Tataktivismus', demzufolge die Welt das Noch-zu-Entwerfende ist, dessen Realisierung nur durch den ‚tätigen Geist' des einzelnen Individuums erfolgen kann. Neben Kant und Fichte stützt sich Hiller dabei vor allem auf Nietzsches Forderung einer „Umwertung aller Werte", was seinem Begriff einer ‚neuen Geistigkeit' von vornherein einen Zug ins Irrational-Radikale verleiht. So spricht er in seinen Ziel-Jahrbüchern „Tätiger Geist" (1916–1920) und der Schrift „Geist werde Herr" (1920) zwar ständig von einer idealistischen Neuschöpfung oder Fichteschen Welt-als-Tat-Vorstellung, betont jedoch gleichzeitig in aller Schärfe die Führerrolle der ‚Geistigen', der ‚imperativen' Menschen, die eigentlich in ein ‚Herrenhaus' gehörten und denen bei einem Umsturz der eingewurzelten Ordnung die entscheidenden ‚Machtworte' zufallen müßten. Salomo Friedländer, einer seiner Geistverwandten, schreibt daher 1918 in „Tätiger Geist" (S. 280):

> „Der eigene Wille ist der einzige Autokrat, welcher unwiderstehlich herrschen muß, sobald er sich entmenscht, desisoliert, individualisiert. Alles andere bleibt mehr oder minder verschleierte Anarchie, Pseudokratie. Der Wille dagegen, nicht im privategoistischen, sondern im universal egoistischen Erlebnis, ist das Wunder der Wunder, die Allmacht, der Magier, Gott, Ich und als solcher die Tat aller Taten. Vollendet unscheinbar, die Initiative zur Weltsensation, zur Revolution aller Revolutionen, zur Schöpfung".

Ebenso entschieden drückt sich Rudolf Kayser im selben Ziel-Jahrbuch aus, wo

Erich Heckel: Mann in der Ebene (1917)

er einen „Messias des Rationalismus" fordert, der als ein „harter und stolzer Mensch" das Volk wieder unter die Herrschaft der Geistigen stellt (S. 74). Auch seine Anschauungen laufen darum letztlich auf einen „exekutiven Personalismus" hinaus (S. 75), der sich auf das Schlagwort „Wille nicht Logik" stützt, worin eine spezifisch zarathustrische Intelligenzutopie zum Ausdruck kommt. Kein Wunder, daß Kayser dieses in „heiligem Zorn" geschriebene Manifest in die messianische Forderung „Jünglinge, die ihr gleichen Willens seid: kommt zueinander" ausklingen läßt (S. 82).

Andere, wie Leonhard Nelson, Hans Blüher und Alfred Kurella, stützten sich in ihrem Tataktivismus mehr auf den idealistischen Elan der Jugendbewegung, kamen jedoch ideologisch zu ähnlichen Resultaten. Auch bei ihnen herrscht mehr unbestimmte Sehnsucht nach einer ‚neuen Geistigkeit' als wirklich konkretes Wollen. Das zeigt sich am deutlichsten im Rahmen der sogenannten repressionslosen oder antiautoritären Schulbewegung dieser Jahre, in der man die Schüler lediglich zu geistiger Selbstverantwortung und gesteigertem Lebensgefühl anhielt, und zwar auf der Basis einer sich autonom setzenden ‚Jugendkultur', in der Jungsein zum absoluten Wert erhoben wurde. Wogegen sich diese Gesinnung wendet, ist klar: gegen alles, was man in diesen Kreisen als ‚wilhelminisch' empfand. Worin jedoch das Ziel einer solchen fessellosen Freiheit besteht, wird meist offen gelassen oder mit unklaren Utopiekonzepten vernebelt.

Das gleiche gilt für alle Expressionisten, die ihren utopischen Änderungswillen mehr von gefühlsmäßigen, seelischen oder mystischen Vorstellungen herleiten. Man denke an Ludwig Klages und seine Anhänger, die allem Mechanischen und Technischen, das mit der industriellen Revolution verbunden ist, lediglich das Leitbild vom ‚ewigen Reich der Seele' entgegenhielten. Ähnliche Utopie- und Paradieseshoffnungen flackern in den Werken Gustav Landauers und dem Buch „Geist der Utopie" (1918) von Ernst Bloch auf. Immer wieder verläßt man sich bei dieser Sehnsucht nach Liebe, Glück und Güte weitgehend auf die Macht des Seelischen und glaubt, damit allen Menschen aus dem Herzen gesprochen zu haben. So stützt sich Rudolf Leonhard in seinem „Prolog zu jeder kommenden Revolution" rein auf die „Donnerworte" Liebe und Gerechtigkeit (MD, S. 265). Ähnliches trifft auf Johannes R. Bechers „Klänge aus Utopia" zu (MD, S. 268). Immer wieder träumt man von Paradiesen der Seele, wo man weder arbeitet noch Kriege führt, sondern einfach nur lächelt, schreitet, singt, jubelt, jauchzt. Um diesen Zustand zu verwirklichen, wendet man sich mit großer Gebärde an alle Gutgesinnten, träufelt ihnen Honig ins Gemüt, nimmt sie bei der Hand und führt sie direktement ins Paradies. ‚Besinne dich', heißt es in Bechers Gedichtbuch „Um Gott" (1921), und „dann wirst du mein Bruder sein. / Dann wird gekommen sein jener unendliche blendende paradiesische Tag unserer menschlichen Erfüllung, / Der alle mit allen aussöhnt" (S. 14).

Ebenso verschwommen wirken alle Zielutopien, die sich auf das Liebesevangelium des Christentums stützen und daraus eine universale Welterlösung abzuleiten versuchen. Inmitten der allgemeinen Katastrophe eilt man hier einem neuen Menschheitsfrühling entgegen, der auch den Letzten dazu befähigen soll, in Zungen zu reden oder in einen ekstatischen Jubel über die ewige Erneuerungskraft der Schöpfung auszubrechen. Zu den wirkungsvollsten Vertretern dieser expressionistischen Glaubensschar gehört zweifellos Franz Werfel, der immer wieder idealistisch-religiöse Bruderschafts- und O-Mensch-Hymnen anstimmt, deren sehnsüchtig erhofftes Ziel das In-die-Arme-Fallen der Millionen ist. In einem christlich getönten Humanismus beteuert er von Gedicht zu Gedicht, daß es sein „einziger Wunsch" sei, „dir, o Mensch, verwandt zu sein" (MD, S. 279). Den gleichen Traum von einer allgemeinen Menschheitsverschmelzung hegte Ottokar Březina, der schon 1913 in seinen „Hymnen" von einem ekstatischen Aufschrei schwärmt, „welcher anschwillt von Lippe zu Lippe, / bis er alle erfaßt hat, / Millionen Seelen, / in einem einzigen flammenden Rhythmus" (JT 12, S. 34). Mehr an Tolstoi orientiert ist die Forderung der absoluten Gewaltlosigkeit, wie sie Ludwig Rubiner in seinem Drama „Die Gewaltlosen" (1919) und dem Sammelband „Die Gemeinschaft" (1919) vertritt, in dem er von einer ‚humanozentrischen' Erdballgesinnung spricht, in der sich eine neue Epoche weltweiter Bruderschaftsgefühle ankündigt. Mit einer solchen Ausweitung ins Menschheitliche und Universale konnten sich eigentlich alle Expressionisten identifizieren, da es hier nicht um etwas spezifisch Religiöses, sondern eher um eine innere Gestimmtheit geht. Und so huldigten selbst die Anarchisten der Berliner Bohème, die sich im „Café des Westens" trafen, zeitweilig einer allgemeinen Weltverbrüderung und wollten mit jedermann saufen oder schlafen.

Eine ähnliche Aktivierung und zugleich Ausweitung ins Gefühlsmäßige machen alle sozialistischen Ideen in diesen Jahren durch. So gab es Kommunisten des Herzens (Leonhard Frank), Kommunisten des Geistes (Kurt Eisner) und Kommunisten der Liebe (Heinrich Vogeler), bei denen das marxistische Gedankengut eine seltsame Transformation ins Deutsch-Idealistische oder rein Gefühlsbetonte erfuhr. Wie bei den Tataktivisten wird auch in diesen Bereichen ständig Kant, Fichte und Nietzsche beschworen, um die erträumte ‚Strategie des Willens' von allen ökonomischen und sozialen Voraussetzungen abzuheben. So nennt etwa Kurt Eisner den allerseits gefeierten Fichte geradezu den führenden „Philosophen des sozialen Enthusiasmus" (II, 187), der die deutsche Aufklärung bis zu ihrem letzten Gipfel, der „Demokratie", herangeführt habe (II, 201). Was daran noch Marxismus ist, läßt sich schwer erkennen. Dagegen liegt das spezifisch Expressionistische, das heißt die Radikalisierung vorgegebener idealistischer Konzepte, überall klar auf der Hand.

Selbst manche der neureligiösen Bewegungen der Jahrhundertwende paßten sich diesen Tendenzen an, indem sie ihr sektiererisches Mythenschaffen immer stärker à la Mombert oder Däubler ins Kosmische auszuweiten versuchten. So fabelten manche Pseudoexpressionisten von einem neuen ‚Messias des Weltalls', einem ‚planetarischen Menschheitsfrühling' oder einer ‚mystischen Wandlung des gesamten Universums', wofür man sich unter anderem auf Rudolf Steiner oder Martin Buber berief. Als ebenso aktivierend empfand man in diesen Kreisen die von Wilhelm Hausenstein verkündete ‚Barockdynamik' oder die Phrase vom ‚gotischen Menschen', die Wilhelm Worringer unter die Leute gebracht hatte. Überhaupt werden in dieser Richtung die Worte ‚Transzendenz' und ‚kosmische Entgrenzung' stets sehr groß geschrieben. So charakterisiert etwa Paul Fechter in seinem Büchlein „Der Expressionismus" (1920) die neue Bewegung als eine zum „Transzendenten" vorstoßende barock-gotisierende „Mystik des Herzens" (S. 35). Eckart von Sydow faselt in seinem Buch „Die Kultur der Dekadenz" (1921) im Hinblick auf den Expressionismus von „brüderlicher Mystik" und „unmittelbarer Metaphysik" (S. 15). Doch selbst in dieser reaktionären Verfälschung der expressionistischen Revolution äußert sich keine neue Religiosität, sondern nur eine andersartige Spielart dessen, was man als spezifisch expressionistische Geistigkeit oder Ekstasebereitschaft umschreiben könnte. Franz Landsberger kleidet das in seinem Manifest „Impressionismus und Expressionismus" (1919) einmal in die lapidaren Worte: „Die heiligen Männer und Frauen (des Expressionismus) sind Vertreter von Menschen, die von der Ekstase ergriffen werden" (S. 18). Genauso hätten es die meisten Gefühlspathetiker des Expressionismus auch formuliert, ohne sich dabei besonders ‚ekstatisch' oder ‚religiös' vorzukommen.

Doch den größten Spielraum innerhalb dieser expressionistischen Ideologiebildungen nimmt sicher der „Kommunionismus" ein, der auf einem wahllosen Synkretismus aller hier präsentierten idealistischen, christlichen, sozialistischen und anarchistischen Konzepte beruht. Hier ist es, wo man vom neuen ‚Elysium der klassenlosen Gesellschaft' phantasiert, in dem nicht mehr Selbstsucht und Profit regieren, sondern sich alle Menschen ihrer Macht und ihres Reichtums entäußern und wie im Garten Eden wieder in absoluter Friedfertigkeit und heiliger Gemeinschaft leben. Es wimmelt daher in den Dichtungen dieser Jahre geradezu von Motiven des Aufbruchs ins heilige Land der Verheißung, wo es keinen ‚Mehrwert' und keine ‚Ausbeutung des Menschen durch den Menschen' mehr gibt und statt dessen alles in Milch und Honig schwimmt. So spricht etwa Kurt Eisner ständig von einer „Religion des Sozialismus" (II, 38), die auf der Überzeugung beruht, daß jedes altruistische Handeln den Menschen der persönlichen Unsterblichkeit und damit dem erhofften Paradiese einen Schritt näher bringt. Auch Johannes R. Becher träumt immer wieder von einem kommunionistischen Exodus ins „Land der Verheißung", wie es in seiner Sammlung „Um Gott" (1921) heißt (S. 230), wo sich die Arbeiter, Bauern und Soldaten endlich in die weitgeöffneten Arme fallen können. Noch expressiver beschreibt Ludwig Bäumer 1919 in seiner Schrift „Das Wesen des Kommunismus" diesen Aufbruch ins Paradies der klassenlosen Gesellschaft (S. 27):

> „Über Asathon, den Berg der Schmerzen, geht der Weg der proletarischen Revolution. Tausendfach gekreuzigt wird das Proletariat in seinen Toten.

> Und doch! Die Stunde kommt. Dann wird das Evoe des vollbrachten Werkes vom Golgatha des Proletariats herniederstürmen in das Reich des Kommunismus".

Doch fast noch wichtiger als alle diese Programme ist das neue Bekenntnis zur ‚Ganzheit', das hinter ihnen steht. Denn was man am schärfsten verdammt, ist immer wieder die ‚moderne Stückelwelt', die den einzelnen seiner naturgegebenen Freiheit beraubt und ihm eine schier unendliche Kette von Verpflichtungen auferlegt. Und zwar will man sich aus dieser fortschreitenden Entfremdung und Versklavung befreien, indem man überhaupt keine Ordnungen mehr anerkennt. So schreibt etwa Oskar Walzel in seinem Buch „Die deutsche Dichtung seit Goethes Tod" (1919) über die expressionistische Dichtung (S. 191):

> „Sie löst den Menschen los von dem Alltag seiner Umgebung. Sie befreit ihn von gesellschaftlichen Banden, von Familie, Pflicht, Sittlichkeit. Er soll nur noch Mensch, er hört auf, Bürger zu sein; er ist auch nicht bloß Weltbürger. Zwischen ihm und dem Kosmos steht keine Scheidewand".

Wenn das die Gesinnung der meisten Expressionisten gewesen ist, dann kann man von dieser Bewegung schwerlich eine präzis durchformulierte Ideologie erwarten. Dazu dachte sie einfach viel zu ‚universal'. Es gibt daher kaum einen Expressionisten, den man auf ein bestimmtes Ideensystem festnageln könnte. Ein Mann wie Kurt Hiller war deshalb ehrlich genug, die expressionistische „Moral der Aktivität" 1919 in der „Erhebung" als etwas rein „Formales" zu bezeichnen (S. 362). Andere haben in diesen Zusammenhängen von einer bloßen ‚Aufbruchsgesinnung' oder von ‚höchster Unbestimmtheit im konkreten Engagement' gesprochen. Doch gerade diese Ziellosigkeit schien vielen Expressionisten der beste Garant für ein richtiges Handeln zu sein. Sich für eine klar festgelegte Wegrichtung zu entscheiden, hätten die meisten als ein Aufgeben ihres revolutionären Grundimpulses empfunden.

Wie inhaltslos dadurch dieser Kampfgeist oft bleibt, beweist das Schlagwort ‚Intensität', das fast alle Expressionisten zu ihrer Lieblingsvokabel erwählten. Ganz gleich, ob man gegen Bürgerlichkeit, Berufszwang, Ehesklaverei, positivistischen Wissenschaftsbetrieb oder relativierenden Historismus opponiert, immer wieder beruft man sich auf das ‚Intensive'. Leben, Liebe, Freiheit: alles soll im Zeichen des Erfüllten und Gefühlsechten stehen. Im Gegensatz zum Jugendstil, der das ‚schöne Leben' auf seine Fahnen geschrieben hatte, sehnt man sich jetzt mit allen Fasern seines Wesens nach dem ‚rasenden Leben'. „Ich weiß, daß es nur ein sittliches Lebensziel gibt: Intensität, Feuerschweife der Intensität, ihr Bersten, Aufsplittern, ihre Sprengungen, ihr Hinausstieben, ihr Morden und Zeugen von ewiger Unvergessenheit in einer Sekunde", schreibt Ludwig Rubiner am 22. Mai 1912 in der „Aktion". Ähnlich drückt sich Kurt Pinthus 1919 in der „Erhebung" aus: „Man frage nicht nach der Qualität dieser Kunst, sondern nach ihrer Intensität" (S. 420).

Aufgrund dieser forcierten Intensitätsgesinnung ist fast in allen expressionistischen Werken von menschlicher Unbedingtheit, revolutionärer Ekstase oder schrankenloser Entfesselung des Individuums die Rede. Jeder will bloß noch ‚aus der Glut' heraus leben, Aktivismus an sich entwickeln oder sich in Rausch und dionysischer Orgie ganz seinen enthemmten Trieben und Gefühlen hingeben. Ja, Benn spricht ausdrücklich von ‚Zusammenhangsdurchstoßung' oder ‚Wirklichkeitszertrümmerung', wenn er diesen Zustand des gefühligen Überwältigtseins beschreibt oder glorifiziert. Ständig ist man hochgespannt, leidenschaftserregt, taten- und erlebnishungrig, sehnt sich nach Katastrophen und Umstürzen, um nur ja kein seelisches Hochgefühl zu verpassen. „Ich bin einfach der leidenschaftlichste Mensch, der existiert", notiert sich Georg Heym am 4. November 1911 in sein Tagebuch. Iwan Goll behauptet: „Ach, und flössen Nil und Niagara / Über uns hin, wir schrien nur durstiger auf" (MD, S. 187). Albert Ehrenstein schreibt 1920 in seinen „Gedichten": „Die Welt möcht ich zerreißen, / Sie Stück für Stück zerglühn / An meinem lebensheißen / und todesstarken Sinn" (S. 25). Max Deri verkündet 1918 in der Zeitschrift „Das junge Deutschland": „Was nicht glühend von Gipfeln rinnt, gilt nicht" (I, 98). Ebenso unersättlich gebärdet sich Becher, der sich als neuer Wildmensch, als Fortbeißer fauler Dekadentismen aufzuspielen versucht. Überhaupt schwelgt man überall in berserkerhaften Rimbaud-Gefühlen, stößt unartikulierte Urlaute aus oder läßt unterdrückte Aggressionen frei, und zwar völlig unbekümmert darum, ob sich diese Enthemmungen zu echten Schreien verdichten oder ob darauf nur ein pueriles Gestammel entsteht. Nichts, aber auch gar nichts Ordnungsstiftendes wollen diese Intensitäts-Expressionisten anerkennen, weder die Gesellschaft noch die Vernunft, weder idealistische Spekulationen noch marxistische Gesetzmäßigkeiten, sondern einzig ihren Trieb, ihr Gefühl und ihr heißes Herz. Wie unter dem Einfluß stimulierender Drogen steigern sie sich in einen Aufruhr aller Gefühle hinein, einen subjektivistischen Höhen- und zugleich Tiefenrausch, der in der Erlebnissphäre des ‚wilhelminischen' Bürgertums überhaupt nicht zu stillen wäre. „Wer jung ist, soll es bis zur Katastrophe sein", schreibt Rudolf Kurtz 1913 in „Die neue Kunst", „Unreife ist das triebkräftigste Ferment der Weltgeschichte" (1, 3).

Ihren Höhepunkt erlebt diese neue Intensität in den beliebten Simultaneitätsgefühlen des Expressionismus. Um sich bis zum Bersten mit ‚Leben' zu füllen, versucht man, alle Grundantriebe des Menschen aufs innigste miteinander zu vermischen. Liebe, Haß, Wollust, Zeugenwollen, Tod und Zerstörung: alles soll in einer expressionistisch gesteigerten coincidentia oppositorum zusammenfallen. So ist es gerade die „Verschmelzung von Hoch und Tief, Schrill und Selig, Grausamkeit und Süße", die Anselm Ruest 1911 in der „Aktion" an den Werken des frühen Max Brod so lobenswert findet (Sp. 1426). Ein ähnlicher Simultaneitätsrausch herrscht in den Werken von Alfred Brust, wo sich heidnische, christliche und psychoanalytische Vorstellungen zu einem Pandämonium des ‚All-Einen' verbinden, wo geradezu alles mit allem austauschbar wird. Ja, Expressionisten wie Hasenclever und Goering mischen in diesen ideologischen Brei sogar noch ein Quäntchen ‚Buddhismus' hinein, um dem Ganzen einen Zug ins ‚Exotische' zu geben. Was daher aus diesem Urschlamm an Weltanschauungen als Konzept des ‚neuen Menschen' auftaucht, ist oft ein seltsames Zwitterwesen: halb Heiland, halb Tier – bei dem es schwerhält, im herkömmlichen Sinne zwischen ‚positiven' und ‚negativen' Elementen zu unterscheiden.

Vor allem der Liebestrieb erscheint meist in untrennbarer Verbindung mit irgendwelchen Destruktionsabsichten. Dafür sprechen Unruhs „Ein Geschlecht" und Jahnns „Pastor Ephraim Magnus", die beide in ein unentwirrbares Chaos von Blutschuld, ekstatischem Liebestaumel, Menschheitsbeschwörung, Geistverzükkung und Vernichtungsraserei münden. Hier versteht man, warum die Kleistsche „Penthesilea" ein Lieblingsdrama dieser Ära war. Das gleiche Durcheinander von berauschtem Lebensgefühl, selbstmörderischem Todesverlangen, überspitztem Patriotismus, hohlklingenden Menschheitsphrasen und primitivster Ichhaftigkeit herrscht in Goerings „Seeschlacht", wo es bis zur letzten Szene unklar bleibt, ob sich dieses expressiv überhitzte Simultanerleben in Meuterei oder mörderische Kampfgesinnung entladen wird. Doch solche Dramen, wo sich in den Höhepunktsszenen Urgefühle wie Brunst, Todessehnsucht, Mutterverlangen, Aggression, Religiosität oder Untertauchen im Kollektiv zu einem rasenden Taumel verdichten, sind im Expressionismus geradezu Legion. In ihnen lösen sich alle Konflikte in einen nichtantagonistischen Lebenswirbel auf, der in seiner symphonischen Einstimmigkeit in steilsten Gipfelexklamationen, prophetischen Verkündigungen oder bloßem Wortgestammel kulminiert. Man denke an die berühmte Szene in Kaisers „Von morgens bis mitternachts", wo der Kassierer während eines Sechstagerennens vom Massenwahn der Zuschauer so hingerissen wird, daß er selbst in eine nicht zu zügelnde Ekstase gerät und in ein rhythmisch befeuertes Gestammel ausbricht (S. 75):

> „Der erste Rang rast. Der Kerl hat den Kontakt geschaffen. Die Beherrschung ist zum Teufel. Die Fräcke beben. Die Hemden reißen. Knöpfe prasseln in alle Richtungen. Bärte verschoben von zersprengten Lippen, Gebisse klappern. Oben und mitten und unten vermischt. Ein Heulen aus allen Rängen – unterschiedslos. Unterschiedslos. Das ist erreicht! ... Das ist die letzte Ballung des Tatsächlichen. Hier schwingt es sich zu seiner schwindelhaften Leistung auf. Vom ersten Rang bis zur Galerie Verschmelzung. Aus siedender Auflösung des einzelnen geballt der Kern. Leidenschaft! Beherrschungen – Unterschiede rinnen ab. Verkleidungen von Nacktheit gestreift: Leidenschaft! – Hier vorzustoßen ist Erlebnis. Türen – Tore verschweben zu Dunst. Posaunen schmettern und Mauern kieseln. Kein Widerstreben – keine Keuschheit – keine Mütterlichkeit – keine Kindschaft: Leidenschaft! Das ist es. Das ist es. Das lohnt. Das lohnt den Griff".

Auch in der expressionistischen Prosa wird man ständig zwischen allen nur denkbaren Gefühlen hin und her gerissen, um in einen aufs höchste gesteigerten Daseinswirbel zu geraten. Das beweisen die „Rönne"-Erzählungen Gottfried Benns mit ihrem Simultanismus von mittelmeerischem Glück und medizinischer Ekelpsychose, in denen auf den Höhepunkten des Gefühls alle rationalen Elemente in der ‚trunkenen Flut' des Unaufhörlichen, Widerspruchsvollen und Immergleichen untertauchen. Das beweisen ebenso die seltsamen Hintertreppenmysterien „Busekow" und „Meta" von Sternheim, wo spießigste Verklemmtheit und ekstatischstes Macht- und Liebesverlangen eine in ihrer Groteskheit kaum zu überbietende Symbiose eingehen. Nicht minder widerspruchsvoll wirken Jehan Bodel und Las Casas, zwei der Helden in Edschmids „Sechs Mündungen" (1915), die ihren steilen Lebenstrieb nur dann befriedigen können, wenn er von Gefahr, Kampf, Tod oder Krankheit umlauert ist. Doch wohl das beste Beispiel für diesen Trend zu einem simultan erlebten Neben- und Ineinander aller nur denkbaren Empfindungsweisen ist der sich dadaistisch überstürzende Prosakatarakt der „Sekunde durch Hirn" (1920) von Melchior Vischer, in dem ein von einem Baugerüst stürzender Stuckateur nicht nur alle erdenkbaren Lüste und Verbrechen am eigenen Leibe erfährt, sondern auch alle Zonen und Länder des Erdballs durchrast, ja sich überhaupt auf allen Gebieten des Lebens als ein unschlagbarer Matador erweist.

In der expressionistischen Lyrik findet sich diese forcierte Simultaneität vor allem bei Rubiner, Goll und Becher, wo oft die verschiedensten Länder, Städte und Völker bunt durcheinandergewirbelt werden, um dem Leser ein Panorama der verschiedensten Lebensweisen vorzuführen, in das er sich mit allen Schichten seiner eigenen Empfindungsweisen einfühlen kann. Statt sich nur als ‚Bürger' mitteleuropäischer Breitengrade zu fühlen, soll er sich zugleich in erdballumspannender Weite mit chinesischen Kulis, amerikanischen Schlachthofarbeitern, lanzentragenden Massais und australischen Ureinwohnern identifizieren, das heißt sich zum Bruder aller lebenden Mitmenschen aufschwingen. Das gleiche Lebensgefühl äußert sich in vielen expressionistischen D-Zug-, Auto- und Flugzeuggedichten, wo das gesteigerte Tempo meist als ein Aufbruch ins Ungewisse, Noch-nicht-Entworfene, Fremde und Weltballumschlingende empfunden wird. Wohl ihren besten Ausdruck findet diese Stimmung in Ernst Stadlers „Fahrt über die Kölner Rheinbrücke bei Nacht", die sich am Schluß in folgenden Simultanrausch entlädt (I, 162):

> „Und dann die langen Einsamkeiten. Nackte Ufer. Stille. Nacht. Besinnung. Einkehr. Kommunion. Und Glut und Drang!
> Zum Letzten, Segnenden. Zum Zeugungsfest. Zur Wollust. Zum Gebet. Zum Meer. Zum Untergang".

Ebenso ekstatisch bekennt sich Johannes R. Becher in seiner Sammlung „Um Gott" (1921) zu diesem ins ‚Absolute' vorstoßenden Chaos aller Gefühle. Bei ihm heißt es in verzückter Aufschreipose, als gelte es, jede Exklamation sofort mit einer neuen zu übertrumpfen (S. 35): „Heroische Aufbrüche! Himmelfahrten! Tragische Untergänge! Und elektrische Spiralensprünge kreuzweis durchs schweflichte Chaos". Kurt Pinthus nannte daher seine „Menschheitsdämmerung" (1919), in der er alle diese Simultangefühle zu einem großen Gesamtakkord zusammenfaßt, eine „Symphonie jüngster Dichtung", um damit schon im Titel das Ineinanderrauschen der verschiedensten expressionistischen Tendenzen anzudeuten. Wie so oft sind auch hier Sturz und Schrei, Aufbau und Zerstörung, Verfall und Triumph kaum auseinanderzuhalten. Selbst die Revolution wird auf diese Weise zu einem Jüngsten Gericht, einer Apokalypse, einer Posaune des Untergangs, bei der die Verzweiflungsschreie der Verdammten und das Aufjauchzen der Verklärten scheinbar bruchlos ineinander übergehen.

Und damit stößt man auf einen Zentralpunkt der expressionistischen ‚Ideologie': ihr anarcho-radikalistisches Umsturzverlangen, das selbst den Akt der Revolution als einen destruktiv-verbrecherischen und zugleich lebenssteigernd-faszinierenden Simultanrausch erlebt. Daß solche Empfindungen auch in der expressionistischen Malerei zum Durchbruch kommen, unterstreicht die Wichtigkeit dieses Simultankonzepts. Wie bei einer Reihe expressionistischer Lyriker steht dabei manches deutlich unter dem Einfluß des französischen Orphismus, Synchronismus oder Simultanismus, die auf Anregungen von Apollinaire und Delauney zurückgehen. Man denke an die frühen Städtebilder Ludwig Meidners, wo man inmitten des apokalyptischen Chaos auseinanderbrechender Architekturen dennoch das Gefühl eines Aufbrechens zu neuen Horizonten hat. Auch die Traumvisionen Max Beckmanns, die dem berühmten Bild „Die Nacht" (1918) eine besondere Intensität verleihen, sind nicht nur ein Sammelsurium gräßlicher Untaten, sondern wirken zugleich wie ein Verdammungsurteil der hier porträtierten ‚Bürgerlichkeit'. Das gilt in noch stärkerem Maße für ein Bild wie „Deutschland. Ein Wintermärchen" (1918) von George Grosz, wo eine Reihe fratzenhaft verzerrter Verbrecher, Pfarrer, Generäle, Mörder, Huren, Leichen und Professoren scheinbar sinnlos durcheinanderwirbelt und doch der Endeffekt nicht nur ein destruktiv-zynischer, sondern auch ein satirisch-aktivierender ist. Wie untrennbar diese Elemente oft miteinander verbunden sind, beweist ein Bild wie „Strahlen – Stürzen" (1920) von Otto Gleichmann, auf dem die in kubistisch-verschachtelter und apokalyptischer Landschaft ins Bodenlose stürzenden Menschen zugleich die ‚Strahlenden' sind, wodurch auch hier Tod und Wiedergeburt, Untergang und Auferstehung eine unauflösliche Einheit bilden. Hier versteht man, warum die „Menschheitsdämmerung" eines der wirkungsmächtigsten Werke dieser Ära war. Denn in diesem Titel wird sowohl die Radikalität als auch die Ambivalenz des expressionistischen Revolutionsverlangens in kaum zu überbietender Prägnanz in einem Wort zusammengefaßt. Das Streben nach ‚Simultaneität' ist daher einer der aufschlußreichsten Schlüssel zum Verständnis dieser so schwer zu fassenden Bewegung, die sich wohl nirgends besser zu erkennen gibt als in diesem superlativistischen In- und Durcheinander aller nur denkbaren menschlichen Verhaltensweisen.

II. Natur, Erotik, leuchtendes Ich

Eine solche Intensivierung des allgemeinen Lebensgefühls mußte notwendig zu einer steigenden Aufwertung alles Naturhaften und Ungebrochenen führen, worin der Expressionismus das reine, unverfälschte Dasein wiederzuerkennen glaubte. Wie in den Tagen Rousseaus und der Romantik will man wieder in ursprungsnaher Natürlichkeit leben, um sich damit jenen modernen Gesellschaftsordnungen zu entziehen, in denen der Mensch nach Meinung dieser Kreise zu einer mechanisch operierenden ‚Ich-Leiche' abgerichtet wird. Man verklärt daher alle ‚Ur-Situationen', die noch nicht vom Makel der Verstädterung oder Industrialisierung gezeichnet sind. Von Werk zu Werk ertönt der Ruf nach ‚freiem Land', nach ‚grünem Siedelboden', nach Rückkehr zu bewußt primitiven Lebensformen. Denn nur von einer so radikalen Kehrtwendung versprach man sich die leidenschaftlich ersehnte Möglichkeit, wieder ‚Mensch', wieder ‚wesentlich' zu werden. „Entreinigt euch der winterlichen Städte", ruft Becher seinen Lesern zu (JT 25, S. 45). „Hier ist der Eingang zum Grenzenlosen", heißt es bei Paul Zech im Hinblick auf die Natur, „hier ward die Welt zum zweiten Male Kind" (MD, S. 159). „Natur, nur das ist Freiheit, Weltalliebe ohne Ende", jubelt Theodor Däubler (MD, S. 154). Ja, manche überschlagen sich geradezu in ihrem Haß gegen die Konventionen der herrschenden Gesellschaftsordnung und lassen überhaupt nichts mehr gelten, was der ‚unverfälschten' Natur zuwiderläuft.

Das Schlagwort von der ‚ursprünglichen Güte' des Menschen wirkt sich daher immer wieder als Agens einer höchst sentimentalischen Naturanbetung aus, die an den abgestandenen Romantismus, Schollenkult und lebensphilosophischen Wesenshaftigkeitswahn der Zeit um 1900 gemahnt. Überall will man zurück: zurück zum Glück des Primitiven, Archaischen, Afrikanischen, Südseehaften, zum ‚Ur' schlechthin. So erhebt etwa Kaisers Milliardär in seinem Dramenzyklus „Gas" ein Stück Koralle als Symbol des vegetativen, primitiven Lebens weit über das Kreuz, das Zeichen des Geistes. Auch Gustav Sack vertritt ständig die These, daß es besser sei, im Primitiven und Urtümlichen zu versacken als einer steigenden Vergeistigung anheimzufallen. Noch krasser äußerte sich Benn in dieser Hinsicht, der sich nur allzu gern in der Pose einer zutiefst blasierten Zivilisationsmüdigkeit gefällt und in seinen frühen „Gesängen" einmal wollüstig aufstöhnt (III, 25):

„O daß wir unsere Ururahnen wären.
Ein Klümpchen Schleim in einem warmen Moor.
Leben und Tod, Befruchten und Gebären
glitte aus unseren stummen Säften hervor.
Ein Algenblatt oder ein Dünenhügel,
vom Wind Geformtes und nach unten schwer.
Schon ein Libellenkopf, ein Mövenflügel
wäre zu weit und litte schon zu sehr".

Im Gegensatz zu Benn, der sich mehr ins Prähistorische oder Mediterrane zurückwünscht, nimmt diese Sehnsucht nach dem archaisch Vorbewußten und Ungebrochenen bei anderen Expressionisten meist die Form einer kräftig romantisierten Afrika- oder Südsee-Schwärmerei an. So berauscht sich der junge Becher gern an exotisch ausgemalten „Malaien-Küsten“ (MD, S. 165). Rubiner gebraucht in diesem Zusammenhang ein expressives Ein-Wort wie „Südseeblut“ (JT 33, S. 14). In Goerings „Seeschlacht“ ist es die Reizvokabel „Samoa“, die seine Matrosen bis zur Raserei erregt. Wilhelm Ständer, der Held von Sternheims „Tabula rasa“ (1916), bricht am Schluß nach China und der Südsee auf, um endlich ‚wahrem Menschentum‘ zu begegnen.

Auch die expressionistischen Maler lieben solche Bereiche. Man denke an Max Pechsteins Szenen aus Palau, Emil Noldes Papua-Porträts oder Irma Sterns dekorativ arrangierte Negerbilder, auf denen Ursituationen des menschlichen Daseins dargestellt werden, die scheinbar jenseits aller historischen oder gesellschaftlichen Bedingtheiten stehen. Nur hier – bei den Negern oder in der Südsee – glaubten diese Maler noch ‚unverfälschter Natur‘ zu begegnen, was ihrer Sehnsucht nach dem ‚verlorenen Paradies‘ oft einen merklichen Stich ins romantisch Sentimentalisierende gibt. Das gleiche trifft auf die ‚reinen‘ Landschaftsbilder eines Kirchner, Heckel oder Schmidt-Rottluff zu, die auf alles Lokale oder impressionistisch Atmosphärische bewußt verzichten und sich auf die Darstellung des ‚Grünen‘, Unbetretenen, Urweltlichen beschränken. So gesehen, gehören selbst Franz Marcs Tierbilder, Heinrich Campendonks märchenhaft-kindliche Waldidyllen und Otto Muellers paganisch-arkadische Nackedei-Szenen in diesen Umkreis. Denn auch in ihnen äußert sich ein Aufruhr gegen alles Europäische und im weitesten Sinne ‚Zivilisatorische‘, denen man mit einer Wendung ins Archaische und Repressionslose, einer Revolution des ‚Ur‘ entgegenzutreten versucht, die auf dem festen Glauben an die Möglichkeit eines Zurück zum Einfachen, Primitiven, Subhumanen, ja geradezu Tierischen beruht.

Doch diese Utopie des absolut Andersartigen schweift nicht nur zu den verlorenen Paradiesen der Vergangenheit zurück, sondern wird auch in die Zukunft projiziert. Wenn der Expressionismus überhaupt ein Ziel entwickelt, um seinem revolutionären Rausch einen ungefähren Umriß zu geben, so ist es die Hoffnung auf ein neues Friedensreich in utopisch-exotischer Umgebung, in dem sich alle Menschen wie die ‚edlen Wilden‘ nur ihren natürlichen und daher guten Instinkten überlassen. Was man also predigt, sind meist folgende Slogans: Siedlung statt Fabrik, Bäume statt Maschinen, Nacktheit statt Prüderie – was in vielen Fällen auf ein ländlich-idyllisches ‚Toskanaan‘ hinausläuft. So taucht etwa in Kaisers „Gas“-Trilogie, die sicher zu den Kernwerken der expressionistischen Bewegung gehört, inmitten der zerstörerischen Fabrikwelt plötzlich die Vision der Siedler vom ‚grünen Grunde‘ auf, da sich – wie es heißt – der ‚neue Mensch‘ nur im Bereich unverfälschter Natur gebären lasse. Ja, in Kaisers Drama „Hölle Weg Erde“ (1919) führt der Hauptheld, der Spazierer, in der letzten Szene eine

Gruppe von Auserwählten endlich in das ersehnte Menschenparadies, wo alles in unverbrauchter Schöpfungsfrühe strahlt. Doch trotz aller vorgetäuschten Progressivität sind auch diese Paradiese meist genauso regressiv wie die verbreiteten Südsee- und Samoa-Schwärmereien. Denn was hier als ‚Natur' ausgegeben wird, ist wiederum jene edle Primitivität, wie sie schon Rousseau und den Romantikern als Illusion vorgeschwebt hatte. Anstatt auch die Segnungen der Industrie in diese ‚neue Welt' zu integrieren, um sie damit im wahrhaft Konkreten zu verankern, bleibt man in revoluzzerhafter Radikalität einfach bei der Antithese stehen, was allen diesen Utopien – den regressiven und den scheinbar progressiven – einen recht überspannten Charakter verleiht.

Wohl das beste Beispiel eines solchen Aufbruchs ins absolut Ungewisse einer ideologisch unbewältigten Zukunft liefert Friedrich Wolfs Drama „Der Unbedingte" (1919), dessen Held – im Kampf gegen habgierige Bodenspekulanten und herzlose Ingenieure – die um ihn versammelten Proletarier zu einem neuen ‚Natur'- und ‚Erd'-Gefühl aufzuputschen versucht. Daraus entwickelt sich folgende Szene (I, 130 ff.):

> „Dichter *wild*: Sprengt die Lügenstricke, daß mit Gold man Leben kaufen und verkaufen kann ... nieder die Kerker, die euch vom Leben trennen! Näher der Erde, Brüder ... hinein ... Die Erde ist euer!
> Erster Proletarier: Unser!
> Zweiter Proletarier: Was sollen wir denn in der Erde?
> Dichter: Gesünder, reiner, absoluter werden ... Erdensöhne ... keine Steuerzahler, Lastesel, Pfeffersäcke!
> Erster Proletarier: Frei ...
> Lahmer: Gesund ...
> Dichter: Nackt!"

Als ihn daraufhin die bürgerlichen Sanitätsräte, Grundstückmakler und andere ‚Stützen der Gesellschaft' mit Hohn überschütten und auf die ‚Segnungen der Kultur' verweisen, schreit Wolfs Protagonist nur noch um so fanatischer:

> „Dichter *grell*: Die Zerstücklungsmaschine! Sie hat den Zeitgenossen zerlegt, zerstückelt ... Verhältnisse, Beziehungen ... doch wo der Mensch? Bildungsinstitute ... doch wo Anbetung? Thermoelektromassagekabinetts ... wo Erdbodenfühlung? Hygiene in den Fabriken ... wo Freude an der Arbeit? Brüder, sprengt die Särge, in die ihr euch selbst gesenkt!"

Was er daher den Proletariern als neue Behausungen vorschlägt, sind „Erdhöhlen", in denen man sich wieder als urweltliche Naturwesen fühlt. Und so gipfelt diese Szene in folgender Vision:

> „Dichter: Verjüngung! Heraus aus dem Greisenjahrhundert! Eher Höhlenmensch als Etagenmieter!
> Zweiter Proletarier *zum ersten*: Wie meint er das?

Dichter *heiß*: Ihr müßt mich verstehen, i i h r ! Seht, die Erde ist das einzige Gut, das man nicht fälschen noch knechten kann. Ihr könnt Berlin asphaltieren, daß kein Grashalm mehr wächst ... doch über den Potsdamer Platz – was sind tausend Jahre – werden wieder Stiere äsen! Ihr könnt den Zeitgenossen in Glashallen und auf Stahlplatten züchten ... doch plötzlich erwacht die Erinnerung an Land ... Wiese ... Kindheit ...
Krüppel *hell*: Erde!

Masse: Unser! Unser!
Dichter *fanatisch*: Tausendfach. Kniet ins Element ... verzahnt ... eingegraben bis zum Schlund!
Zweites Weib *wild*: Gekrallt!
Masse *vor*: Wir!"

Während Wolf in diesem Drama den utopischen Traum eines ‚besseren Zustands' wenigstens ansatzweise mit dem Schicksal der proletarischen Masse zu verbinden trachtet, gebrauchen andere Expressionisten lediglich Reizvokabeln wie ‚Natur' oder ‚Jugend', um diesem Aufbruch ins Paradies der ungehemmten Menschlichkeit die nötige Verve zu geben. Dafür spricht nicht nur Bronnens Dramenpamphlet „Die Geburt der Jugend" (1922), sondern auch ein Einakter wie „Ithaka" (1914) des sonst so unaktivistischen Benn, wo der Student Lutz am Schluß den alten Medizinprofessor Albrecht einfach an der Gurgel packt und triumphierend in den Hörsaal brüllt (II, 303):

„Wir sind die Jugend. Unser Blut schreit nach Himmel und Erde ... Seele, klaftere die Flügel weit; ja, Seele! Seele! Wir wollen den Traum. Wir wollen den Rausch! Wir rufen Dionysos und Ithaka!"

Aufgrund einer solchen Stimmung nimmt es nicht wunder, daß die Grundekstase, die viele Expressionisten in diesen alten oder neuen Paradiesen erleben wollen, meist der Zustand der absoluten ‚Entbundenheit' ist. Nicht Bürger, sondern ‚Mensch' oder ‚reines Naturwesen' will man wieder sein. Und damit erhält diese ungezügelte Natursehnsucht immer wieder eine deutliche Tendenz ins Erotische. So heißt es etwa in Bechers „Aufruf zum neuen Mensch", der in seinen „Gedichten für ein Volk" (1919) erschien (S. 41 f.):

„Vermischt! Vermischt! Vermischt euch!
Vereinigt! Verschlingt! Umarmt euch!
Preise ausgesetzt! Von Tribünen herab proklamiert: vermischt euch!
Überall auf allen Plätzen erstrecken sich Liebende!
Erde, du wogendes Bett im trunkenen Klang der Harfen".

Doch solche Zeilen sind noch relativ harmlos. Gerade auf dem Gebiet der erotischen Stimulierung geht der Expressionismus meist viel direkter und gewaltsamer vor. Im Gegensatz zum Impressionismus, wo man in diesen Dingen mehr das Spielerische und Pikante hervorgekehrt hatte, verbreitet sich in expressionistischen Bereichen ein Pansexualismus, der selbst das Sadistische nicht verschmäht und den Moment des Orgasmus zu einem geradezu lustmörderischen Simultanrausch auszuweiten versucht. Ja, das Erotische wird von manchen zur intensivsten Form des ‚rasenden Lebens' überhaupt erhoben. In diesen Gefilden glaubt man dem naturhaft Paradiesischen am nächsten zu sein und mit dem innersten Kern des Lebens zu verschmelzen. Es gibt daher kaum einen Expressionisten, der nicht versucht hätte, den Geschlechtsakt so umfassend, so kosmogonisch, so überwältigend wie nur möglich darzustellen. Ständig liest man in den Schriften dieser Bewegung vom Wunder des Leibes, von der Passion der Liebe, von ekstatischer Urvermischung, von mythischem Geschlechterkampf, vom Abendmahl des Liebesaktes oder von der „Lust entbebtesten Besterntseins", wie sich Paul Kraft 1920 in seinen „Gedichten" ausdrückte (S. 35). Rudolf von Delius, an sich aus vitalistischen Bereichen kommend, beschreibt dieses Ganzheitsverlangen in seiner „Philosophie der Liebe" (1922) als einen leib-seelischen Entrückungsakt, der im Prozeß des Sichberauschens alle Grenzen weit hinter sich läßt. Ludwig Klages propagiert zu gleicher Zeit seinen fast zum Schlagwort gewordenen „kosmogonischen Eros", der dieselbe Tendenz zu mystischer Entrückung aufweist. Statt wie die Naturalisten im Hinblick auf die Liebe lediglich von gesteigerten Epidermalreizen zu sprechen, verklären daher die Expressionisten jede Berührung, jeden Kuß, jedes körperliche Aneinanderpressen sofort zu einem Feuerstrahl, einem Ausdruck ekstatischer Lust, mit der man sich der Illusion hingibt, in dem jeweiligen Partner zugleich das ganze Weltall zu umarmen.

Daß damit die bürgerlich-wilhelminische Ehevorstellung in argen Mißkredit geriet und schließlich auf die ideologische Abschußliste gesetzt wurde, ist nur konsequent. Für Dinge wie wirtschaftliche Sicherheit und gesellschaftliche Konvention, ja selbst für Begriffe wie Dauer oder seelische Anhänglichkeit hatte man in diesen Kreisen nicht viel übrig. Was man hier feierte, war der ständige Wechsel, die ständige Bereitschaft zu immer neuen erotischen Aufschwüngen, um sich endlich von jenem puritanischen Viktorianismus zu befreien, der in jeder freien Liebesbetätigung etwas absolut ‚Sündhaftes' gesehen hatte. Nicht Hemmung zugunsten der Gesellschaft, sondern Enthemmung zugunsten der Natur ist jetzt die allgemeine Parole. Georg Groddeck etwa fordert in seinem Roman „Der Seelensucher" (1921) allen Ernstes sogenannte „Schulen der Sinnlichkeit", um den deutschen Müttern endlich jene verhängnisvolle Neigung auszutreiben, ihre „Kinder zu entmannten Engeln" zu erziehen (S. 129). Andere treten dafür ein, das Familiensystem überhaupt abzuschaffen und dafür den ‚freien Liebesmarkt' einzuführen, auf dem man sich ständig mit neuen Partnern versorgen kann, um nicht aus der Ekstase zu kommen. In dieser Hinsicht bewegt sich der Expressionismus durchaus auf jener Linie, die schließlich in den Werken von Wilhelm Reich kulminiert, wo ein guter Orgasmus als das einzige wirklich ‚lebenssteigernde' Erlebnis hingestellt wird.

Wenn daher die expressionistische Literatur die ‚wahre Liebe' dazustellen versucht, weicht sie gern ins Hurenhafte aus. Ein solcher Dirnenkult steht an sich nicht unbedingt im Widerspruch zur ‚doppelten Moral' des Wilhelminismus. Neu daran ist lediglich die Offenheit, Einseitigkeit und Radikalität, mit der diese Form der ‚Liebe' erlebt und geschildert wird. So heißt es bei Richard Huelsenbeck einmal unumwunden (BE, S. 68):

> „Wir huren hier herum, um die Tauentzienstraße ... Danken wir Gott für die Huren und ihre freie Lebensart, sie sind die wirklichen Menschen. Sexualität, haben wir herausgefunden, ist ... dem Expressionismus sehr verwandt".

Wenn es keine Huren oder andere lockeren Mädchen sind, auf denen man diese Art von Expressionismus praktiziert, stürzt man sich auf ‚verkannte' Großbürgerweibchen, denen man solange das Idealbild einer ‚grande passion' vorspiegelt, bis sie willig dahinschmelzen und diese Passion gar nicht oft genug erleben können. Doch solche Geschichten und Geschichtchen waren an sich nichts Neues. Um 1900 hatte sich vor allem Schnitzler als ein Meister dieser Art von Erotik hervorgetan. Um als ‚revolutionär' zu gelten, mußte man also dieser ‚bürgerlichen' Salonpornographie und Hurenromantik ab 1910 einen merklichen Stich ins Archaische, Gewaltsame oder Blutrünstige geben. Ansonsten lief man Gefahr, den angegriffenen Bürger mit der Schilderung solcher Szenen nicht zu schockieren, sondern zu ergötzen.

‚Bewußtere' Expressionisten, denen es um eine wirkliche Radikalisierung des Eros ging, zogen deshalb alles heran, was sie in religionswissenschaftlichen oder ethnologischen Büchern über die Ausformungen des Sexuellen bei den sogenannten ‚Naturvölkern' finden konnten. Einer besonderen Vorliebe erfreuten sich dabei die archaischen Geschlechtskulte Afrikas, die Welt der Negerfetische, die man als Symbole des ungehemmten Sexus interpretierte. Ein Mann wie Adolf Knoblauch stellte daher schon 1919 in der Reihe „Der jüngste Tag" die Behauptung auf, daß die expressionistische Dichtung immer mehr dahin tendiere, ein „archäologisches Museum der Seltsamkeiten des Völkerlebens, ein Erotikon und Folklore aller Geschlechtskulte" zu werden (JT 73/74, S. 29). Vielleicht genügt hier ein Beispiel, wo diese Tendenz eine besondere Kraßheit hat und schon fast ins Ironische umzukippen droht. Gemeint ist Sternheims Novelle „Ulrike" (1918), deren Heldin sich in ihrem Wohnzimmer einen Negerkral mit einer Löwenhaut aufbaut, in dem sie folgende Liebesfeste mit dem Maler Posinsky feiert (IV, 158):

> „Quelle war sie, in die er, sich zu nässen, tauchen sollte, hielt sich rein, von anderem Verlangen ungetrunken.
> Trat er ein, und es klirrten des Himmels Soffitten, entschränkte sich das ausgeruhte Weib, renkte Gelenke an Ketten hervor, motorisches Pochen klopfte aus allen Gliedern am Boden. Dann war Kilimandscharo, keine

Zeit, heißer Wind im Halbdunkel, eine polierte Magd und ein saftiger Häuptling. Fast nur ein starker behaarter Affe und eine berauschte Äffin.
Von Entwicklungen tropfte Ulrike sich frei, schabte Ursprüngliches, von Geschlechtern verschüttet, aus sich heraus, bis sie blank und ihr dichtestes Ich war. Jahrtausende hatte sie rückwärts eingeholt und wünschte das späte Paradies nicht herrlicher.
Lächelnd ließ sie sich von Posinsky die Häute bemalen und tätowieren; zu tiefem Schwarz das Haar färben. Lippen und Zitzen spitzte sie selbst zinnoberrot.
Ganz im Glück hatte sie nur Gehorsam. Peitsche kam von selbst, nach der sie schwank und fröhlich tanzte".

Ein ähnlicher Einfluß auf die Empfindungsweisen und Darstellungsformen expressionistischer Erotik läßt sich von seiten des Freudianismus beobachten. Auch er wird in diesen Jahren hauptsächlich als Signal der ‚Enthemmung' aufgefaßt, das sich gegen die ‚bürgerliche' Inhibierung wendet und dem lange unterdrückten ‚Es' zum Durchbruch verhelfen soll. Der Wert eines Menschen wird daher mehr und mehr mit seiner sexuellen Potenz gleichgesetzt. Und so kann es eigentlich nur junge Expressionisten geben, die noch mit der ganzen Vehemenz ihrer jugendlichen Triebhaftigkeit nach rauschhafter Ekstase streben und sich einer sexuellen Raserei hingeben, die sich ständig auf ein orgiastisches Simultanende hinzubewegen scheint. Indem man dabei zugleich Einflüsse von Wedekind und Strindberg aufgreift, tritt das Anbeten immer stärker hinter dem Zerfleischen zurück. Man will nicht mehr genießerisch enthüllen oder elegante Formen bewundern, wie das die kultivierten Jugendstil-Künstler getan hatten, sondern packen, zeugen, foltern, Wollust fühlen. Männer sollen Männer, Weiber Weiber sein, was oft in einen aggressiven Geschlechterkampf ausartet. Ohne Rücksicht auf irgendwelche Gefühlchen des anderen huldigt hier jeder bloß seiner sexuellen Ekstase. Um den liebeshungrigen Körper nicht mehr wie „im Gefängnis" hungern zu lassen, wie es in Unruhs „Ein Geschlecht" heißt (S. 46), werden selbst jahrhundertealte Tabus durchbrochen. Der Vater greift zur Tochter, die Mutter zum Sohn, der Bruder zur Schwester, als lebte man wieder in der ‚Urhorde'. So entschließt sich die Heldin von Gustav Sacks Geschichte „Im Heu" (1920), ihren von ihrem Vater empfangenen Sohn kurzerhand zu einem neuen Ödipus zu erziehen. In der „Nahar" (1922) von Ernst Weiß muß dagegen die Hure Olga erst als Tigerin wiedergeboren werden, um endlich ihren Inzestgelüsten nachgehen zu können.

Doch auch ‚normale' Geschlechtsbeziehungen werden im Expressionismus gern ins Archaische oder Tierhafte stilisiert. Ständig liest man von Weibern mit prallen Schenkeln und milchstrotzenden Eutern, die brünstigen Kühen oder heißen Hündinnen gleichen und deren Geschlechtsgier überhaupt nicht zu stillen ist. Auf diese Weise bekommt man manchmal das Gefühl, als ob das Ziel der expressionistischen Revolution ein einziger großer Blocksberg sei, wo Männlein und

Weiblein willkürlich übereinander purzeln. Alles scheint hier rein auf die Steigerung und Erfüllung der sexuellen Potenz ausgerichtet zu sein. So preist man mit Vorliebe Weiber, deren ganzer Körper nur aus Brüsten, Schenkeln, Rubensschen Fettpolstern und einem gewaltigen Schoß zu bestehen scheint, während die Männer mit einem stramm gereckten „Riesen-Phallus" herumlaufen, aus dem ein explosiver „Lava-Samen" in die Höhe schießt, um den jungen Becher zu zitieren (MD, S. 265). Allenthalben sehnt man sich nach Körperkrampf und dionysischer Orgie oder wünscht sich „Triumphpforten aus Menschenfleisch" herbei, wie Albert Ehrenstein in seinen „Gedichten" (1920) schreibt (S. 126). „Die Raserei des Geschlechtsverkehrs ist heilig", heißt es in Georg Groddecks Roman „Der Seelensucher" (1921), „und es täte unserer Zeit not, ihr wieder den Phallos zu zeigen, damit sie anbete" (S. 129).

Welche Form diese expressiv gesteigerte Erotomanie, diese manische Besessenheit, dieses wilde Primanerwüten manchmal annimmt, mögen folgende Beispiele aus der frühen Lyrik dieser Bewegung belegen. Paul Boldt zum Beispiel sehnt sich in seinem Bändchen „Junge Pferde! Junge Pferde!" (1914) nach Geschlechtsakten, bei denen die „hüftenrüstigen" Körper nur so „knacken" (JT 11, 39). Daß ihm dabei das Weib einmal als anbetungswürdige Madonna und einmal als aggressionsauslösende Hure erscheint, beweist – nach den Lehren Freuds – die absolute Infantilität dieser Haltung. So schreibt Boldt an einer Stelle ausdrücklich: „Aus Kleidern steigst du nackt, ein All ins All" (S. 34), als handele es sich um den hochgebenedeiten Leib einer Heiligen. Doch schon wenige Seiten später, wo er sich offenbar an eine Dirne wendet, die nicht den nötigen Enthusiasmus heuchelt, stößt er die herrische Drohung aus: „Ich reiße dir die Brüste vom Leibe, / Wenn du nicht geil bist!" (S. 39). Auch Wilhelm Lotz empfindet in seinem Gedichtbändchen „Wolkenüberflaggt" (1917) den Liebesakt wie eine „lechzende Jagd durch flammende Gebirge", bei der man sich mit „Raubtierlenden" pantherartig auf schenkelheiße Weiber stürzt und sich zugleich der Illusion hingibt, in dieser leidenschaftstriefenden „Blutnacht" wieder bei seiner „Mutter" zu sein (JT 36, S. 23, 46). Paul Kraft, der seine Geliebte zu einem „Gefäß der Gnade" verklärt, glaubt dennoch in ihren Augen den Widerschein „taumelnder Urwaldpracht" zu erblicken, wie es in seinen „Gedichten" (1920) heißt (S. 19). Ähnliches liest man bei Ehrenstein und Becher, die an den Brüsten brünstiger Dirnen liegen und dabei das Gefühl der Schmach und zugleich der Auferstehung haben. Einen wirklich überzeugenden Ausdruck erfährt dieses Sexualgestammel lediglich bei August Stramm, der in seinem Gedicht „Trieb" folgende Infinitive und Exklamationen aufeinandertürmt (S. 34):

„Schrecken Sträuben
Wehren Ringen
Ächzen Schluchzen
Stürzen
Du!

Grellen Gehren
Winden Klammern
Hitzen Schwächen
Ich und Du!
Lösen Gleiten
Stöhnen Wellen
Schwinden Finden
Ich
Dich
Du!"

Einen nicht minder ‚radikalen' Eindruck versucht die expressionistische Prosa zu erwecken. Auch hier verfällt man ständig in eine Leib- und Seelenhysterie, um wie in Franz Jungs „Opferung" (1916) im Genuß der Qual oder in der Qual des Genießens den Kelch der Liebe bis zum letzten Tropfen auszuleeren. Und zwar wird dabei die Frau zum Teil als das ganz Andere, Fremde, Unbegreifliche hingestellt, das sich dem männlichen Eros verweigert und sich nur mit Gewalt erobern läßt. Man denke an jene im Expressionismus beliebten Geschichten, wo sich der Mann über Abgründe hinweg auf ein ihm absolut fremdes Wesen stürzt und im Akt der vergewaltigenden Vereinigung seine höchste Verzückung erlebt. Ekstatisch und barbarisch zugleich wütet man hier so lange gegeneinander, bis man in einem Simultanrausch widerstreitendster Gefühle doch einen gemeinsamen Orgasmus erlebt. Wie brutal man dabei männlicherseits manchmal vorgeht, beweisen Benns „Gehirne" (1916), wo es an einer Stelle heißt (JT 35, S. 16):

> „Da sprang er eine an, brach sie auf, biß in Gebein, das wie seines war, entriß ihm Schreie, die wie seine klangen, und verging an einer Hüfte, erstürmt von einem fremden Rund".

Doch selbstverständlich spielt sich auch das Umgekehrte ab. Neben den sexbesessenen Mannsbildern oder Mannstieren gibt es genauso viele expressionistische Weibsbilder oder Weibstiere, die einen wahren Priap-Kult treiben und mindestens zehnmal am Tag beschlafen sein wollen. Und zwar haben diese Ungehemmten, Schrankenlosen und Brünstigen, die sich lediglich verströmen und verausgaben wollen, meist etwas Animalisches an sich. So spricht René Schickele einmal in seinem Roman „Benkal, der Frauentröster" (1914) von jenen „starken Frauen" mit den „tierhaft gesunden Leibern", deren Brüste in den Kattunblusen „wie strotzende Euter" hin und her schaukeln (II, 31). Bei anderen werden diese Lustweiber, diese heiligen Huren oder exotischen Geschlechtstiere oft bis ins Bestialische depraviert, um so unbürgerlich wie nur möglich zu wirken. Selbst auf diesem Gebiet versucht man in falsch verstandener Radikalität der ganzen Menschheit ins Gesicht zu treten, indem man zeigt, daß auch Damen nur ‚Weiber' sind, worin sich wiederum der anarchistisch-ichbezogene Charakter weiter Bereiche des Expressionismus enthüllt.

Zu den drastischsten Prosawerken dieser Art gehört zweifellos Gustav Sacks

Frans Masereel: Der Traum des Mädchens (1922)

Roman „Ein verbummelter Student" (1916), dessen Held von der ersten bis zur letzten Seite lediglich seinem Trieb zu leben scheint. Was sonst noch auf der Welt vor sich geht, interessiert ihn nicht im geringsten. Aber auf dem Sektor des Erotischen will er alles erleben: junge Mädchen vergewaltigen, sich nackt ins Heidekraut werfen, eleganten Damen in die Brüste beißen, ja die Weiber wechseln wie die Hemden, um wieder ganz tierisches Instinktwesen, ganz ‚schöne Bestie' zu sein. Wie Brechts „Baal" sträubt er sich gegen jede ‚bürgerliche' Verwurstung seiner Talente und will lieber amoralisch verbummeln, als sich in die bestehenden Ordnungen einreihen. Ähnlich verhält sich Sacks „Namenloser" (1919), der die sexuelle Vertierung als den einzigen Ausweg aus der allgemeinen Verspießerung empfindet. Auch er mutet sich triebmäßig solche Strapazen zu, daß er schließlich völlig verlottert und in grenzenlosem Stumpfsinn versinkt.

Andere Expressionisten vertreten dagegen gerade das umgekehrte Extrem: die Hoffnung auf eine sich unentwegt erneuernde Triebhaftigkeit, die in einem Eros der Allbeglückung kulminiert. Ein wahrer Fanatiker dieser pausenlosen Geschlechtsraserei ist Curt Corrinth. Man denke an seinen Roman „Trieb" (1919), dessen jünglingshaft-pubertärer Held in seinem Durst nach Trieberfüllung zunächst den Vater rücksichtslos beiseitestößt, dann die Faust „gen alle Horizonte" reckt und sich schließlich auf die erste beste Prostituierte stürzt. „Jauchzend", heißt es hier, „wirft er die fliegenden Hände zu heißem Ertasten dem nackten Weib an die Schenkel. Trinkt, küßt, saugt, ertrinkt im empfangenden riesigen lösenden Schoß" (S. 21). Doch selbst in diesen „dumpfesten Lüsten" jubeln noch auf gut expressionistisch „die reinen Fanfaren allmenschlicher Sehnsucht empor" (S. 33). Und so geht es weiter von Weib zu Weib: Hure, Mätresse, Studentin, reiche Bürgerdame – alle zucken, glühen, rasen und vergehen unter dem Ansturm seiner Triebe. Unersättlich, wie er nun einmal ist, „bewältigt" er schließlich ganze Legionen von Weibern auf einmal, die ihm mit „offen lechzendem" Schoß entgegenzüngeln (S. 55). Ähnliches spielt sich in dem Roman „Potsdamer Platz oder Die Nächte des neuen Messias" (1919) ab, wo Corrinth einen Huren-Heiland beschreibt, der alle Prostituierten der Welt aus ihrer bezahlten Fron erlöst und zu Hohenpriesterinnen des Sexus erhebt, die einen „neuzeitlich-ewigen Kommunismus" der „erblühenden Leiber" verkündigen (S. 60). Wie schon in „Trieb" huldigt hier alles mit brennenden Lippen, straffgespannten Brüsten, „wollustknirschenden Leibern" und „dröhnenden Lenden" einer allgemeinen Sexraserei, die von einer solchen Vehemenz ist, daß dabei die gesamte Erde „götterdämmerungsüberheult" und „sündflutumtost" zu wanken beginnt (S. 43, 47). Wenn sich das überhaupt noch überbieten läßt, dann in Corrinths Roman „Bordell" (1920), wo alle Figuren lediglich Wallfahrende ihrer erotischen Besessenheit sind und wo Liebesorgien geschildert werden, bei denen sich Männlein und Weiblein in „urhafter Begierde" und „brüllender Natur" übereinanderwälzen und in diesem „donnernden Glutzusammensturz" das ganze „All in Fetzen" zu bersten droht (S. 61, 189, 191). Auf die Frage: „Gibt es denn keine Steigerung mehr?!

keinen neuen hektischeren Wahnwitz?!" (S. 189), antwortet Corrinth am Schluß mit dem ekstatischen Aufschrei, der zugleich einen Befehl enthält: „Umarmung!!! Vereinigung!!! Begattung!!! Hinsinken!!! Sternzucken!!! Zeugendes Vergehen – und Ersterben in göttlichem Rausch!!!" (S. 248).

Auch in Bechers „Erde" (1912) scheint der Endzweck des Lebens allein die „steilste Brunst" zu sein (S. 78). Sogar hier, wo die Tonlage etwas höher liegt, werden Scharen von Weibern zur leuchtenden Bestätigung der männlichen Potenz in die Arena geschleppt. Wenn sich Bechers Held einmal mit einer einzigen Geliebten begnügt, muß er mit ihr wenigstens einen gewaltigen Simultanrausch erleben, bei dem das Inzesthafte zugleich das Religiöse, das rein Sexuelle zugleich das Transzendente ist. Und so ächzt er an einer Stelle beseligt verquält (S. 127):

> „Du Ev, bist mir Dirne, Dirne zum Tod. Dirne? Ach nein, ich nenne dich auch Mutter, nenne dich Maria, Maria-Elisabeth, Ilse-Maria, nenne dich Tier, Mensch, Madonna ... dem Knaben Glied, Mutter, Schwester, Geliebte, Weib, Ekel, Gott, Himmel – jetzt Tod".

Eine solche Radikalisierung des ‚Brünstigen' kann natürlich leicht in bewußte oder unbewußte Komik umschlagen. Dafür spricht Melchior Vischers „Sekunde durch Hirn" (1920), in dem das auf wenigen Seiten durchraste Leben eines Bauarbeiters als ein einziger überdimensionaler Sex-Triumph hingestellt wird. Auch hier ist der Held „ein Stier an Wucht", der „wie Urwald" schreit und um den sich die Frauen nur so reißen (S. 10). Wo er auch hinkommt, weisen alle Weiber sofort „nackt und phallushungrig" auf ihr „lechzendes Passivum" hin und wollen wieder und wieder beschlafen werden (S. 20). Als sich dieser legendäre Stier von Bauarbeiter einmal nach Lappland verirrt, stehen bereits am nächsten Morgen hundert Eskimoweiber vor seiner Tür und bitten „um seine Nacktheit". Und wie bei Corrinth heißt es auch hier: „Er bezwang sie alle in drei Nächten, leicht" (S. 21).

Sogar im Drama und in der Oper des Expressionismus, denen an sich durch die Bühnenöffentlichkeit damals noch gewisse Grenzen des ‚Schicklichen' gesetzt waren, finden sich solche phallushungrigen Szenen. Auf dem Gebiet des Musiktheaters hatte bereits die „Salome" (1905) von Richard Strauss diesem Durchbruch ins Erotisch-Ungezügelte vorgearbeitet. Doch ihren eigentlichen Höhepunkt erreichten diese orgiastischen Stimmungen erst, als sie nach 1918 vom heißen Atem des Expressionismus angefeuert wurden. So taumelt etwa die todkranke Carlotta in Franz Schrekers „Die Gezeichneten" (1918) in hemmungsloser Verzückung in die Venusgrotten des häßlichen Alviano, wo sich liebestrunkene Paare im Zustand höchster Erregung die Kleider vom Leibe reißen. Obwohl sie weiß, daß ihr die körperliche Hingabe den Tod bringen wird, wirft sie sich in die Arme des sinnlich robusten Tamare und erleidet unter dem Ansturm seiner Triebe eine Art Unterleibsliebestod. Noch wilder geht es in Schrekers „Irrelohe" (1924) zu, wo sich diese Triebhaftigkeit bis zum Vergewaltigungszwang steigert und alles in ein brutal-überhitztes Bacchanal übergeht. In seinem „Memnon" (1919) steht wie in Gustav Mraczeks „Ikdar" (1919) ein ins Göttliche gesteigertes Dirnenweib im Mittelpunkt, das im entscheidenden Moment alle Kleider von sich wirft und damit den Auftakt zu orgiastischen Festen gibt. Nicht ganz so weit geht Othmar Schoeck in seiner „Penthesilea" (1927), obwohl hier alles kaskadenhaft einem Simultanrausch der zerfleischenden Liebesraserei entgegensteuert. Rein im Archaischen schwelgt dagegen Rudi Stephan in seiner Oper „Die ersten Menschen" (1920) nach einem Text von Otto Borngräber, die sich im Untertitel ein „Erotisches Mysterium" nennt. Vor allem Eva und Kain werden hier als urweltlich-primitive Kreaturen geschildert, deren sinnliche Wildheit deutlich freudianische Untertöne hat. Diese erotische Radikalität wird nur durch das Bacchanal vor dem Goldenen Kalb im zweiten Akt von Schönbergs „Moses und Aaron" (1932) überboten, einer Oper, die trotz ihrer späten Entstehung noch ganz aus expressionistischem Geiste geschaffen ist. Nach wildesten Tänzen und allgemeinem Besäufnis wird hier vier nackten Jungfrauen das Messer ins Herz gestoßen und dann ihr rauchendes Blut auf den Altar gegossen. Was sich danach auf der Bühne vollziehen soll, beschreibt Schönberg mit folgenden Worten:

> „Die Menge beginnt nun mit Verwüstung und Selbstmord; es werden Geräte zerschlagen, die Steinkrüge zerbrochen, die Wagen zertrümmert. Man schleudert alles mögliche umher: Schwerter, Dolche, Beile, Lanzen, Krüge, Geräte. Im Taumel werfen sich die einzelnen den Gegenständen, Waffen und dergleichen entgegen, andere stürzen sich in Schwerter, wieder andere springen ins Feuer, laufen brennend über die Bühne; einige springen von hohen Felsen herab; hierzu wilde Tänze. Ein nackter Jüngling läuft nach vorn, auf ein Mädchen zu, reißt ihm die Kleider vom Leib, hebt es hoch und rennt mit ihm zum Altar.
> Der nackte Jüngling:
> Eurem Vorbild, Götter, leben wir die Liebe nach!
> Viele Männer folgen diesem Beispiel, werfen ihre Kleider ab, entkleiden Frauen und tragen sie denselben Weg, am Altar haltmachend, nach dem Hintergrund.
> Einige andere Nackte:
> Heilig ist die Zeugungskraft!
> Noch andere:
> Heilig ist die Fruchtbarkeit!
> Viele andere:
> Heilig ist die Lust!
> Ein ganzer Zug Nackter läuft auf diese Weise mit Geschrei und Gejohle am Altar vorbei und verschwindet im Hintergrund".

Die gleiche Anbetung der ungezügelt-rohen und damit im expressionistischen Sinne ‚unbürgerlichen' Triebhaftigkeit herrscht im Drama dieser Jahre. Auch hier triumphieren ständig die Potenz-Athleten, bei deren Anblick alle Weiber sofort in erotische Trance verfallen. So verlieben sich die Mädchen in Kaisers „Europa" (1915) nicht in eine Gruppe zarter, tänzerisch-begabter Ästheten, sondern unterwerfen sich lieber den brünstigen, rauhen, ungeschlachten Kriegern des Kadmos, deren stahlharte Muskeln ihnen die beste Gewähr für einen deftigen Fleischesgenuß zu bieten scheinen. Auch Brechts „Baal" (1922) braucht nur wie Johsts „Einsamer" (1917) mit dem kleinen Finger zu winken, um die unberührte Braut seines besten Freundes in sein Bett zu locken. Ja, bei Baal drängeln sich die Weiber geradezu in sein Zimmer und können ihr Hemdchen gar nicht schnell genug vom Leibe kriegen, weil sie sich von seiner stinkenden, gewalttätigen Mannheit die höchsten Wonnen versprechen. Ganz zu schweigen von Stramms „Sancta Susanna" (1919), die sich in ihrer durch nichts zu unterdrückenden Geilheit sogar von Jesus begatten lassen möchte.

Doch den besten Eindruck von dieser spezifisch expressionistischen Erotomanie bekommt man in Unruhs „Ein Geschlecht" (1917), das viele der Zeitgenossen als ein Zentralwerk dieser Bewegung empfanden. In diesem Werk wird ein „Kraftrausch des Lebenswunders" entfesselt (S. 11), der in „urtoller" Unbegrenztheit von einer extremen Situation zur anderen eilt. Im Gegensatz zu aller bürgerlichen Verdrängung, Erstarrung und Verkrustung gibt man sich einer wollüstigen Zerfleischung hin, die auf dem Ineinander von Masochismus und Sadismus, Libido und Destruktionstrieb beruht und sich schließlich in eine große simultane Leiberquälerei entlädt, bei der die tiefsten Schmerzen zugleich als die höchsten Wonnen empfunden werden. In einem leidenschaftlichen Aufruhr gegen alle bestehenden Moralvorstellungen greift hier der Bruder zur Schwester, verflucht hier der Sohn den Vater, haßt hier die Tochter die Mutter, um wieder jene Klüfte aufzureißen, in denen die eigentliche Wildheit und Dämonie des Lebens brodelt, wovon man sich einen neuen Aufschwung ins Ekstatische erhofft. Alle diese Gestalten wollen nur noch ‚Weib', nur noch ‚Mann', nur noch ‚Geschlechtswesen' sein, da man das Sexuelle als die höchste Bestätigung des Da-Seins oder Auf-der-Welt-Seins empfindet. Was hier geschildert wird, sind lediglich ‚Urgefühle' wie Säugen, Haß, Wollust, Brutalität oder Ekstase, wodurch das Ganze wie ein großer, verquälter, stets zum Höhepunkt drängender und doch den Höhepunkt nie erreichender Geschlechtsakt wirkt, in dessen Höhen- und Tiefenrausch ein Aufstand des ‚Ur' zum Durchbruch kommt, der in seiner fessellosen Intensität alle inhibierten Zuschauer von den Sitzen fegen soll.

Ein so übersteigerter Erotismus schwebt immer in Gefahr, ins Komische oder Lächerliche umzukippen. Das zeigt sich schon in der Fortsetzung von Unruhs „Ein Geschlecht", die 1920 unter dem Titel „Platz" erschien, wo sich der ‚rasende' Schleich mit folgenden Worten zu einer ungehemmten Zügellosigkeit bekennt (S. 115):

> „Was Scham? Was Scham!
> Zu lang stand Scham vor jeder deiner Handlung
> Als Kontrolleur! Ich bremse! Weg damit!"

Als sich Schleich gegen Ende schließlich über die junge Hyazinte wirft, gröhlt er beseligt: „Ursau! Doch himmlisch!" (S. 153). Noch grotesker wirken solche Szenen bei Arnolt Bronnen, bei dem sich Anfang der zwanziger Jahre die gleiche Wendung ins Wahnwitzig-Tierische beobachten läßt. So kulminiert etwa sein Stück „Die Exzesse" (1923) in jener Szene, in der die Heldin Hildegard statt ihres Geliebten Louis, der Hunderte von Kilometern von ihr getrennt leben muß, in brünstiger Geilheit einen Ziegenbock umarmt und dabei folgende Lustschreie ausstößt (S. 59):

> „Du ich lieb dich wie du riechst komm komm. Stoß meinen weißen Leib.
> Stoß durch meine heißen Schenkel. Zerr meine Brüste. Mord mein Fleisch.
> Du Bock du Bock du ekliger häßlicher Bock. Ich lieb dich! Meh!"

Viel zurückhaltender verhielt sich seltsamerweise die expressionistische Malerei auf diesem Gebiet. Hier gibt es weder impressionistische Pikanterien noch die perverse Erotik des Jugendstils à la Beardsley, Alastair, Bayros, ja eigentlich überhaupt keine wirklich ‚pornographischen' Bilder. Selbst die Aktmalerei des Expressionismus hat nichts spezifisch Erotisches. Statt wie Lovis Corinth das weibliche Fleisch mit der ganzen Peinlichkeit des gerade dem Korsett Entschüpften auf die Leinwand zu bannen, bevorzugen die expressionistischen Maler mehr das Massive, Urtümliche, ja geradezu ‚rousseauistisch' Gesunde. Bei ihren Frauenkörpern hat man nicht das Gefühl des Ausgezogenen, sondern des schlichtweg Nackten. Und zwar erreichen sie diesen Eindruck, indem sie ihre Akte einfach mitten in die Natur placieren, anstatt sie auf irgendeinem Ateliersofa posieren zu lassen. Besonders Otto Mueller und die Maler der „Brücke" stellen ihre Frauen oder Freundinnen gern mit braungebrannten nackten Körpern beim Baden am Strande zu Nidden oder an den Moritzburger Seen dar, um dem Betrachter das Gefühl paradiesischer Urzustände zu vermitteln. Hier ist einfach jeder ‚Natur', einfach ‚nackt', ohne das Gefühl der Scham dabei zu haben.

Etwas aufreizender wirken die Bilder weiblicher Akte bei Ernst Ludwig Kirchner, Egon Schiele und Oskar Kokoschka, die manchmal mit dem Anschein einer bohemienhaften oder anarchistischen Promiskuität kokettieren. Doch wirklich verzückte Liebespaare, die sich mitten im Akt der körperlichen Vereinigung befinden, sucht man auch hier vergebens. Wohl das Gewagteste in diesem Bereich sind Schieles „Liebespaar" (1917) und das Bild „Das Paar vor den Menschen" (1924), auf dem Kirchner ein nacktes Pärchen demonstrativ durch eine Reihe höhnisch-verzerrter Spießervisagen marschieren läßt. Einen ähnlich programmatischen Charakter haben die „Maria-Ägyptiaca"- und „Ehebrecherinnen"-Bilder von Nolde, die sich eindeutig zu einem außerehelichen Sexus bekennen. Auch Willy Jaeckel stellt manchmal gewaltige Superakte in wollüstiger Pose dar, deren Leiber unter dem Ansturm ihrer Triebe nervös zu zittern beginnen, versieht sie jedoch höchst traditionell stets mit einem kleinen Schamtüchlein.

Dem Geist des literarischen Expressionismus wohl am nächsten stehen die Holzschnitte von Frans Masereel. Hier gibt es wirklich Szenen, bei deren erosgeladener Stimmung man sich direkt an Sack, Schickele, Unruh oder Becher erinnert fühlt. Vor allem seine „Geschichte ohne Worte" (1922) wurde damals von vielen als ein expressionistischer ‚Liebesroman in Bildern' aufgefaßt. In diesem Werk geht es um das leidenschaftliche Werben eines Mannes um eine sich kühl verweigernde Frau, bei dem der Mann erst eine Folge passionsartig erlebter Stationen von Erniedrigungen, Verrenkungen und Depravierungen durchmachen muß, bis sich ihm das ‚Weib' endlich enthüllt und er vor dem Wunder ihres Leibes erschauernd in die Knie sinkt. Doch als er sich darauf in rasender Ekstase mit ihr vereinigt, greift er im Moment der höchsten Beseligung mit den Armen bereits über sie hinaus und versucht, die strahlendsten Sterne vom Himmel zu pflücken – beglückt und verzweifelt zugleich, daß ihm selbst dieser leidenschaftlichst ersehnte Rausch nicht die letzte Erfüllung bringt. Was ihm nach diesem Erlebnis bleibt, ist nur das Bemühen, sich zu neuen Steigerungen, neuen Ekstasen aufzuputschen, um vielleicht – im nächsten Simultanrausch – dem ‚Sinn des Lebens' einen Schritt näher zu kommen.

Rein vordergründig gesehen, besteht also die Zielutopie der expressionistischen Revolte erst einmal in einer leicht sentimentalen Naturanhimmelung und einem ebenso sentimentalen Eros-Konzept, denen letzten Endes die alte liberale Vorstellung des „laissez faire, laissez aller" zugrunde liegt, die lediglich bis zu den äußersten Konsequenzen durchgelebt und durchgerast wird. Bei einer so romantisierten Anschauung der Welt nimmt es nicht wunder, daß man bei diesem Befreiungsakt zwangsläufig in die beliebte Gegenüberstellung von Genie und Spießer zurückfällt. Und zwar versteht man unter ‚Spießern' nach alter Tradition jene Leute mit der fatalen ‚Trägheit des Herzens', jene Ich-Leichen und vertrockneten Zahlenmenschen, die sich von den bestehenden Ordnungen bedingungslos versklaven lassen. Für die meisten Expressionisten sind diese Typen bloße ‚Kretins'. Georg Kaiser nennt sie die ‚Geschlechtslosen" oder „Laubenkolonisten", die überhaupt keinen eigenen Willen mehr besitzen (P, I, 163). Sternheim charakterisiert sie in seiner „Kassette" (1912) als kalt berechnende Phrasenhelden, die ständig mit dem Brustton übelster Biedermänner von ‚Gottes prangender Welt' und ‚meinem lieben Weibchen' sprechen. Corrinth stellt sie in seinem Roman „Trieb" (1919) als jene Menschen hin, die lediglich im „Sklaventrab ihren tausend bürgerlich unfreien Geschäften nachjagen" (S. 78).

Ihr Gegentyp, der Geniale, lebt dagegen ständig in der freien Verfügung über sich selbst. Alles, was er tut, scheint nur seinem eigenen Selbst zu entspringen. Für ihn gibt es keine Ordnung, keine Gesellschaft, keinen Staat, sondern nur sein ‚heilig glühendes Herz' und den fessellos nach Befriedigung verlangenden ‚Trieb'. Es ist recht verräterisch, daß man sich dabei immer wieder auf Nietzsche stützt. So verteidigt etwa der Dichter Scarron in Sternheims „Hose" (1911) ständig das mit „Energien begnadete Individuum", das sich turmhoch über die Sphäre der üblichen Spießer erhebe (S. 86). Ebenso verächtlich äußert sich Ständer in Sternheims Drama „Tabula rasa" (1916) über den „Bourgeoisschleim" der herrschenden Ideologie (S. 99) und bekennt sich zu einem radikalen Subjektivismus, der an keinerlei „Gemeinschaftsideale" gebunden ist (S. 103). Kurt Hiller und viele der sogenannten ‚Geistidealisten' haben sich recht ähnlich geäußert. Für alle diese Expressionismus-Aristokraten zählt lediglich ihr eigenes Selbst und sonst nichts auf der Welt.

Eine solche Haltung führt notwendig zu einem maßlos überspannten Egoismus, der sich nur als ‚Ichkult' definieren läßt. Denn was viele Vertreter dieser Richtung glorifizieren, ist immer wieder jenes Kraftgenie, das weder herrschen noch verwalten will, ja das sich überhaupt keiner überindividuellen Idee verpflichtet fühlt, sondern die gesamte Welt lediglich als ein Potential seiner eigenen Ichverwirklichung betrachtet. Aus der Enge des bürgerlichen Milieus zu leidenschaftlichen Gefühlen und Erregungen emporrasend, schwelgt es unentwegt im Bewußtsein seiner Anders- und Einzigartigkeit. An die Stelle der bürgerlichen Wunschvorstellungen eines umfriedeten Glücks, einer Insel der ‚machtgeschützten Innerlichkeit', tritt daher immer stärker die Tendenz ins Anarchistische. Allenthalben herrscht ein Kult der Maß- und Rastlosigkeit, der Selbststeigerung und Ichverherrlichung, der keinen anderen Wertbegriff als die eigene ‚Genialität' zu kennen scheint. Wie schon im Sturm und Drang versteht man ‚Freiheit' lediglich im Sinne des Außerordentlichen, der Gipfelung der Leidenschaft, die sich über jede Regel, jede Form hinwegsetzen kann, ja geradezu muß, um nicht gegen die Verpflichtung, ein ‚großes Ich' zu sein, zu verstoßen.

Literarisch gesehen, tobt sich dieser expressionistische Ichkult in den verschiedensten Formen und Spielarten aus. Da wären erst einmal die Strolche und Vagabunden à la Sacks „Verbummelter Student" oder Brechts „Baal", die aus dem breiten Strom der Boheme auftauchen. Ihr einziger Ehrgeiz scheint darin zu bestehen, sich als rüde Kraftgenies aufzuspielen oder auf möglichst schockierende Weise zu verlottern. Eng damit verwandt sind Eulenspiegel-Typen wie Klabunds „Bracke" (1918) oder der in seinem Vagabundendasein versumpfende Villon in Edschmids Novelle „Die Herzogin" (1916). Doch auch sonst wimmelt es nur so von herumstreunenden Exzentrikern. Kornfelds Bitterlich tritt als genialisch veranlagter ‚Antibürger' auf. Kaisers Kassierer bezeichnet sich als ‚verwahrloster Wanderer'. Sorges „Bettler", Hasenclevers „Sohn" und Johsts „Junger Mensch" laufen wie wild gewordene Ekstatiker durch die Welt. Dasselbe gilt für expressionistisch überhöhte Dichtertypen wie den Grabbe in Johsts „Einsamen" (1917), den Jehan Bodel in Edschmids „Sechs Mündungen" (1915) oder Sternheims „Oscar Wilde" (1925). Auch ihr Ideal ist das „antiautoritäre Individuum", wie es Sternheim nennt (III, 267), das sich nur seinem eigenen „Unabhängigkeitsdrang" verpflichtet fühlt. Noch krasser äußert sich dieser Ichkult bei Eroberern und Despoten wie Edschmids „Timur" oder in Klabunds ‚Romanen der Leidenschaft'. Man denke an den Feldherrn „Moreau" (1916), den Propheten „Mohamed" (1917), den Zaren „Pjotr" (1923) oder den Dämon „Rasputin" (1929), die alle von derselben inbrünstigen Suche nach dem Absoluten beseelt sind, wie sie nur mit übermenschlichen Kräften begabte Gewaltnaturen auf die Dauer durchstehen können.

Das Ergebnis ist daher stets dasselbe. Man berauscht sich an Supermenschen, die sich wie Heilige gebärden und doch genialisch verlottern. Im Gegensatz zu den religiösen oder heroischen Standbildern, wie sie die Stilkünstler um 1900 aufgerichtet hatten, werden hier dem Leser lediglich Rauschmittel eingeflößt. Denn all diese Figuren stehen weniger über als gegen die Gesellschaft. Sie proklamieren das Recht des einzelnen, ohne sich um die Folgen ihrer Leidenschaftlichkeit zu kümmern. Alle bestehenden Ordnungen zersprengend, leben sie einzig ihrer ichbezogenen Genialität. Die meisten sind bloße Kraftmeier, bloße Potenzprotze, die sich mit Sklaven und brünstigen Weibern umgeben und dann voller Stolz behaupten: ‚Siehe, die alle waren mir untertänig!' Selbst da, wo man einen höheren Anspruch vertritt, versucht man selten einen Kreis oder eine Gemeinde um sich zu bilden, sondern nimmt einfach die Pose des ‚Rufers in der Wüste' an. Die meisten errichten nur Monumente ihres eigenen Gefühls oder singen „Hymnen vom Selbst", wie Carl Einstein schreibt (S. 138). Alles andere, ob nun Pöbel, Landschaft oder Universum, betrachten sie lediglich als Kulissen ihrer höchst subjektiven Stimmungen. Ja, manche setzen einfach wie ein himmlischer Zecher das ganze Weltall an ihre Lippen und bemühen sich, es mit ekstatischen Schreien wie „O Welt! O Gott! O Ich!" in einem Zuge zu leeren. Andere versuchen, mit ihren Häuptern die Wolken zu durchstoßen, die Sonne in der Hand herumzutragen oder zumindest die sie umgebende Landschaft als etwas zu empfinden, was auf sie zukommt und sich ihnen unterwirft. So heißt es einmal in Edschmids „Sechs Mündungen" vom provenzalischen Dichter Jehan Bodel (S. 67):

> „Seine Haltung war stark und königlich. Mit einer ungeheuer schlichten Gebärde ging er auf den Wald zu, der ihm entgegenkam".

Doch selbst eine solche Haltung ist manchen noch nicht ichhaft, nicht seigneural, nicht herrscherlich genug. Es gibt daher auch expressionistische Ekstatiker, die sich nicht scheuen, ihr eigenes Ich zum ‚göttlichen' Mittelpunkt des gesamten Kosmos zu erheben. Man höre dazu den bereits leicht parodierten Schleich in Unruhs 1920 erschienenem Drama „Platz" (S. 154):

> „Breit auf Weiberfleisch wohnend, tast ich durch Sümpfe!
> Ausschlürfe Herzen. Bin bedeutend! Gott!
> Ich Kopf! Im Weltall. Ich! Birst Himmel: Schleich!"

Nicht minder wahnwitzig spielt sich der Grabbe in Johsts „Einsamem" (1917) auf, der schon in der ersten Szene von sich selber behauptet (S. 6):

> „Oh! Dies Gefühl! Nicht um einen Thron möchte ich es eintauschen! Dieses Gottvatergefühl! Himmel und Erde wird Willkür meiner Gunst! Ich bin der Kosmos!"

Trotz solcher Ausgriffe ins Planetarische hat auch dieses „Gottvatergefühl" nicht das geringste mit religiösen Gefühlen zu tun. Die meisten dieser expressionistischen Genies wirken nicht wie Propheten, sondern eher wie Weltboxer, deren einziges Ziel darin besteht, überall der Erste, Größte und Stärkste zu sein. Wie schon im Sturm und Drang, bei Kleist oder Grabbe werden diese Überlegenheitsgefühle manchmal bis zur offenen Brutalität gesteigert. Jeder will hier ein ‚großer Kerl', ein Tarzan oder Superman sein, dem alles auf Anruf entgegenkommt. Um wieder im ursprünglichen Sinne ‚Mensch' zu sein, streben viele danach, sich so ‚radikal' wie nur möglich zu gebärden – und wenn dies bis zur sinnlosen Raserei führen sollte. So heißt es in der Sammlung „Um Gott" (1921) des jungen Becher in wütender Empörung gegen die Welt der ‚Bürgerlichen' (S. 32):

„Brüllte ich
Visionen schwangerer Stier,
– mit einem Bauch prall von der Bespringung eines Dämon aufgetrieben
Zerstörerischen Blitz aus den Hörnern schleudernd gegen die triste Endlichkeit euerer alltäglichen Landschaft –
Gefräßig würgend Frucht Saat Baum und an der elegischen Quelle den unschuldigen Leib eines Gotts . . .
Riß ich, zerstampfte und malmte und boxte –
Sintflut und unbarmherziger Wüterich –
Barbarischer Eroberer, ausschreitend über die verseuchten Gründe und unfruchtbaren Äcker euerer armseligen Erde –
Kroch ich schnaubend herauf durch die Lorbeerbäume und Limonenwälder der antiken Gezeiten
Zwischen Latschen-Wildnis und Gießbach hindurch
Heran die trostlosen, die spärlich mit den Blau-Sternen des Enzians durchsetzten beizenden Geröll-Felder
Empor zum erlösenden Schoß-Trichter des Ätna".

Was also in diesen Bereichen der expressionistischen ‚Revolution' im Vordergrund steht, ist weitgehend eine emotional überhitzte Neuauflage des bürgerlichen Liberalismus des 19. Jahrhunderts und des von ihm verkündeten unveräußerlichen Rechts des Einzelnen auf absolute Freizügigkeit. „Einmaliger unvergleichlicher Natur zu leben, riet ich den Lebendigen", heißt es 1918 im Vorwort zur Zweitausgabe von Sternheims „Hose" (I, 25). Viel anders hatte man sich damals auch nicht ausgedrückt. Sogar Slogans wie ‚Freie Bahn dem Tüchtigsten' und ‚Survival of the Fittest' sind die gleichen geblieben.

All das Gerede von subjektiver Intensität und gesteigerter Erotik, das manchen Expressionisten so ‚revolutionär' erschien, ist darum nur die logische Konsequenz eines bürgerlich-kapitalistischen Systems, dessen ideologische Grundlage nun einmal der Kampf aller gegen alle ist. Wenn man vorwiegend Profit, Macht und Sex im Auge hat, kann das Ergebnis einer solchen Gesellschaftsordnung nur ein

mehr oder minder verschleierter Anarchismus sein. Wo also der Expressionismus die Form eines radikalen Ich-Kults annimmt, reiht er sich lediglich in die verschiedenen Spielarten einer endlich zu ihrer wahren Natur vorstoßenden ‚kapitalistischen' Gesinnung ein. Das einzige, was ihn in diesem Punkte von ebenso ichsüchtigen Bewegungen wie dem Impressionismus oder dem Jugendstil unterscheidet, ist das simple Faktum, daß er sich wie die Pop-Bewegung der sechziger Jahre viel offener und schamloser zu den ideologischen Grundvoraussetzungen einer solchen Ideologie bekennt. In ihm werden die Widersprüche der ‚bürgerlichen' Gesellschaftsordnung, die ihren sozialen und ökonomischen Privategoismus nur allzu gern hinter einer religiösen, moralischen oder auch ‚demokratischen' Fassade zu verstecken sucht, nicht ästhetisch übertüncht, sondern einfach nackt auf den Tisch gelegt. „Noch immer hatten mit aller Welt sie gleiche Begriffe, die sie nur mit vollen Backen bis zum Platzen aufgeblasen hatten", schreibt Sternheim einmal zutiefst enttäuscht über die Dichter dieser Bewegung (VI, 33).
Im Hinblick auf solche Fragestellungen ist der Expressionismus wohl der interessanteste Modellfall einer radikalen und doch zugleich pseudorevolutionären ‚bürgerlichen' Kunstrevolte, an deren ideologischen Voraussetzungen und deren ästhetischer Formenwelt man die Problematik so mancher forciert ‚modernistischen' Bewegung ablesen kann. Wieviel echter Enthusiasmus und erfindungsreicher Gestaltungswille hier oft für die falschen Ziele vergeudet wird, weil man politisch einfach noch nicht fähig ist, über den eigenen Schatten zu springen, ist geradezu eine Schande. Doch zum Glück weist der Expressionismus neben seiner ekstatischen Naturschwärmerei und seinem ebenso überspannten Ich-Kult auch eine Reihe ‚positiverer' Züge auf, die dem Studium dieser Bewegung überhaupt erst seine volle Bedeutsamkeit verleihen. Sehen wir daher zu, ob sich hinter dieser vordergründigen Gefühls- und Triebrevolte nicht noch andere Revolutionskonzepte verbergen, in denen etwas im echten Sinne ‚Wegweisendes' steckt.

DIE VERDECKTEN ZIELE

I. Wesen, Sache, Konstruktion

Und so entpuppt sich die ‚neue Menschlichkeit', die der Expressionismus so oft verkündet, in vielen Fällen lediglich als eine gesteigerte Form der alten Menschlichkeit. Rousseau, Romantik, Südsee, das Glück des Naturmenschen, ungezügelter Sex, leuchtendes Ich: all das sind keine besonders originellen oder aufregenden Konzepte. Aber steckt nicht hinter dieser radikalen Expressivität noch ein tieferer Sinn, in dem sich das spezifisch Umstürzlerische verbirgt? Was wird in den Werken dieser Bewegung tatsächlich dargestellt, wenn man die vordergründige Frontstellung gegen die bisherige Form der ‚Bürgerlichkeit' einmal unberücksichtigt läßt? Ist dieses neue Ichgefühl wirklich so ‚natürlich', so subjektiv und privat, wie man vorgibt? Oder wird nicht dieses Ich durch die vielen Steigerungen und Deformierungen im Bennschen Sinne völlig ‚zersprengt', entmenscht, entpersonifiziert, ja geradezu entnaturt?
Bei genauerem Zusehen ist nämlich das Leitbild dieser Revolution gar nicht das unverwechselbare Individuum des bürgerlichen Liberalismus mit seiner sogenannten ‚persönlichen Note', sondern eher ein ins Urmenschliche stilisiertes Wesen, das so stark im Kollektiven, Existentiellen und Unbewußten verankert ist, daß von ihm nur eine Idee, ein Typ, ein Begriff übrigbleibt. Was die meisten expressionistischen Dichter und Denker interessiert, ist weniger das private Ich als der ‚Mensch an sich', der Leidenschaftsmensch, der Spontanmensch, der wieder direkt aus dem ‚Sein' heraus handelt. „Ich bin nicht ich, nicht Person", heißt es bei Stramm einmal, „Ich fühle mich All! All! Ich bin bewußt des Unbewußten" (P, I, 150). „Ein anderes bin ich, der ich bin", schreibt Jakob van Hoddis, worin er das „Ur-Ich" erblickt (P, I, 180). Für die rein privatistische Individualpsychologie des späten 19. Jahrhunderts, die in jedem Menschen etwas Unverwechselbares sah, hat man daher nur noch ein Lächeln übrig. Benn nennt sie in seiner Einleitung zur „Lyrik des expressionistischen Jahrzehnts" (1955) die „erbärmlichste" aller „bürgerlichen Weltanschauungen" (S. 15). Döblin stellt „gedichtete Psychologie" von vornherein als baren „Unfug" hin (P, I, 288) und fordert schon 1913, den hergebrachten „Psychologismus" durch eine konsequente „Entselbstung", „Entäußerung", ja „Depersonation" zu ersetzen (A, S. 18). Auch Kornfeld schreibt 1916 im Nachwort zu seiner „Verführung", daß an die Stelle der psychologisch-einfühlsamen Schauspielweise endlich eine rein gedanklich-abstrakte treten solle, die sich von den „Attributen der Realität" und „Natürlichkeit" weitgehend emanzipiert (S. 166).

Um so emphatischer haben dagegen die Expressionisten fast alles begrüßt, was ihnen von den zeitgenössischen Geisteswissenschaften an ‚entpersonalisierenden' Tendenzen angeboten wurde. Im Bereich der Philosophie war das vor allem die von Edmund Husserl vertretene Phänomenologie, die sich unter Absehung aller historischen, psychologischen oder einzelpersönlichen Erfahrungstatsachen nicht mit der „existentia", sondern mit der „essentia" der Dinge beschäftigt. Als Theorie einer rein idealistischen Wesensschau lehrt sie das ungetrübte Erfassen originär gegebener Phänomene, die keinerlei geschichtlichen oder naturgegebenen Voraussetzungen unterworfen sind. Sie definiert nicht das, was ist, sondern das, was wir darin sehen. Das gesamte Philosophieren geht damit in eine entpersonalisierte Begriffsdeuterei über, die als gedanklich purifizierte Wortbedeutungslehre nur noch dem rein Begrifflichen, dem absoluten ‚Wesen' nachjagt und sich damit zur trügerischen Höhe einer Philosophie der inhaltslosen Inhalte erhebt. Gegen alle Tatsachen der naturwissenschaftlichen, religiösen, politischen oder psychologischen Erfahrung ist hier die Wirklichkeit nur noch in der Idee gegeben, was Husserl schon in seinen „Ideen zu einer reinen Phänomenologie" (1913) vorexerziert, die auf einen intellektuellen Konstituierungsprozeß hinauslaufen, der die objektiv existierende Welt durch die Welt des ‚reinen Bewußtseins' ersetzt. Ähnliches läßt sich beim jungen Martin Heidegger beobachten, dessen Philosophie des ‚reinen Seins' ebenfalls einen konsequent depersonalisierenden Charakter hat und selbst in ihren idealistischen Setzungen das rein Subjektive peinlichst vermeidet. Selbst wenn Heidegger von der ‚Einzigartigkeit' des Menschen spricht, meint er damit nicht Dinge wie Charakter, Persönlichkeit oder Originalität, also spezifisch individualistische Elemente, sondern eine existentielle Besonderheit, die im Bereich des rein ‚Wesenhaften' verankert ist und sich daher jeder wissenschaftlich-rationalen Deutung von vornherein entzieht.

Sogar die Theologie schließt sich in diesen Jahren diesem steigenden Trend zur Entpersonalisierung an und beschreibt nicht mehr Eigenschaften Gottes oder bestimmter Heiliger, sondern konzentriert sich weitgehend auf den Bereich des ‚Numinosen', der von allen historischen Konkretisierungen sorgfältig gereinigt wird. So gebraucht Rudolf Otto in seinem Buch „Das Heilige" (1917) vor allem Begriffe wie das ‚Faszinosum' oder das ‚Tremendum', wenn er etwas spezifisch ‚Religiöses' umschreiben will, und verlagert damit wie Husserl seine Perspektive aus dem Wirklichen ins rein Phänomenologische. Nicht d e r Heilige, sondern d a s Heilige steht bei ihm im Mittelpunkt.

Der gleiche Depersonalisierungsprozeß spielt sich in den kunst- und literaturwissenschaftlichen Disziplinen dieser Ära ab. Anstatt geschichtliche Abläufe anhand überragender Persönlichkeiten zu demonstrieren, wie das noch um 1900 die herrschende Methode war, rückt man auch hier jene ‚geistigen' Inhalte in den Vordergrund, die sich nur durch eine überindividuelle Strukturanalyse erschließen lassen. Allenthalben spricht man plötzlich von Kulturabfolgen, Zeitphysiognomien, formalen Übereinstimmungen oder intellektuellen Objektivierungen, die im Leser das Gefühl reiner Wesensbestimmungen erwecken sollen. Wohl das eklatanteste Beispiel dafür ist Oswald Spenglers „Untergang des Abendlandes" (1918–1922), wo nur von Ideen, Begriffen, Konzepten und anderen geistigen Wesenheiten, aber nicht mehr von Menschen die Rede ist. Sein Hauptschlagwort ist dabei das ‚Organische', worunter Spengler das innere Wachstumskontinuum einer bestimmten Kultur versteht, das sich jenseits aller materiellen und zugleich subjektivistischen Antriebsfaktoren vollzieht. Überhaupt wird bei ihm alles so stark aus seiner historischen Verankerung gelöst, daß von der Fülle der empirischen Phänomene schließlich nur geistesgeschichtliche Verwaschenheiten wie das ‚Ägyptische', das ‚Apollinische', das ‚Magische' oder das ‚Faustische' übrigbleiben.

Ebenso beliebt war es in diesen Jahren, in bestimmten ‚Stilen' zu denken, und zwar Stilen, die man nicht positivistisch belegt, sondern selbst konstruiert. So wird etwa das ‚Romantische' von expressionistisch beeinflußten Geisteswissenschaftlern fast durchgehend aus dem Begriff ‚Romantik' und nicht aus der Summe seiner Vertreter abgeleitet. Selbst auf diesem Gebiet, wo man sich ständig einer unübersehbaren Fülle konkreter Einzelphänomene gegenübersieht, verfährt man rein begriffshypostatisch und glaubt den entscheidenden Generalnenner einer bestimmten Epoche gefunden zu haben, wenn sich eine intuitiv erfaßte Grundtendenz mit zwei oder drei Beispielen belegen läßt. Indem man dabei ‚Wort' gleich ‚Wesen' setzt, werden aus den verschiedenen Stilbegriffen, die weitgehend aus der Kunstgeschichte der Jahrhundertwende stammen, mehr und mehr existentielle Grundbefindlichkeiten, die jede historische Charakteristik verlieren. Wie oft daher in diesen Jahren phänomenologisch erstarrte Klischees wie ‚griechisch', ‚klassisch', ‚gotisch', barock', ‚orientalisch' oder ‚primitiv' verwendet werden, ist kaum zu zählen. Es gibt wohl kaum ein methodisches Konzept, das nicht zu diesen ‚wesenhaften' Stilbegriffen beigetragen hätte. Die Diltheysche Kultursystematik, Breysigs ‚Stufenbau der Weltgeschichte', die Wölfflinschen ‚Grundbegriffe', die neuromantische Entdeckung des Gotischen und des Romantischen, Riegls ‚Stilwollen', die ‚typischen Kunststile' Herman Nohls, die von Walzel inaugurierte ‚wechselseitige Erhellung der Künste', der expressionistische Simultaneitätsbegriff, Spenglers Kulturmorphologie: sie alle münden um 1920 in ein neuidealistisches Sammelbecken, in dem es nur so wimmelt von Stilbegriffen und das allgemein als die erste Phase der ‚geistesgeschichtlichen' Forschung gilt. Wohl das wichtigste Signum dieser Richtung ist das Streben nach einer von allen Schlacken des Empirismus gereinigten ‚Synthese', um auf diese Weise die vom Positivismus des späten 19. Jahrhunderts aufgehäuften Stoffmassen soweit zu spiritualisieren, daß man sie als Bausteine einer rein intellektuellen Erkenntnis verwenden kann. Vom Einzelmenschen und seiner Leistung bleibt bei einer solchen Sicht nicht viel erhalten. Nicht er ist das Entscheidende, sondern der alles übergreifende ‚Stil'.

Wenn man im Bereich dieser Forschungsrichtungen überhaupt Künstler oder andere historische Figuren erwähnt, dann meist in der Form bestimmter Ideenvertreter, die man mit einer welt- oder menschheitsgeschichtlichen Repräsentanz versieht. Und zwar stützte man sich dabei gern auf Dilthey, der die verschiedenen Künstler in Materialisten, objektive Idealisten und subjektive Idealisten eingeteilt hatte. So sprach Herman Nohl von einem naiven, einem sentimentalischen und einem energischen Typ. Hans Lamparter unterschied zwischen reinen Form- und reinen Farbbeobachtern. Erich Adickes beschränkte sich auf den Gegensatz von Positivisten und Metaphysikern. Alfred Schuler schwafelte von den Vertretern des ‚offenen' und des ‚geschlossenen' Lebens. Eduard Wechßler entwarf in seinem Buch „Esprit und Geist" (1927) eine „Wesenskunde des Deutschen und des Franzosen". Werner Sombart führte den Unterschied der Deutschen und der Engländer 1917 auf das Heroische und das Krämerische zurück. Karl Scheffler teilte die Menschheit in eigenwillige, ausdrucksstarke, ekstatisch bewegte ‚Gotiker' und ausgeglichene, klare, traditionsbewußte ‚Griechen' ein. Herbert Cysarz sprach von räumlich-ideellen und lebendig-zeithaften Künstlertypen. Ja, Oskar Walzel entblödete sich nicht, sogar ein Begriffspaar wie ‚gotisch-deutsch' und ‚goethisch-deutsch' aufzustellen, das er aus rein phänomenologischen Begriffskonstruktionen abzuleiten versuchte.

Nicht minder beliebt war es, sich in den Literatur- und Kunstwissenschaften lediglich auf die sogenannten ‚Urerlebnisse' zu konzentrieren und diese turmhoch über alle Bildungseinflüsse oder individualpsychologischen Voraussetzungen zu stellen. Und so kommt es, daß auch die Beschäftigung mit Einzelfiguren immer wieder ins Phänomenologische überleitet. Nicht Goethe oder Rembrandt interessiert diese expressionistischen Geisteswissenschaftler, sondern das ‚Goethesche' oder das ‚Rembrandtsche'. Statt in bewährter positivistischer Manier das einzelne künstlerische Werk aus der privaten Biographie seines Autors oder der ihn umgebenden Zeitumstände zu erklären, tritt also selbst bei der reinen Personenbeschreibung das im engeren Sinne ‚Persönliche' völlig hinter dem überindividuellen ‚Wesen' zurück.

Interessanterweise läßt sich diese Wendung ins Idealtypologische sogar in der Psychologie dieser Jahre beobachten, wo man noch den stärksten Widerstand gegen eine so generalisierende Methode erwartet hätte. So reduziert etwa Ernst Kretschmer in seinem Buch „Körperbau und Charakter" (1921) die gesamte Menschheit auf drei Typen: die Dicken, die Hageren und die athletisch Gebauten. Ähnliches gilt für die Struktur- und Gestaltpsychologie, die sich in diesem Zeitraum entwickelt, bei der die individuellen Einzelzüge ebenfalls merklich vernachlässigt werden. Dafür spricht die „Psychologie der Kunst" (1920) von Richard Müller-Freienfels, die auf der Fünfteilung in Sensoriker, Motoriker, Imaginative, Reflektierende und Emotionale beruht. Noch radikaler geht bekanntlich Sigmund Freud in dieser Hinsicht vor, der nur noch zwischen angepaßten und unangepaßten Menschen unterscheidet. Nach seiner Theorie ist all das, was bisher als spezifisch ‚human' gegolten hatte, lediglich eine mühsam aufrechterhaltene Fassade, hinter der ständig die unbeherrschten Mächte des Unbewußten lauern. Das sogenannte ‚Seelische' ist darum für ihn bloß ein Dschungel des Es, in dem die grausamsten und unmenschlichsten Triebe ihr Unwesen treiben. Statt also von Liebe und gutem Willen zu reden, spricht Freud nur von Libido und Aggression, die sich in ihren extremsten Manifestationen als Vergewaltigungszwang oder todessüchtiger Destruktionstrieb äußern. Dem expressionistischen Geist fast noch näher sind die Theorien von Otto Gross oder „Das Buch vom Es" (1923) von Georg Groddeck, wo im Gegensatz zum Freudschen Pessimismus ein optimistischer Pansexualismus gepredigt wird, der auf der Theorie beruht, daß sich der Mensch bloß in der absoluten ‚Entmenschung', das heißt im hemmungslosen Untertauchen im Unbewußten voll verwirklichen kann. Hier will man nicht mehr selber leben, sondern nur noch gelebt werden.

An dic Stelle des empirisch genau differenzierten Ich, das in der Kunst und Wissenschaft der Jahrhundertwende noch deutlich zu erkennen ist, treten daher im Expressionismus mehr und mehr Gestalten, bei denen sich das Individuelle völlig im elementaren Gefühl oder in reiner Begrifflichkeit aufzulösen beginnt. Nicht das psychologisch Vereinzelte, sondern das „allen Menschen Gemeinsame", wie es Kurt Pinthus in seiner Einleitung zur „Menschheitsdämmerung" nennt (S. 28), ist daher paradoxerweise das Ergebnis der im letzten Kapitel beschriebenen expressionistischen Ich-Verherrlichung. Indem man sich nämlich bemüht, allen Dingen auf den Grund zu gehen, stößt man ständig ins Seinshafte, Unbewußte, Archaische, ja geradezu Viehische vor, das jenseits aller individualistisch erfaßbaren Phänomene liegt. Was man dadurch erreicht, ist also eher eine ‚Entmenschung' als eine ‚Vermenschung' der dargestellten Figuren. So sagt Sternheim einmal von einer Romanheldin, die sich gerade auf dem Höhepunkt einer gefühlsmäßigen Ekstase zu befinden scheint (V, 319):

> „Bloße Liebe zu ihm hing irgendwo in Eingeweiden und feuchtem Schoß. Doch in Herz und Hirn war sie vergrößtert e n t n a t u r t und des Persönlichen entworden".

Kein Wunder also, daß gerade im Expressionismus dem Triebhaften und Subhumanen eine so ungewöhnlich breite Zone eingeräumt wird. Neben der beabsichtigten Schockwirkung läßt sich das nur als eine bewußte oder unbewußte Depersonalisierung interpretieren. Man erinnere sich an die Rolle, die das Primitive, Archaische und Exotische in den Werken dieser Richtung spielt. Immer wieder schwelgt man in dem, was animalisch ist oder zumindest außerhalb des Zivilisierten steht. Nicht Menschen werden manchmal geschildert, sondern Un-Menschen, deren Welt noch völlig im Zeichen des Magischen zu stehen scheint. Dasselbe gilt für die auffällige Faszination, die man dem Despotischen und Barbarischen entgegenbringt. So heißt es einmal in Edschmids „Timur" mit kaum zu überbietender Brutalität: „Er ließ die lebenden Gefangenen zusammenschlachten zu Türmen, legte feuchten Lehm und Gebälk dazwischen, mörtelte sie ein. Die Türme schwankten wie die Schlangen bis in die Nacht. Dann erstarrten sie" (S. 150). Eine ähnliche Funktion hat das notorisch wiederkehrende Dirnen-, Zu-

Conrad Felixmüller: Titelblatt (1918)

hälter- und Zuchthäuslermilieu. Auch hier herrscht streckenweise rohste Gemeinheit, die jeder ‚Menschlichkeit' entkleidet ist. Das gleiche gilt für die Leichenpoesie von Heym und Benn mit all ihren Fäkalien und verwesenden Fleischklumpen, an denen wahrlich nichts Humanes zu entdecken ist. In dieselbe Richtung tendiert das merkliche Interesse an der Welt der Schizophreniker oder der Nacktheit des Geschlechtstriebes, der von manchen als das einzige Movens der Weltgeschichte hingestellt wird. Vor allem Benn sieht im Menschen immer wieder das Vieh oder Schwein, das „Gattungspack" (I, 13), das nur huren und gehurt sein will. Doch auch andere wälzen sich immerzu im Brünstigen und Schleimigen, was weite Bereiche der expressionistischen Metaphorik einer allgemeinen Animalisierung und Verdinglichung unterwirft. Und selbst da, wo man auf diese Kraßheit verzichtet, herrscht zumindest das Typenhafte, Gesichtslose und damit im weitesten Sinne Depersonalisierte.

Was man in der expressionistischen Kunst wirklich darstellt, ist daher oft gar nicht die Sphäre des Brüderlichen und Miterlebbaren, nach der man sich programmatisch sehnt, sondern die des Unmenschlichen, Barbarischen, ja manchmal geradezu Menschenfresserischen. Nicht der liberale Ichbegriff mit all seinen Humanitäts- und Natürlichkeitskonzepten trägt in vielen Fällen den Sieg davon, sondern das ‚Elementare'. Die meisten expressionistischen Gestalten wirken daher wie verlängerte Ausformungen des Unterbewußten und bewegen sich fast ausschließlich im Koordinatennetz von Libido und Destruktionstrieb. Auf diese Weise setzt ein weitgehender Abbau der bisherigen Ichvorstellungen ein, der überhaupt keine ‚Einfühlung' im sentimentalischen Sinne mehr erlaubt. Allenthalben läßt sich eine entmenschende Deformierung, eine Reduktion ins Typologische oder eine karikaturistische Verzerrung von Hochzone in Tiefzone beobachten, die zu einer fortschreitenden Versachlichung aller dargestellten Zustände und Verhältnisse führt. Man kämpft zwar theoretisch stets f ü r die Vermenschlichung und g e g e n die Verdinglichung, erreicht aber in Wahrheit meist das Gegenteil. Denn nicht nur das Angegriffene, die bisherige Welt der Bürgerlichkeit, sondern auch das im expressionistischen Sinne ‚Positive' wird häufig radikal verzerrt. Man sollte daher die Kunst dieser Richtung nicht bloß im Sinne ihrer vordergründigen Ekstatik und Brünstigkeit interpretieren, sondern sich zugleich mit der konsequenten Depersonalisierung und damit Versachlichung der dargestellten Bildinhalte auseinandersetzen, die in wesentlich kühlere und rationalere Bereiche zielt.

Eine solche Doppelperspektive führt notwendig an ganz neue Probleme heran. Wenn man nämlich diese Dialektik von Wildheit und Sachlichkeit, Romantik und Rationalität, bewußten und unbewußten Zielen einmal erkannt hat, wird man den Expressionismus nicht mehr so vorschnell wie bisher als eine einseitige Gefühlsrevolte verdammen oder umjubeln können. Daß man immer wieder zu solchen Pauschalurteilen neigte, hängt weitgehend damit zusammen, daß man sich zu eng an das ideologische Selbstverständnis dieser Bewegung gehalten hat.

Doch gerade ihre Programme und Manifeste sind höchst trügerisch. Was in ihnen in verquälter Form als Totalaufstand gegen alle bestehenden Ordnungen verherrlicht wird, ist oft bloßer Phrasenschwall, den man nicht als bare Münze nehmen sollte. Den meisten Revolutionären dieser Bewegung ist gar nicht bewußt, worin denn das Revolutionäre ihres eigenen Tuns eigentlich besteht. Sie protestieren immer noch im Zeichen des alten Liberalismus, produzieren jedoch Werke, in denen dieser im Subjektiven verankerte Liberalismus durch die allgemeine Verpöbelung und Existentialisierung völlig in Fetzen geschlagen wird und von den dargestellten Menschen nur Kuben, Flächen oder typisierte Chiffren übrig bleiben. Unter dieser Perspektive betrachtet, erschöpft sich der Sinn dieser Bewegung weder in der von ihr propagierten seelischen Expression noch in romantisch erlebter Innerlichkeit oder kosmisch entgrenzter Ausdrucksgebärde, weder in der lauthals verkündeten Primitivität im Sinne des Archaischen oder Rousseauistischen noch in der teilweise aufflackernden Religiosität. All das ist – bei Licht besehen – recht traditionell. Worauf nämlich der Expressionismus wirklich hinauswill, ist eine positive Versachlichung, die diesen ekstatisch übertriebenen Seelenstimmungen diametral zuwiderläuft. Nicht das Menschliche ist sein höchster Wert, sondern das Abstraktum, das Ding, die Sache und damit das aller menschlichen Züge entkleidete Produkt.

In diesem Sinne bildet der Expressionismus geradezu das Gegenstück zur Naturbeseelung des 18. und 19. Jahrhunderts, wo man sogar dem Nichtmenschlichen, der Natur, einen menschlichen Charakter gegeben hatte. Was man damals erstrebte, waren Gemüthaftigkeit und beseelte Intimität. Von der Aufklärung bis zum Realismus schildert man daher hauptsächlich Objekte, die man mitfühlen oder miterleben soll. Ob Natur oder Interieur: alles wird als Stätten menschlicher Umsorgtheit und Heimseligkeit aufgefaßt. Dem entsprechen die Wohnzimmer dieser Ära mit ihren Familienbildern, gemalten Sommerfrischen und frommen Gedenksprüchen, die ganz auf ‚Gemütlichkeit' abgestimmt sind. Einen solchen Naturbegriff hat man jetzt endgültig satt. So wendet sich Sternheims berühmter ‚Kampf gegen die Metapher' vor allem gegen diese von außen herangetragene Beseelung und Humanisierung des Unorganischen. Was also hinter der expressionistischen Entpersonalisierung steht, ist nicht nur ein Kampf gegen den Philister, sondern ein Kampf gegen das Gemüt schlechthin. Anstatt von der Kunst zu verlangen, auch weiterhin einen ästhetisch verbrämten Naturersatz zu liefern, schafft man jetzt Werke, die den Eindruck des Montagehaften oder Konstruierten erwecken sollen. Die meisten Expressionisten stellen daher nicht Formen des Lebens, sondern Eigengebilde dar, die wie alles Sachliche in die Sphäre des Produkts gehören. Das klingt nach wenig und hat doch weitreichende Konsequenzen. Denn mit dieser ‚Zerstörung' der Natur – und zwar nicht nur des karikierten Gegenstandes, sondern der Natur als Wesen des Menschlichen im Sinne des Einfühlbaren und Verehrenswerten überhaupt – erfolgt zugleich ein radikaler Abbau aller alten Werte des Erhabenen, Religiösen und Monumentalen. Mit dieser

Negierung des Naturbedingten werden Mensch und Natur mit einem Schlage im idealistischen Sinne ‚freigesetzt', und zwar mitten in die Welt der depersonalisierten Sachlichkeit hinein.

Daß sich dieser Prozeß auf allen Gebieten des Expressionismus beobachten läßt, spricht trotz mancher einzelkünstlerischen Variante durchaus für die Einheit dieser Bewegung. Beginnen wir mit der Literatur, deren Wirklichkeit meist ganz anders aussieht als ihr Programm. Sie will Natur und Menschlichkeit und folgt dennoch dem durch die steigende Industrialisierung vorgezeichneten Trend zu fortschreitender Begrifflichkeit und Sachproduktion. Ihre Gegenstände werden im Laufe der Jahre immer unlebendiger und gleichen sich schließlich weitgehend den vom Menschen gebildeten und geformten Sachen an. Trotz aller hochtönenden Naturbeflissenhcit ist auch sie alles andere als ‚organisch'. Sie geht nicht von bestimmten Gegebenheiten aus, sondern versucht jedes Ding nach ihrem Willen zu konstruieren. So schreibt etwa Georg Kaiser am 4. September 1923 im „Berliner Tageblatt" über die Aufgabe des Dichters:

> „Er ordnet. Er schichtet den Krimskram. Er schafft Linie in dem Wirrwarr. Er konstruiert das Gesetz".

Die meisten expressionistischen Dichtungen sind daher keine Vertretungen eines unmittelbar erfahrenen Lebens, das zum Mitleben animiert, sondern ein bloßes Denken in Vorstellungen und Empfindungen, das sich schließlich zum Typischen verdichtet. Wie die moderne Wissenschaft operiert sie mit Begriffen, Zeichen und Formeln, bei denen um des geistigen Zusammenhangs willen alle näheren Bestimmungen weggelassen werden. Was diesen Begriffen als Natur, das heißt als Wirklichkeit jenseits des rein Begrifflichen entspricht, ist vielen Expressionisten völlig gleichgültig. Sie interessiert nur, was in dieser phänomenologisch konstruierten Welt an geistigen Verknüpfungen und teleologischen Reichhaltigkeiten steckt. So gesehen, ist die Literatur dieser Richtung vorwiegend erkenntnismäßiger Art. Sie will nicht ein lebendiges Ganzes, eine organische Einheit schaffen, sondern gibt nur eine knappe Auswahl bestimmter Eigenschaften und Analogien. Vom Standpunkt der Erfahrung aus wirkt das manchmal geradezu widernatürlich. Dennoch sollte man sich hüten, in der expressionistischen Literatur lediglich etwas Phantastisches oder Mysteriöses zu sehen. Viel treffender wäre es, sie als eine ‚definitorische' Dichtung zu bezeichnen, die ihr Material aus einer auf den Begriff gebrachten Realität bezieht. Man höre, wie sich Christian Maske in der letzten Szene des Sternheimschen „Snob" (1914), als er sich gerade zur Hochzeitsnacht vorbereitet, über diese Probleme äußert (I, 211):

> „Die reine Vernunft reißt Gruppen gleichartiger Gebilde der Erscheinungs- und Willenswelt in einen Ausdruck hinein, der den Komplex in seinem Wesentlichen festlegt, und der Begriff heißt".

Die Helden der expressionistischen Literatur sind daher oft reine Konstruktionen, wandelnde Begriffe oder konkretisierte Ideen. Wie bei Spengler oder im Bereich der frühen Geistesgeschichte werden hier erdachte Menschheitsvertretungen geschildert und nicht irgendwelche psychologisch individualisierten Privatpersonen. So ist Bitterlich ‚der‘ Pessimist, Moreau ‚der‘ Soldat, Meta ‚das‘ Dienstmädchen, Fairfax ‚der‘ Amerikaner, Timur ‚der‘ Eroberer und Bürger Schippel ‚der‘ von unten Heraufgekommene. Ja, oft gibt man den einzelnen Figuren nicht einmal Namen, sondern begnügt sich mit simplen Berufs- und Geschlechtsbezeichnungen. Man denke an den Kassierer in Kaisers „Von morgens bis mitternachts“ oder den Milliardärssohn in „Gas I“. Andere sind bloß Sohn, Mutter, Schwester, Blaufigur oder ‚Mensch‘. Überhaupt fehlt allen diesen Figuren das im naturalistischen Sinne Reale und Leibhaftige. Ihre Charakterzüge sind nicht einem bestimmten Individuum ‚abgelauscht‘, sondern einer bestimmten Idee entsprechend konstruiert. Sie sind ‚Denkspieler‘, was im Rahmen des Expressionismus keinen Tadel, sondern ein hohes Lob bedeutet. Es wäre daher falsch, sie im herkömmlichen Sinn als ‚dramatis personae‘ zu bezeichnen. Dazu bleiben die meisten von ihnen viel zu stark im Ideellen oder Rollenhaften stecken. Sie gleichen bloßen Ideenvertretern, die auch ohne den äußerlichen Kitt der Psychologie existieren können. Wie sehr man dabei das Begriffliche im Auge hatte, beweist eine Äußerung des frühen Edschmid (FM, S. 37):

> „Die Figur wird typisch . . . wenn alles Nebensächliche fehlt. Das Wichtigste gibt die Idee: nicht mehr ein Denkender, nein: das Denken. Nicht mehr zwei Umschlungene, nein: die Umarmung selbst“.

An anderer Stelle sagt er ebenso aufschlußreich (S. 34):

> „Jeder Mensch ist nicht mehr Individuum, gebunden an Pflicht, Moral, Gesellschaft, Familie. Er wird in dieser Kunst nichts als das Erhebendste und Kläglichste: er wird M e n s c h“.

Besonders beliebt sind daher Gestalten, die von vornherein zum Typischen oder Abstrakten neigen. Man denke an die vielen Einser, Zweier und Dreier, die im expressionistischen Drama als Neben- oder Begleitfiguren auftreten. Doch selbst die Hauptgestalten haben oft etwas Stereotypes oder Puppenhaftes. So stellt etwa Toller im Vorwort zu „Masse–Mensch“ (1921) seine eigenen Figuren ausdrücklich als „marionettenhaft“ hin (S. I). Stadler empfand sogar Sternheims relativ realistische Helden als ausgesprochen „marionettenhaft“ (II, 34). Das gleiche könnte man mit mehr Berechtigung von Iwan Golls „Methusalem“ (1922) behaupten, wo alle Gestalten in grotesken Verkleidungen auftreten und damit den letzten Rest an ‚Menschlichkeit‘ verlieren. Von Felix, dem Sohn des alten Methusalem, heißt es hier (SuB, S. 438):

> „Statt des Mundes trägt er ein kupfernes Schallrohr, statt der Nase einen Telephonhörer, statt der Augen zwei Fünfmarkstücke, statt Stirn und Hut eine Schreibmaschine, und darüber Antennen, die jedesmal funken, wenn er spricht“.

Was dadurch entsteht, läßt sich in manchen Fällen nur noch als Begriffssymbolismus definieren. Nicht Personen, sondern bloße Typen, Attrappen, Begriffsskelette oder sonstige ‚Wesenheiten‘ scheinen hier aufeinander zu reagieren. So umschreibt Benn einmal eine Liebesszene einfach mit den Worten: „Im Garten wurde Vermischung" (JT 35, S. 47) – anstatt im Sinne des herkömmlichen Personalstils zu sagen: „Karl und Anna warfen ihre Kleider von sich, blickten verstohlen auf ihre jungen Körper und betteten sich dann ins weiche Gras". Die gleiche Tendenz liegt dem damals hochberühmten Gedicht „Lächeln Atmen Schreiten" von Franz Werfel zugrunde, in dem er nicht eine bestimmte Person, sondern lediglich deren abstrakte Funktionen – ihr Lächeln, Atmen, Schreiten – besingt (MD, S. 290). Im Gegensatz zu den Kultgedichten der Jahrhundertwende, etwa des George-Kreises, wird hier nicht ein Hymnus auf einen bestimmten Helden oder eine bestimmte Dame angestimmt, sondern ein Phänomen beschrieben, bei dem sich das spezifisch ‚Menschliche' mehr und mehr ins Abstrakte verflüchtigt. Statt ein Bild vor uns aufzurichten, konzentriert sich auch Werfel rein auf das Begriffliche. Nicht viel anders verfährt Klabund, wenn er in seinem „Moreau" (1916) gleich auf der ersten Seite die allegorische Wendung gebraucht: „Mütterliche Güte strich über seine Stirn". Selbst im Rahmen einer solchen ‚Biographie' geht es dem Expressionismus nicht vornehmlich um das Einzelmenschlich-Persönliche, sondern um das Phänomenologische, nicht um eine bestimmte Mutter, sondern um das Mütterliche schlechthin.

Wenn schon die einzelnen Figuren nur noch ein Schauplatz von Abstraktionen sind, die einem genau durchdachten Denkverlauf unterworfen werden, dann können auch die Situationen ihres Tuns nur auf erdachten Konstruktionen beruhen. Soweit es geht, vermeidet man dabei jeden unmittelbaren Lebensbezug. Alles wird erst gedanklich konzipiert und dann ins Sinnbildliche übertragen. Wie in der Kinderfibel, im Marionettentheater oder Puppenspiel konstruiert man lauter grelle, unmögliche Situationen, die lediglich der Erleuchtung einer bestimmten Idee dienen sollen. Besonders unrealistisch und doch packend wirkt die Handlungsführung in den Dramen dieser Bewegung. Manches ist hier ausgesprochen ‚opernnah', wie etwa die vielen Monologe, Parallelaktionen und unglaubwürdigen Duplizitäten, die man im naturalistisch-impressionistischen Drama des späten 19. Jahrhunderts sorgfältig vermieden hatte. Statt sich um die Wiedergabe wirklicher und damit im expressionistischen Sinne ‚zufälliger' Ereignisse zu bemühen, versucht man jetzt, rein ideelle Vorgänge auf die Bühne zu bringen, um damit über die bloße ‚extentia' zur ‚essentia' des menschlichen Daseins vorzustoßen.

Die Handlungen vieler expressionistischer Werke sind daher auf den ersten Blick oft absolut unglaublich oder wunderbar – was nicht bedeutet, daß man sie ‚religiös' interpretieren könnte. Denn trotz aller Wirklichkeitsferne weisen sie doch immer in die Immanenz zurück und lassen obendrein deutlich genug erkennen, daß es sich hier um bloß erdachte Konstruktionen handelt. Welch einen völlig anderen Charakter haben dagegen die Wundergeschichten des Mittelalters, die ‚Legenden'! Wer dort den rechten Glauben besitzt, kann selbst die Teufelsfiguren und die mit großem Schaugepränge aufgeführten Mirakel als eine Form ‚höherer Wirklichkeit' verstehen. Dagegen ist die expressionistische Literatur ein reines Spiel des Geistes: reine Dichtung, reine Erfindung, ohne jede Realität oder höhere Existenzmöglichkeit. Sie läßt sich bloß ‚bewerten' – aber nicht verehren oder bezweifeln. Statt teuflisch zu schrecken oder religiös zu erheben, wendet sie sich rein an das Denkerische im Menschen. Ihre Handlungen haben weder die Realität des Wunders noch die Frische der unmittelbaren Alltäglichkeit, sondern unterstehen ganz der Logik der Idee und der mathematischen Begriffseindeutigkeit.

Damit ist selbstverständlich keine Logik im gewöhnlichen Sinne gemeint, sondern eher eine der ideellen Verstärkung der Grundtendenz des jeweiligen Werkes. Man denke an die vielen Wiederholungen und Parallelismen in Leonhard Franks Erzählfolge „Der Mensch ist gut" (1918), die immer wieder auf dasselbe Ziel hinauslaufen: die Propagierung des Friedens. Von derselben Sprunghaftigkeit und Unwahrscheinlichkeit sind die verschiedenen Lebensstationen in Kaisers „Von morgens bis mitternachts", jene rasche Szenenfolge von Bank, Hotelzimmer, Schneefeld, Spießeridyll, Sechstagerennen, Ballokal und Heilsarmeeversammlung, die sich binnen vierundzwanzig Stunden abspielen soll. Doch trotz aller bewußt konstruierenden Elemente hat das Ganze dennoch eine hohe künstlerische Überzeugungskraft. Das gilt selbst für die Szene im Chambre séparée, wo der Held des Dramas der Dirne mit dem Holzbein einen Sektkübel über den Kopf stülpt, was unrealistisch, aber aus der Idee heraus innerlich nicht unwahrscheinlich ist. Noch konstruierender verfährt Kaiser in seiner „Gas"-Triologie mit ihren mathematisch konzipierten Streikdebatten und ihren ebenso präzis erfolgenden Explosionen. Auch Sternheims „Napoleon" beruht auf einer solchen Konstruktion, die auf eine absolut logische Lebensfolge hinausläuft. Ähnliches gilt für Kornfelds „Verführung", der eine höchst konstruierte Entelechie des Pessimismus zugrunde liegt. Ja, selbst die Bestialität des Edschmidschen „Timur" ist rein erdacht und sollte auf keinen Fall mit einer möglichen Wirklichkeit in Beziehung gebracht werden.

Das wird noch deutlicher, wenn man die vorgegebene Realität einfach überschreitet und in ein Niemandsland des bloß Imaginierten vorstößt. So schaltet etwa Toller in seiner „Wandlung" (1919) einen grausigen Tanz der Totengerippe ein. Sorge verwendet solche traumhaften Zwischenspiele im ersten Akt seines „Bettler" (1912), die übrigens wesentlich schlagender wirken als der ‚realistische' Hintertreppenroman, der den Hauptteil dieses Dramas füllt. Wie ja der Expressionismus überhaupt immer dann überzeugt, wenn er sich aufs Wesenhafte, Begriffliche, Eigenschöpferische konzentriert, während er in seinen Wirklichkeitsschilderungen aufgrund seiner mangelnden Gesellschaftsbezogenheit leicht ins Peinliche, Romantische, Sentimentale oder schlichtweg Triviale entgleist.

Das notwendige Pendant zu dieser bewußt erdachten Handlungsführung ist eine Sprachkunst, die ebenfalls etwas ausgesprochen Schöpferisches, Eigenlogisches, ja geradezu Gewaltsames hat. Auch sie will ganz bewußt als konstruiertes Produkt verstanden werden, die auf jede herkömmliche Sinnverknüpfung bewußt verzichtet. Statt etwas zu gestalten, was außerhalb der verwendeten Worte steht, geht sie oft von der Eigenbedeutung dieser Worte selber aus und landet so bei einer reinen Wortdeutungskunst. Überhaupt ist hier Kunst nicht mehr dazu da, Kunst zu verbergen und trotz eines geschmackvollen Wortgepränges den Eindruck des Wirklichen zu erwecken. Schon durch die Wahl und die eigenschöpferische Kombination von Worten will man die Sprache zum geistigen Produkt erheben und damit das bewußt ‚Künstliche' des Gesagten demonstrieren. Die vielen Alliterationen und das rhythmische Gefälle dienen daher nicht einer intensivierten Musikalität wie in romantischer Dichtung, sondern sollen lediglich die innere Bedeutsamkeit des Gesagten ins Ausdruckshafte steigern. Von einer neuen Natürlichkeit, wie man sie aufgrund der Manifeste des Expressionismus erwarten würde, ist auch hier nicht die geringste Spur. Ja, man könnte geradezu umgekehrt sagen: es gibt wohl kaum eine Dichtersprache, die sich so weit vom alltäglichen Umgangsdeutsch entfernt wie die expressionistische. Selbst auf der Bühne wird in diesen Bereichen nicht in einem ‚realistischen' Sinne geredet, sondern unentwegt sprachlicher Eigenbau produziert – ganz zu schweigen von manchen Prosawerken oder der Lyrik des Expressionismus, die oft zu Metaphern greifen, die so verschlüsselt oder bildungsgesättigt sind, daß man sie erst im intellektuellen Nachhinein wirklich versteht.

Auf diese Weise entsteht ein Stil, der sogar das Unerwartete, Seltsame und Eigenartige nicht scheut, um nur ja konstruiert zu wirken. Man denke an die Börsenhast imitierende und ausruferische Geschäftssprache bei Kaiser, den schwülstig getragenen Kanzelstil Kornfelds, den pamphletistischen und zugleich intellektuell verrenkten Jargon Sternheims, die bildproduzierende, symbolisch deutende Sprache Däublers oder die pseudokleistische Verkrampfung eines Unruh. Auch die wortbeziehende und wortalliterierende Sprache eines Heidegger, die ständig dazu neigt, Begriffe wie das ‚Sein des Daseins' oder die ‚Zeitigung der Zeit' zu bilden, gehört in den Umkreis dieser expressiven Bedeutsamkeitssteigerungen. Überhaupt stößt man in diesen Gefilden ständig auf sprachlich-grammatische Novitäten und Ungewöhnlichkeiten. Statt der herkömmlichen Subordination und syntaktischen Gliederung drängen sich meist schroffe antithetische Bildungen in den Vordergrund, wodurch eine ganz neue ‚Dramatik' entsteht. Doch nicht genug damit. Bedeutende Wortkomplexe werden ohne Rücksicht auf den inneren Zusammenhang einfach an den Anfang des Satzes gerückt. Substantive treten ohne erläuternde Adjektive auf. Die Nomina verlieren ihre Partikel und machen so eine seltsame Entpersonalisierung durch. In manchen Werken wird durch diese steigende Abstrahierung und zugleich konzentrierende Engführung fast jeder Satz zu einem künstlerischen Selbstwert und damit Zweck in sich selbst erhoben. Ja, es gibt sogar Expressionisten, die sich bemühen, jedes einzelne Wort mit einer breiten Kontur zu umranden, um ihm eine möglichst intensivierte Bedeutungsaura zu geben.

Wie schon bei den Fabeln und Figuren gibt es daher auch im Bereich der expressionistischen Sprache fast nichts, was sich nicht auf diese Neigung zum Konstruierenden zurückführen ließe. Immer wieder zeigt sich, wie man dem Hergebrachten und Vertrauten bewußt aus dem Wege geht und statt des Erwarteten das Unerwartete bevorzugt. Man will überraschen, provozieren, den Leser zu Denkoperationen anregen, indem man ihn mit einer rein fabrizierten, zum Produkt gewordenen Sprache konfrontiert. Deshalb ist für manche Expressionisten der ‚Satzbau' oft wichtiger als das Menschliche dahinter, das auch in einer anderen Bedeutungskolorierung erscheinen könnte. So schreibt etwa der junge Benn 1916 mit apodiktischer Programmatik über seine Rönnefigur: „Seine Studien galten der Schaffung einer neuen Syntax" (JT 35, S. 31). Das gleiche könnte man von Sternheim sagen, der in seiner Sprache stets das Verrenkte und Seltsame bevorzugt. Man denke an seine Novelle „Ulrike" (1918), die mit einer Beschreibung des Schlosses Miltitz in der Uckermark beginnt und wo sich gleich zu Anfang folgende lapidar-verkrampften Sätze finden, die damals als spezifisch ‚expressionistisch' galten: „Trat man von der Anfahrt und geharkten Wegen zur Seite, sank der Fuß durch Sand auf Grund. Manchmal stak eine Stange, saß ein Rabe im Park; sonst war Acker" (IV, 141). Hier wird auf gut expressionistisch nicht nur die Natur, sondern auch die Sprache entnaturt. Wen es unbedingt nach Seele und Gemüt verlangt, der sollte sich lieber woanders umtun.

Genauso deutlich zeigen sich diese Tendenzen zur Entpersonalisierung im expressionistischen Theater. Auch hier herrscht rein das Konstruktivistische. Statt der erwarteten ‚Natur' begegnet man allenthalben aufgetürmten Kuben, abstrakten Flächen, Treppen, Maschinenteilen oder anderen apparathaften Elementen. Auch im Darstellungsstil vermeidet man jedes frei strömende Gefühl, jede Natürlichkeit, jede menschliche Nähe und Intimität und gibt sich so stilisiert wie nur möglich. ‚Bloß keinen Realismus! Bloß keine Psychologie!', fordert Kornfeld immer wieder. Was man statt dessen vom Theater verlangt, ist vor allem die Transparenz des Ideellen und Programmatischen. An die Stelle der naturalistischen Milieuinszenierungen eines Otto Brahm oder der impressionistischen Dekorationsbühne eines Max Reinhardt tritt daher in der expressionistischen Ära ein absolut unrealistischer Darstellungsstil, der selbst vor hanebüchensten Unwahrscheinlichkeiten nicht zurückschreckt. Und zwar bedient man sich dabei einer extremen Gestik und einer Stimmführung, die sich ständig zu crescendoartigen Schreien steigert, um dann wieder in absolutes Schweigen zurückzusinken. Jeder Ton, jede Bewegung wird von vornherein auf ein bestimmtes Grundmuster bezogen und in diesem Sinne durchstilisiert, um nur ja nichts dem Zufall, der Eingebung oder anderen ‚natürlichen' Impulsen zu überlassen.

Zu welchen Extremen diese forcierte Stiltendenz führte, mögen folgende Beispiele belegen. So ließ Lothar Schreyer seine Darsteller auf der „Sturm"-Bühne, die von 1919 bis 1921 in Berlin existierte, entweder nackt oder mit Masken und seltsam verfremdeten Kostümen auftreten, um das ganz Elementare oder das

ganz Konstruierte, aber auf keinen Fall das Gewohnte auf die Bühne zu bringen. Manchmal sah man hier lediglich drei Meter hohe, mit Masken versehene Puppen, die von ihren Trägern von innen her bewegt wurden. Diese „konstruktiv-plastisch-farbigen Kunstwerke", wie Schreyer sie nannte, sprachen obendrein in einer abstrakten „Klangsprache", um sie vollends zu ‚entnaturieren'. Dieser Masken-, Puppen-, Kasperle- und Marionettenstil, der sich zum Teil mit Anregungen Meyerholds und Tairoffs verbindet, war überhaupt auf vielen Bühnen dieser Jahre beliebt. Selbst George Grosz und John Heartfield ließen sich von diesem Stil anregen und entwarfen eine Reihe satirisch-grotesker Puppen für das Kabarett „Schall und Rauch". Ebenfalls in diesen Umkreis gehört Oskar Schlemmers „Triadisches Ballett", dem die Trias ‚Farbe-Form-Bewegung' zugrunde liegt und das 1922 mit der Musik von Paul Hindemith am Bauhaus aufgeführt wurde. Was hier die Szene beherrschte, waren eine Art ‚Übermarionetten' oder ‚wandelnder Architekturen', die sich in streng vorgezeichneten, stereometrischen Figuren bewegten, um selbst den Tanz, diesen unmittelbarsten Ausdruck des menschlichen Körpers, in einem expressionistischen Sinne zu ‚entmaterialisieren'.
Eine andere Richtung innerhalb dieser vom Expressionismus inspirierten Bühnenkunst ging mehr von technisch-mechanischen Elementen aus und entwickelte damit die Voraussetzungen zu jener ‚Apparatbühne', die im allgemeinen Bewußtsein mit dem Namen Erwin Piscators verbunden ist. Ihren entscheidenden Durchbruch erlebte diese Tendenz bei den ersten Inszenierungen von Goerings „Seeschlacht" (1918), deren Handlung sich im Panzerturm eines Kriegsschiffs abspielt, der mit seinen Lichtsignalen, Klingelzeichen, Leitern, Hebeln und blitzblankem Getriebe wie eine Art Schaumaschine vorgeführt wurde. Ähnliches sah man dann bei Aufführungen von Kaisers „Gas I" und „Gas II". Noch einen Schritt weiter ging El Lissitzky in seiner ‚elektro-mechanischen' Revue „Sieg über die Sonne" (1921), die in ihren Leuchtkonstruktionen und Farbformgestalten wie eine Mischung aus Tairoff und reiner Apparatbühne wirkte.
Eine dritte Gruppe innerhalb dieser Bewegung strebte bei ihren dramatischen Experimenten so stark ins Abstrakte und Entnaturierte, daß sie schließlich bei visionären Denkprozessen landete, die sich überhaupt nicht mehr aufführen lassen. So beschreibt etwa Kandinsky seine Bühnenkomposition „Der gelbe Klang" (1912) als ein chorisches Farbspiel, bei dem die rein geistigen Ideenverläufe des Ganzen und nicht die darin auftretenden Gestalten – die Riesen, der Mann, das Kind und einige „undeutliche Wesen" – das Entscheidende sind. Das gleiche gilt für Bruno Tauts Architektur-Schauspiel mit symphonischer Musik „Der Weltbaumeister" (1920), das unter dem Einfluß Kandinskys und der astralen Pantomimen Paul Scheerbarts geschrieben wurde. Hier verwandelt sich der gesamte Kosmos am Ende in einen strahlenden Kristallpalast, wodurch alles Natürliche in Formen des schaffenden Geistes umgestaltet wird.
Wesentlich schwieriger ist es, diesen Entnaturierungs- und Depersonalisierungsprozeß innerhalb der expressionistischen Musik zu beschreiben, da die Musik als

Kunstform von vornherein wesentlich abstrakter und konstruktivistischer ist und nicht wie die Literatur und die Malerei an die Wiedergabe bestimmter Wirklichkeitssegmente gebunden bleibt. Doch selbst hier gibt es solche Tendenzen. Und zwar zeigen sich diese am deutlichsten, wenn man sich auf expressionistischer Seite von den tonpoetischen, programmatischen oder rein illustrativen Tendenzen der Liszt- und Wagner-Schule abzusetzen versucht und sich um eine neue ‚Wesenhaftigkeit' des musikalischen Klanggefüges bemüht. So schreibt Hermann Erpf in seinem Buch „Entwicklungszüge in der zeitgenössischen Musik" (1922) im Hinblick auf die Werke Schönbergs, die ihm als Inbegriff der expressionistischen Tendenzen erschienen (S. 46):

> „Die neue Form ... wird fern sein von allem ‚Naturalismus', ‚Impressionismus', ‚Psychologismus', ‚Individualismus'. Ihre Ausdrucksabsichten sind nicht Gegensatz, Kampf, Leidenschaft, Zwiespalt, Sehnsucht, sondern ein Neues: Wesen, Sein, Sinn".

Daß diese These nicht aus der Luft gegriffen ist, sondern lediglich die allgemeine Tendenz ins Depersonalisierende umschreibt, kann man mit einer ganzen Reihe von Entwicklungstrends belegen. Da wäre erst einmal die Aufhebung der Melodie als innigstem Ausdruck menschlicher Gefühle, die sich in der expressionistischen Musik allenthalben beobachten läßt. Hatten noch Gustav Mahler und Richard Strauss gerade auf die Sangbarkeit, ja kulinarische Melodienfülle innerhalb ihrer Werke einen besonders großen Wert gelegt, so hört seit dem Schönbergschen Liederzyklus nach Georges „Buch der hängenden Gärten" (1909) und seinem „Pierrot lunaire" (1912) das ‚Aus-dem-Herzen-Gesungene', wie man diese spätromantisch-impressionistische Eingängigkeit des Melodischen immer wieder charakterisiert hatte, plötzlich auf. In diesen Werken werden gerade die unmelodiösen Begleitfiguren zur Hauptsache erhoben und die menschliche Stimme obendrein zu so extremen Intervallen gezwungen, daß der Eindruck des bewußt Konstruierten entsteht, bei dem ein nach direkter Gefühligkeit hungerndes Gemüt notwendig leer ausgeht. In anderen expressionistischen Liederzyklen oder Opern wird die menschliche Stimme oft rein orchestral eingesetzt und zudem der Text so stark verundeutlicht, daß sich der jeweilige Sänger in ein aller spezifisch ‚menschlichen' Qualitäten entkleidetes Instrument verwandelt.

Ähnliches vollzieht sich auf dem Gebiet des Rhythmischen, das bis ins späte 19. Jahrhundert lediglich der Abstützung des Melodiegefüges gedient hatte. Auch hier emanzipiert man sich von den bisher als ‚natürlich' empfundenen Drei-Viertel- und Vier-Viertel-Takten und schockiert seine Hörer mit den gewagtesten Polyrhythmen, die sich nur noch geistig, aber nicht mehr gefühlsmäßig nachvollziehen lassen. Ja, andere gehen soweit, die überlieferte Rhythmik überhaupt abzuschaffen oder durch eine gewaltsame Motorik zu ersetzen, die an Archaisches, Exotisches oder Urwaldhaftes erinnern soll. Doch selbst diese aufpeitschende Motorik vermittelt kein neues Naturgefühl, stößt nicht ins Kultische oder Religiöse vor, sondern wirkt eher wie eine Schlagzeugrhythmik, die in ihren Ver-

renkungen und Synkopisierungen unter dem Einfluß des Jazz schnell zu rein konstruierten Figuren erstarrt.
Das gleiche trifft auf die allgemeinen Kompositionsformen dieser Werke zu. Sogar hier überläßt man sich höchst selten dem ungehemmten Gefühl oder dem ‚Ruf der Natur', sondern operiert meist mit höchst komplizierten Aufbauprinzipien. Wohl das beste Beispiel dafür ist Alban Bergs „Wozzeck" (1923), der von vielen als Inbegriff einer ungehemmten Gefühlsdramatik empfunden und beschrieben wird, jedoch in Wirklichkeit eins der am strengsten gebauten Werke der gesamten Opern-Literatur ist. Sein erster Akt besteht aus fünf sogenannten ‚Charakterstücken': einer Suite, einer Rhapsodie, einem Marsch, einer Passacaglia und einem Andante affetuoso. Der zweite Akt gliedert sich in eine Symphonie in fünf Sätzen, deren Sätze folgende Titel tragen: Sonate, Fantasie und Fuge, Largo, Scherzo und Rondo marziale. Daran schließen sich im dritten Akt fünf verschiedene Inventionen an, die auf einem Thema, einem Ton, einem Rhythmus, einer Tonart und einer bestimmten Ostinato-Figur beruhen. Eine ähnliche Strenge des formalen Aufbaus ließe sich an Hindemiths „Cardillac" (1926) oder den verschiedenen „Orchesterstücken" nachweisen, die Schönberg, Berg und Webern zwischen 1909 und 1914 geschrieben haben.
Überhaupt drängt dieser expressionistische Konstruktivismus von Anfang an zu einer immer stärkeren Durchmathematisierung des gesamten klanglichen Materials. Es war daher kein Zufall, daß Joseph Matthias Hauer und Schönberg um 1914 unabhängig voneinander jene inzwischen weltberühmt gewordene Zwölftontechnik entwickelten, die aller bloß gefühlsmäßigen Expression eine strenge Schranke entgegensetzt und den Hauptnachdruck auf eine vom Geistigen her gezügelte Konstruktivität legt. Indem im Rahmen dieser kompositorischen Technik nicht das geringste dem Zufall, dem bloßen Ungefähr, der momentanen Laune oder Eingebung überlassen wird, erreicht auch die Musik schließlich jene absolute Stilisierung, die für den Expressionismus schlechthin kennzeichnend ist.
Kein Wunder, daß sich selbst in der expressionistischen Malerei, die an sich viel stärker auf die Wirklichkeit bezogen ist, nur wenig von der in diesen Jahren so stürmisch proklamierten ‚neuen Menschlichkeit' finden läßt. Blühende Natur und innig-blickende Gemütsmenschen bleiben auch hier eine Rarität. Wie schon in der Literatur dominieren nicht die Abbilder, sondern die Sinnbilder. Bei fast allen Malern dieser Richtung wird die Fülle des Wirklichen radikal ins Wesenshafte reduziert und damit ins Dingliche versachlicht. Während die Biedermeier, Realisten und Naturalisten noch fleißige Schilderer der sie umgebenden Umwelt waren, benutzt man im Expressionismus das Gesehene nur noch als Anregung zu einer Stellungnahme bestimmten Problemen gegenüber. Was dadurch entsteht, sind weitgehend Begriffs- oder Gedankenbilder, aber keine Wirklichkeitsporträts. Die meisten Bilder sollen nicht um ihrer Themen, sondern um ihrer künstlerischen Behandlung willen geschätzt werden. Das Motiv ist oft gar nicht so wichtig, ja fast gleichgültig. Wie bei den typisierten Figuren und Handlungen der expres-

sionistischen Literatur steht weniger der Eindruck des geschickt Reproduzierten als der des Eigenlogischen und bewußt Geschaffenen im Vordergrund. Und damit existiert auch hier die Welt letztlich nur im Begriff, im phänomenologisch Konstruierten. Im Gegensatz zur älteren Lebens- und Natur-Kunst, die sich stets darum bemüht hatte, alle Spuren der künstlerischen Produktion sorgfältig zu verwischen, um dem Beschauer die vollendete Illusion eines wirklichen ‚Bildes' zu geben, wählt man jetzt gerade den umgekehrten Weg: den der Bewußtbarmachung des Künstlichen, ästhetisch Produzierten und damit der Materie geistig Abgerungenen.

Die expressionistischen Sinnbilder sollten daher nicht mit herkömmlichen Repräsentativformen wie den Allegorien des Mittelalters verwechselt werden. Denn dort war es ja gerade der zum Bild gewordene Begriff, dem man die volle Realität zuerkannt hatte. Man denke an den stellvertretenden Charakter einer Statue, die von vielen Gläubigen als der Besitzer und Bewohner einer bestimmten Kirche aufgefaßt wurde. Während die Wirklichkeit des Menschlichen in diesen Jahrhunderten weitgehend als Schein abgewertet wurde, sah man in diesen Bildern, vor allem den Kultbildern, die eigentliche Realität, das eigentliche ‚Sein'. Ebensowenig darf man die expressionistischen Sinnbilder mit den zwischen 1910 und 1920 so beliebten Negerfetischen auf eine Stufe stellen. Denn der Neger oder echt Primitive sieht ja gerade in einer solchen Statue ein mit übermenschlichen Kräften begabtes Wesen, etwas Magisches, Ewiges und damit letztlich viel Realeres als seine eigene von Schwäche und Tod gezeichnete Existenz.

Im Expressionismus sind dagegen selbst die Götter- oder Heiligenbilder nur bewußt konstruierte Gebilde, nur Farb- und Formkonglomerate, nur Stilleben, nur ‚Kunstwerke'. Seine Gemälde besitzen weder das Magische noch das Heile, weder das Würdige noch das Liebenswürdige älterer Kunst. Im Bereich dieser Schaffensethik gibt es keine Vor- oder Kultbilder mehr, sondern lediglich ästhetische Produkte. Geradezu alles – ob nun Gott, Mensch oder Natur – wird hier der Wirklichkeit entzogen, einer bestimmten Idee unterworfen und damit ins Künstlerische umgeschaffen. Im Gegensatz zu jeder älteren Einfühlungsästhetik, wie sie zuletzt Theodor Lipps vertreten hatte, gilt für fast alle expressionistischen Bilder der zuerst von Wilhelm Worringer propagierte Begriff ‚Abstraktion', unter dem letzterer eine „latente, innere Forderung" verstand, die auch unabhängig vom Objekt für sich bestehen kann.

Eine solche Tendenz führt zwangsläufig zum konsequenten Abbau alles ‚Natürlichen'. Wohin man auch blickt, bewirkt dieser Antirealismus eine fortschreitende Gestaltzertrümmerung und damit Umsetzung der Wirklichkeit ins Materiallose. Allenthalben löst sich auf expressionistischen Bildern die Natur in kubische Formen, kristalline Facetten, grellfarbige Flächen, dekorative Muster oder plakathafte Vereinfachungen auf. Und zwar läßt sich dabei eine deutliche Entwicklung vom noch relativ Naturnahen bis zum völlig Gegenstandslosen beobachten. Den Auftakt zu dieser Entnaturung und Depersonalisierung bilden die dekorativ vereinfachten Bilder eines August Macke, Franz Marc, Josef Ebers, Heinrich Campendonk und Johannes Itten, die unter dem Einfluß des französischen Orphismus ihre Landschaften, Tier- und Parkbilder zu teppichhaften Mustern ornamentalisieren oder einem dekorativen Glasfensterstil huldigen. Parallel dazu entwickelt sich bei den Malern der „Brücke" und Emil Nolde eine Reduzierung auf die reine Farbe oder die reine Form, die in letzter Konsequenz – wie bei Schmidt-Rottluff – schon fast ans Kubistische grenzt. Noch stärker emanzipieren sich dann Kandinsky, Klee und Georg Muche von jeder Naturbezogenheit: sie konzentrieren sich rein auf die ‚geistigen' Ausdruckswerte bestimmter Form- und Farbkonstellationen und schaffen bereits das, was später als ‚abstrakte Malerei' bezeichnet wurde.

Von der hochgepriesenen ‚Natur' bleibt bei diesem Prozeß nicht viel übrig. Selbst da, wo Pflanzen, Tiere oder Landschaften dargestellt werden, tritt sofort eine merkliche Reduzierung ins Formale und Mathematisierte ein. Man denke an jene Holzschnitte Schmidt-Rottluffs, deren rein konstruierte Bäume wie Kreuze oder Mahnmale in den Himmel ragen. Auch auf Feiningers Ostseebildern sieht man nicht in erster Linie Strand, Wellen und Segelboote, sondern reine Flächen und Kuben, die auf eine ‚interessant' formalisierte Weise ineinandergreifen oder gegeneinander geschachtelt werden. Das gleiche gilt für manche Blumenstilleben von Christian Rohlfs, auf denen man zunächst die Farben und Linien und erst dann die Chrysanthemen und Orchideen wahrnimmt, die dem Ganzen als thematischer Vorwand zugrunde liegen. Ebenso verfahren Kirchner, Heckel, Pechstein und Otto Mueller, falls sie überhaupt einmal reine Landschaftsbilder malen. Ja, selbst Franz Marc, der noch am bekanntesten für seine Landschaften und Tiere ist, unterwirft seine Bilder stets einer genau ausgeklügelten Eigenlogik, nach der sich alles ‚Organische' in ein vorher festgelegtes Raster einpassen muß. Sogar ihm, dem sogenannten ‚Romantiker' unter den Frühexpressionisten, geht es weniger um das Gemüthafte, Zufällige oder Ungezwungene der freien Natur als um das konstruierte ‚Gebilde'. Das beweist sein berühmter „Turm der blauen Pferde" (1914), wo Marc die dargestellten Pferde nicht nur ins Blaue verfremdet, sondern zugleich ihre Leiber zu einer Pyramide aufschichtet, in der eine spezifisch ‚konstruktivistische' Tendenz zum Ausdruck kommen soll. Weniger das wirklich Existierende steht hier im Vordergrund als die vom Menschen objektivierte Geistesform, die auf alle ‚realistischen' Details bewußt verzichtet. Diese Pferde sind kein herrscherliches Monument, kein Ersatz für ein verstorbenes Lieblingstier, wie es dem Denken der älteren Kult- und Lebenskunst entsprochen hätte, sondern lediglich Manifestationen des Begriffes ‚Pferd', der mit rein malerischen Mitteln transparent gemacht wird.

Noch deutlicher zeigt sich diese Depersonalisierung und Entnaturung, wenn man sich den Menschen selber zum Sujet erwählt. Sogar er wird im Expressionismus rein als beliebig formbare Materie, als Sache, als künstlerische Angelegenheit aufgefaßt und damit aller Hoheits- und Sympathieelemente entkleidet. „Die Würde, die sonst die dargestellten Personen im Bilde beanspruchten", schreibt Richard Hamann 1917 in seinem Büchlein „Krieg, Kunst und Gegenwart", „empfängt jetzt das Bild selbst. Nicht Ausdruck zu geben, ist das Problem, sondern das, was sonst dem Ausdruck am fernsten zu stehen pflegte, Geometrie, Architektonik, Linienhaftigkeit über das Persönliche hinweg zum Träger des Ausdrucks zu machen, das ist die Forderung des Tages" (S. 79). Anstatt also den Menschen als etwas Einfühlsames oder Nacherlebbares zu porträtieren, werden seine Formen einfach breit schlagend hingehauen, in Facetten aufgespalten, in abstrakte Schemata umgesetzt, in willkürliche Quadrate zerlegt, in bloße Linien und Flächen hineingepreßt – oder was es sonst noch an expressionistischen Ausdrucksmitteln gibt. Das Persönliche, das Seelische, das Ausdruckshafte wird dagegen weitgehend eliminiert. Selbst der Mensch ist in dieser Malerei nur noch ein Begriff, eine Chiffre, ein Stilleben, ein Urwesen. Männliches wird ins Brutale oder Denkerische, Weibliches ins Verführerische oder Schwache stilisiert; Jugend erscheint als leidenschaftlich, Alter als gebrechlich. Jedenfalls bedient man sich meist irgendwelcher idealtypologischen Klischees, wodurch das menschliche Urbild, das diesen Porträts zugrunde liegt, in vielen Fällen völlig unerkennbar bleibt. An seine Stelle tritt auch hier die Erfindung, das konstruierende Umschaffen des Natürlichen ins ‚Wesenhafte' und damit die Reduzierung des Menschen auf die Ebene des Objekts, der Sache, der Produkte.

Wie weit diese Deformation oder Entrealisierung manchmal geht, läßt sich an vielen Beispielen ablesen. So wählt etwa Oskar Schlemmer bei seinen Menschendarstellungen fast immer irgendwelche mannequinartigen Rundköpfe mit rein typisierten Gesichtern, bei denen man fast den Eindruck hat, als seien sie am Fließband hergestellt worden. Klee und Feininger bevorzugen meist reine Linien, Drahtgerippe oder Architekturelemente, wenn sie auf ihren Bildern als Konstruktionsdetail auch einmal Menschen verwenden. Ähnlich konstruktivistisch verfährt Rudolf Belling, der bei seinen Porträtbüsten vorwiegend Messing oder vergoldetes Holz verarbeitet, wodurch seine Köpfe einen glänzenden und doch seltsam leblosen Eindruck erwecken. Jawlensky, der auf seinen frühen Frauenporträts durch drohende, schräg gestellte Augen vor allem das Dämonische betont, geht später dazu über, das menschliche Antlitz nur noch als Vorwand für geometrische Variationen zu benutzen, die lediglich aus wenigen Farbtupfen und genau kalkulierten Strichen bestehen. Nolde hingegen neigt bei seinen Porträts mehr zum Plakat-, Fratzen- oder Maskenhaften. In den grellsten Farben wird hier alles mit ein paar Klecksen einfach hingehauen und damit völlig ins Archaische deformiert.

Die meisten expressionistischen Porträts wirken daher weder herrscherlich noch magisch, weder sympathisch noch unsympathisch, sondern wie reine Konstruktionen. Ohne besondere Anteilnahme werden hier Menschengesichter in Maskenstilleben, Glasfensterornamente oder geometrische Formspielereien verwandelt, was ihnen fast den Charakter von Gebrauchsgegenständen gibt. Alles Einfühl-

same, Religiöse oder Personenkultische, das früher mit solchen Darstellungen verbunden war, tritt dagegen mehr und mehr in den Hintergrund. Nicht Menschen erscheinen auf diesen Porträts, sondern versachlichte Bildarchitekturen, deren wichtigstes Charakteristikum die für den Gesamtexpressionismus bezeichnende ‚Depersonalisierung' ist. Unter Ausschaltung aller Intimität und Beseelung wird hier das menschlich Einmalige – ob nun in der Form des Verehrenswerten, Vorbildlichen und Mitfühlsamen – weitgehend eliminiert. Auf diesen Gemälden geht es nicht mehr um Gestalten, die uns persönlich nahetreten, sondern um solche, die wir von uns aus als ‚Bild' betrachten, und zwar eines Bildes, das mit der ganzen Ungebrochenheit der expressionistischen Ausdrucksmittel auch das Grelle, Kantige, ja Häßliche und Verzerrte nicht scheut.
Was also die expressionistische Malerei wirklich darstellt, ist nicht das ‚Humane', sondern die Kraßheit ihrer eigenen Ausdrucks- und Darstellungsmittel. Diese Verselbständigung von Farbe und Form hatte sich bekanntermaßen bereits im Impressionismus, Neoimpressionismus und Jugendstil angebahnt. Doch wirklich zum Selbstzweck wird sie erst in dieser Epoche. Erst jetzt kommt es zu Linien, Farben und Flächen, die nicht mehr für ein Wirklichkeitselement stehen, sondern lediglich der Herausarbeitung einer bestimmten Idee, einer gedanklichen Wesentlichkeit oder eines bloßen Formprinzips dienen. Anstelle der glitzernden Farbenräusche des Impressionismus oder der floralen Linienverschlingungen des Art Nouveau dominieren auf einmal Flächen ohne Raum, Körper ohne Körperlichkeit, Farben ohne Naturvertretung, die immer stärker ins Mathematische oder Abstrakte hinüberspielen. Was als spontane Radikalisierung der malerischen Eigenmittel begonnen hatte, wie etwa im Bereich der „Brücke", entwickelt sich daher im Laufe des Expressionismus allmählich zu einem Trend ins Geometrisierende und Konstruktivistische, der weder Eindruck noch Ausdruck will. Eine wichtige Rolle spielten dabei der aus Italien nach Deutschland übergreifende Futurismus und der aus Frankreich importierte Kubismus. Doch – genau genommen – tendiert dieser Antinaturalismus von Anfang an zu einer Repräsentationslosigkeit, die auf alle Wirklichkeitsanspielungen verzichtet und die rein ästhetischen Konstruktionselemente zum Bild selbst erhebt. Man denke an manche Gemälde von Kandinsky und Klee, wo sich die Präponderanz der Farben und Linien so stark verselbständigt, daß schließlich nur ein abstraktes Gerüst von Strichen, Punkten, Kreisen und Flächen übrigbleibt. Hier zeigt sich, daß die expressionistische Tendenz zur Destruktion zugleich eine Tendenz zur Konstruktion ist, wie überhaupt diese beiden Grundantriebe ständig ineinandergreifen.
Aufgrund der fortschreitenden Abstraktion sind die Sujets dieser Bilder manchmal bloß noch reine Seh- oder Denkelemente, die aus den Bereichen der ‚reinen Geistigkeit' stammen. Diese Gemälde wollen weder etwas schildern noch den Eindruck des Dekorativen erwecken, sondern den Beschauer mit dem Erlebnis der ‚freigesetzten Intellektualität' beglücken. Während im Impressionismus noch rein die Subjektivität des Sehens im Vordergrund stand, verlagert sich hier die

Subjektivität mehr in den Bereich des Kompositorischen, ja des Bildnerischen überhaupt. Und damit wird das gemalte Bild endgültig zur ‚Sache', zum Gebilde, das jenseits aller natürlichen oder persönlichen Wirklichkeitsbezüge steht. Das Inhaltliche ist in dieser Art von Malerei nur noch Begriff, nur noch geistiges Produkt, nur noch Material des Verstandes. Nicht aus den empfangenen Realitätsimpulsen, sondern gerade aus der Zertrümmerung des Wirklichen und damit Auflösung des Natürlichen ergibt sich hier die Bildidee. So betrachtet, ist nicht das Dargestellte, sondern lediglich der es repräsentierende Gedanke das eigentlich Wertvolle an diesen Bildern. Neben den zum Abstrakten neigenden Gemälden eines Kandinsky und Klee zeigt sich das am besten in den Architekturbildern des Expressionismus, vor allem denen von Feininger, die auf alle vordergründige Porträthaftigkeit verzichten und lediglich einen kristallin-aufgesplitterten Strukturaufriß bieten, der gerade in seiner absoluten Gestaltzertrümmerung einen neuen Bildaufbau sichtbar werden läßt.

Daß sich diese Tendenz ins Konstruktivistische mehr in der Malerei als in der Architektur dieser Ära ausgewirkt hat, liegt weitgehend an äußerlichen Gründen. Gemälde kann man auch in Kriegszeiten malen; zu großen Bauten gehören jedoch Zeiten ökonomischer Stabilität. Expressionistisch eingestellte Architekten hatten daher zwischen 1914 und 1923 kaum Chancen, ihre Pläne und Visionen in die Tat umzusetzen. Der Krieg, der Zusammenbruch, die Inflation, die antimodernistisch empfindenden Geldgeber der öffentlichen Hand: all das verhinderte ein wahrhaft ‚expressionistisches' Bauen. Was uns darum überliefert ist, sind vorwiegend Skizzen, Träume und Phantasien. Doch diese sprechen deutlich genug, um auch in der expressionistischen Architektur eine unübersehbare Tendenz ins Denaturierende und Depersonalisierende erkennen zu lassen. Hatte man um 1900 im Bereich des Jugendstils und der neudeutschen Monumentalkunst den meisten Bauideen eine spezifisch ‚organische' Note gegeben und zugleich den menschlichen Körper als plastisches Schmuckelement verwandt, so bevorzugt man im Rahmen der expressionistischen Architektur weitgehend das Anorganische, Sachliche und Ornamentlose, wie es sich seit 1910 in den Werkbund- und Purismus-Tendenzen anzudeuten beginnt. Nicht mehr das Wellenförmige, Verknorpelte, Gerippte, Verästelte, elegant Gekurvte oder im weitesten Sinne erotisch Suggestive steht jetzt im Mittelpunkt, sondern geometrisch erdachte Formen, die sich von allen Vorbildern in der Natur mehr und mehr distanzieren.

Eins der frühesten Beispiele dafür ist das 1910 in Wien errichtete „Haus Steiner" von Adolf Loos, das so aussieht, als hätte man es aus Pappkartons oder Zigarrenkisten zusammengesetzt. Im Vergleich zu den schmucküberladenen Bauten der Wiener Sezession – wie etwa dem „Haus an der Wienzeile" (1910) von Adolf Wagner mit seinen die ganze Fassade überspinnenden Blumenranken – wirkt das Loossche Haus wie ein Manifest der konsequentesten Sachlichkeit, das in seiner ausdrucksvollen Kantigkeit, ja geradezu Häßlichkeit genau den im Expressionismus angelegten Tendenzen zu einer neuen Primitivität entspricht. Ebenso deutlich äußern sich diese Tendenzen ins Anorganische und Kastenartige in den von Heinrich Tessenow entworfenen Reihenhäusern in Dresden-Hellerau (1910 bis 1912), dem Gropiusschen Fabrikbau auf der Kölner Werkbund-Ausstellung (1914), dem Stuttgarter Hauptbahnhof (1913–1927) von Paul Bonatz, der Innenausgestaltung des Großen Berliner Schauspielhauses (1918–1919) von Hans Poelzig oder den Räumen der Berliner „Scala" (1922) von Rudolf Belling und Walter Würzbach, wo unter Verzicht auf jede Ornamenthaftigkeit rein tektonische Grundformen wie Rhomben, Zylinder, Kreise oder Ovale vorherrschen. Hier merkt man immer stärker, worauf der Expressionismus eigentlich hinauswill: nicht auf die seelische Entgrenzung, sondern auf eine ins Sachliche umgesetzte Intellektualität, die sich nur noch dem Ethos der Produktivität gegenüber verpflichtet fühlt.

Ein besonders instruktives Beispiel für diese Tendenz ins Anorganische ist die symbolische Funktion, die das ‚Gläserne' in der expressionistischen Architektur besitzt. Dafür spricht schon das berühmte Glashaus, das Bruno Taut 1914 auf der Kölner Werkbund-Ausstellung errichtete und das allgemein als Sensation empfunden wurde. Unter konsequentem Verzicht auf alles Organische handelt es sich hier um eine reine Glas-Eisen-Konstruktion, die man wie ein abstraktes Gemälde bewundern soll. Während der Jugendstil selbst das Gläserne in den Gesamtfluß seiner Linien hineingezogen hatte – und zwar meist durch farbige Bleiverglasungsmosaike, die in ihrer Grün- und Blaufärbung und ihrer wirren Linienführung den Eindruck des Algenhaften erwecken – betont der Expressionismus stets den scharfen, spitzigen, kristallinen Charakter des Glases, um es als Symbol der reinen Geistigkeit verwenden zu können. In Anlehnung an Paul Scheerbarts utopische Schrift „Glasarchitektur", die 1914 im „Sturm"-Verlag erschienen war, bildete sich deshalb um junge Architekten wie Finsterlin, Krayl, Hablik, die Brüder Taut und die Brüder Luckhardt eine aktivistische Gruppe, die sich die „Gläserne Kette" nannte, um sich damit zu einer kristallklaren Geistigkeit und einem kommuneartigen Gemeinschaftsideal zu bekennen. Hermann Finsterlin faßte das Programm dieser Gruppe einmal darin zusammen, daß man aus „dem natürlich Organischen ins grenzenlos künstlich Organische", das heißt Anorganische strebe, was haargenau den hier beschriebenen Tendenzen entspricht. Es ist daher nur konsequent, daß Bruno Taut 1919 in seinem Buch „Alpine Architektur" nichts weniger als einen Umbau der gesamten Alpen aus dem Organischen ins Anorganische propagierte, um endlich die Zufälligkeit der Natur zu überwinden und sie zu anorganisch-kristallinen Formen umzuschaffen, in denen sich der ‚produktive' Charakter des menschlichen Geistes manifestiert.

II. Das Ethos der Produktivität

Das zwar weitgehend unbewußte, aber letztlich entscheidende Ziel der expressionistischen Revolution ist also nicht das Bemühen, der versachlichten Welt der modernen Industrie eine Welt der ‚natürlichen' Freiheit entgegenzusetzen, wie das von irrationalistischen Enthusiasten unter den Expressionismus-Forschern manchmal behauptet wurde. Man könnte eher umgekehrt sagen, daß die eigentliche Zielvorstellung dieser Bewegung darin besteht, allem ‚Organischen' eine Sphäre des produzierenden Geistes entgegenzustellen, die sich eindeutig auf die industrielle Sachkultur hin bewegt. Obwohl man vordergründig meist f ü r die Natur eintritt, wird gerade die in vielen expressionistischen Manifesten so leidenschaftlich beschworene Natur in der tatsächlichen Schilderung und Gestaltung oft so weit ‚entnaturt', daß man sie kaum wiedererkennt. An diesem Prozeß ändern auch die vielen Bekenntnisse zum Unmittelbaren, Organischen, Seelischen, Mystischen oder mitleidsvoll Humanitären nichts, mit denen sich gewisse Radikal-Expressionisten in diesen Jahren Gehör zu schaffen versuchten. Das sind Begleiterscheinungen fast aller Revolutionen, die in ihrer Sehnsucht nach Freiheit zur Metapher der ‚Entfesselung des Natürlichen' aus den frustrierenden Umklammerungen der herrschenden Klasse greifen. Mögen daher auch manche Literaten dieser Bewegung noch so ursprungsnah, noch so weltallergeben, noch so religiösinbrünstig daherkommen und vom ‚Bau neuer Kathedralen' schwärmen, in Wirklichkeit ist gerade der Expressionismus eins der folgerichtigsten Glieder innerhalb jener Entwicklungsreihe, die aus dem Bereich des Organischen immer stärker zu einer fortschreitenden Versachlichung alles Natürlichen drängt. Trotz aller Berufungen auf das Archaische, die Naturvölker oder den ‚gotischen Menschen' tendiert er letztlich nicht zum Neo-Primitiven, sondern zum Konstruktivistischen.

Es ist auffällig, wie sehr man sich seit den zwanziger Jahren bemüht, diese Antinomie zwischen dem Organischen und dem Technifizierbaren im Sinne einer Parteinahme für das historisch Veraltete aufzulösen. Immer wieder wird gerade das Seelisch-Entgrenzte und Religiöse am Expressionismus hervorgehoben, während die fortschreitende Depersonalisierung oder Entnaturierung als einseitiger Verlust an menschlicher ‚Substanz' oder anderer unklarer Gemütswerte hingestellt wird. Ständig engagiert man sich im Sinne überlieferter ‚Menschlichkeit' gegen die ‚unheilvolle' Mechanisierung und Technisierung, die sich hier anbahnt, und verhält sich falsch humanitär, religiös oder sentimental, da man die innere Dialektik dieser Spannung nur in einem konservativen Sinne zu deuten und zu bewältigen versteht. Man denke an die stattliche Reihe von Büchern, die sich von José Ortega y Gassets „La deshumanisación del arte" (1925) bis zu Hans Sedlmayrs „Verlust der Mitte" (1948) zieht, in denen diese immer stärker werdende Neigung zum Anorganischen als Zug zum Niederen, als Aufhebung der Unterschiede zwischen oben und unten, als antihumanistische Entwürdigung, als Entseelung, ja geradezu als ‚Entartung' hingestellt wird, die sich nur durch eine konsequente Aufwertung aller in Frage gestellten bürgerlichen ‚Gemütswerte' wieder rückgängig machen lasse. Doch steckt nicht in diesem Abbau des Natürlichen und Seelenhaften auch ein positiver Prozeß? Muß man nicht erst das Religiöse und im älteren Sinne mitleidsvoll Humanitäre beseitigen, wenn man eine Auflösung aller feudalistischen und frühbürgerlichen, das heißt vorindustriellen Wertvorstellungen herbeiführen will? Und zwar nicht nur im Leben, in der Gesellschaft, in den Wirtschaftsformen, in der Politik, sondern auch in der Kunst?

Wie alle historischen Fragestellungen läßt sich auch dieses Problem nur sinnvoll erörtern, wenn man es vor dem Hintergrund seiner eigenen Geschichte sieht. Einmal ganz grob gesprochen, konzentriert sich die mittelalterliche Kunst vor allem auf den Gottmenschen, den anbetungswürdigen Kultmittelpunkt und sein Gefolge: also das, was mit Begriffen wie Hoheit und Würde umschrieben wird, denen sich der normale Sterbliche bedingungslos unterwerfen muß. Die neuzeitliche Kunst, wie sie sich in der Renaissance entwickelt, beschäftigt sich dagegen mehr mit dem Mitmenschlichen: also dem, was am Durchschnittsmenschen und seiner Umgebung als mitfühlend erfaßt werden kann. Diese beiden Formen des Menschseins und seiner ästhetischen Widerspiegelung hatten in den religiös-restaurativen und realistischen Tendenzen des 19. Jahrhunderts ihre letzte Aufgipfelung erfahren, waren jedoch seit der Gründerzeit durch die fortschreitende Industrialisierung weitgehend überholt oder zumindest ‚aufgehoben' worden. Der Mensch der Industriegesellschaft ist bei weitem nicht mehr so direkt auf die unmittelbare Gnade oder Güte seiner Mitmenschen angewiesen, wie das in vergangenen Jahrhunderten der Fall war, wo alle zwischenmenschlichen Beziehungen noch stark von persönlichen Abhängigkeiten und patriarchalischen Hoheitsvorstellungen durchsetzt waren. Durch die immer effektiver durchgeführte Mechanisierung und Automation der industriellen Produktionsweisen wird dagegen die Herstellung der sogenannten Gebrauchsgüter mehr und mehr durch Fabrik und Maschine garantiert. Das Warenhaus und das Einkaufszentrum vermitteln fast alles, was man zum Leben braucht, ohne daß dabei eine direkte Bekanntschaft zwischen Hersteller, Vermittler und Verbraucher eintritt. Selbst in den Produktions- und Verwaltungszentren, den Fabriken und Büros werden sich die Menschen aufgrund der Größe des Apparats untereinander immer fremder. Was es einmal an personalen Bindungen im Sinne von Fürst und Gefolge oder Herr und Knecht gegeben hat, tritt seit der Mitte des 19. Jahrhunderts mehr und mehr in den Hintergrund. Durch diesen fortschreitenden Zivilisierungs- und Technisierungsprozeß werden schließlich auch die menschlichen Umgangsformen durch Lochkarten, Statistiken und maschinelle Datenverarbeitung so indirekt, so verdinglicht, ja mechanisiert, daß von den personenkultischen oder im älteren Sinne ‚mitfühlenden' Elementen im zwischenmenschlichen Verkehr kaum noch etwas übrigbleibt. Man kann dies als einen Verlust an Gemüthaftigkeit, aber auch als einen Gewinn an Sachlichkeit und damit Freiheit im praktischen Sinne interpretieren. Jedenfalls ist diese moderne Objektivierung nichts, was sich mit forcierter Beseelung, sentimentaler Naturanbetung oder gemüthafter Pflege familiärer Bindungen wieder beseitigen oder korrigieren ließe.

Statt Kultkunst oder Lebenskunst, die dem Bürgertum des 19. Jahrhunderts noch als die beiden höchsten Ausdrucksformen der Kunst überhaupt erschienen, wird daher in gewissen expressionistischen Gruppen – vor allem auf malerischem und architektonischem Gebiet – eine ‚Sachkunst' propagiert, die sich endlich mit den prinzipiell veränderten Lebensbedingungen des technischen Zeitalters auseinandersetzt. Schließlich ist es nur konsequent, wenn der Grundzug einer auf fabrikmäßig hergestellter Massenproduktion beruhenden Gesellschaft nicht mehr durch die Person, sondern durch das Produkt, die Leistung, das Geschaffene bestimmt wird. In einer solchen Wirtschafts- und Gesellschaftsordnung grenzt es geradezu ans Absurde, wenn man sich darauf versteifen würde, aus fehlgeleitetem Protest gegen die fortschreitende Mechanisierung sogar Subhumanes wie die Natur vermenschlichen zu wollen. Viel richtiger wäre hier der umgekehrte Weg. Denn nur wenn man sich bemühte, alle hierarchischen oder bürgerlich-humanitären Konzepte aufzugeben und sich zu einer durchgreifenden Depersonalisierung durchzuringen, entginge man der Gefahr, wieder in Geisteshaltungen zurückzufallen, deren Antizivilisationismus in den Bereich romantischer Utopien tendiert.

Es gab daher im Rahmen des Expressionismus auch Stimmen, die den Vorgang der Entnaturierung und Depersonalisierung durchaus positiv beurteilten und die in dieser Bewertung des Schöpferisch-Produktiven und Sachhingegebenen mehr die Aufhebung der älteren Rang- und Gemütsvorstellungen als den negativ enthumanisierenden Zug hervorhoben. Denn nur durch einen solchen Verzicht auf Vornehmheit und romantische Innerlichkeit, behauptete man in diesen Kreisen, in denen Leute wie Walter Gropius, Bruno Taut, Heinrich Tessenow, Fritz Schumacher und Adolf Loos tonangebend waren, könne endlich eine Tatgesinnung entstehen, in der nicht das, was man ist, sondern das, was man schafft, von der Gesellschaft als allgemein gültiger Maßstab anerkannt wird. Das wirkt schon wesentlich überzeugender als die ‚leidenschaftlichst' vorgetragenen Südsee- und Großmannssuchtideale. Auf diese Weise hätte man nämlich einen menschlichen Gradmesser, der sich nicht mehr an personenkultischen Werten wie Hoheit, Adel, Charakter oder geburtsmäßig übertragener Würde orientiert. In einer solchen Gesellschaftsordnung, wie man sie hier anvisiert, würden Begriffe wie ‚Leben' und ‚Produzieren' fast das gleiche bedeuten und damit der Leistungsbeitrag des Einzelnen zur allgemeinen Sachkultur das entscheidende Regulativ des gesellschaftlichen Zusammenlebens schlechthin werden. Durch diesen geradezu sozialistisch anmutenden Coup hofften Gropius und seine Anhänger, alle herkömmlichen Statussymbole mit einem Schlag in die Rumpelkammer der Geschichte zu befördern, wobei sie auf recht ‚idealistische' Weise den fünften Schritt mal wieder vor dem ersten machen wollten.

Es ist daher unumgänglich, erst einmal das ideologische Selbstverständnis dieser

Kreise etwas genauer unter die Lupe zu nehmen. Die hier propagierte ‚Leistungsethik' völlig in Ehren – doch wie läßt sich eine solche Energetik, eine solche Wertschätzung der Arbeit überhaupt realisieren? Die frühen Werkbund- und Bauhaus-Theoretiker hätten auf eine solche Frage mit entwaffnender Schlichtheit erwidert: Wohl nur aus dem Glück des Schöpferischen heraus, indem man die entfremdete ‚Arbeit' in ein nichtentfremdetes ‚Schaffen' verwandelt. Das leuchtet durchaus ein. Dazu gehört jedoch, daß man endlich aufhören würde, die Arbeit als notwendiges Übel, als Sklaverei, als Kampf ums Dasein zu betrachten, und sich statt dessen darum bemühte, ihr eine neue Eigenbedeutsamkeit zu verleihen. Solange sich nämlich Arbeit auf Befehl oder unter Zwang vollzieht, solange die Arbeiter als der unterste Stand gelten, solange man zwischen erhabener Geistesarbeit und entwürdigender Handarbeit unterscheidet, wird sich an der so oft beklagten ‚Entfremdung' nichts ändern. Solchen Tendenzen müssen ganz andere, ‚politische' Bewegungen zu Hilfe kommen, um ihnen eine echte Siegeschance zu geben. In Fragen dieser Art ist es mit Bauhaus-Idealen allein nicht getan.
Doch welcher Partei sollten sich diese Leute bis 1918 anschließen? Was die SPD oder die Gewerkschaften in dieser Hinsicht propagierten, waren weitgehend Vorstöße in der falschen Richtung gewesen. Hier hatte man sich vornehmlich auf gesellschaftspolitische Nahziele – wie den Achtstundentag – beschränkt und über solchen wohlmeinenden, aber kurzsichtigen Reformvorschlägen die Möglichkeit einer Umstrukturierung des gesamtwirtschaftlichen Gefüges aus den Augen verloren. Doch mit ausgedehnten Feiertagen, verkürzter Arbeitszeit und einem verlängerten Wochenende – um auch dem Arbeiter die Möglichkeit zu geben, an bestimmten Tagen den ‚Gentleman' zu spielen – läßt sich das Phänomen ‚Entfremdung' nun einmal nicht überwinden. Dasselbe gilt für die oft beschworene ‚Freizeitgestaltung', vor allem den Sport, die Naturverehrung und die Teilnahme an den ‚geistigen Gütern'. Denn durch sie wird die Unheilsabkehrung von der Arbeit als etwas Verächtlichem nur noch stärker. Und zwar kam man zu dieser Haltung, weil man sich immer wieder fragte, wie man den Arbeiter aus seiner Fron erlösen könne. Dagegen gab es kaum jemanden, der sich gefragt hätte, ob man nicht erst einmal die Arbeit aus den Klauen der kapitalistischen Depravierung erlösen müsse, anstatt ständig nach Freizeitsurrogaten zu streben, deren seelischer Befriedigungswert in den meisten Fällen sowieso höchst zweifelhaft bleibt. Aufs Ganze gesehen, wäre eine solche Höherbewertung und Verinnerlichung der Arbeit viel wichtiger gewesen als die Lösung der sogenannten ‚humanitären' Frage, die Einführung des von Bebel erträumten Zweieinhalbstundentags oder die expressionistische Revolution mit dem utopischen Ziel einer Abschaffung der Arbeit überhaupt.
Und damit stößt man notwendig auf viel ‚konkretere' Fragen. Denn zu einer wahren Leistungsethik gehört nun einmal die Forderung nach einer gewissen Mitteilhabe, einem Mitwissen und Mitbesitzen, die vielen Expressionisten aufgrund ihres unreflektierten ‚bürgerlichen' Privilegiendenkens, das den Besitz der

Macht als etwas Selbstverständliches empfindet, gar nicht in den Sinn kam. Eine wirkliche Verbundenheit und Sachhingegebenheit im Rahmen eines bestimmten Staates läßt sich nämlich nur dann erreichen, wenn man sich mit seiner Arbeit als etwas Eigenem – mir und meiner Gesellschaft Zugehörigem – identifizieren kann. Es muß schon eine Einsicht aller in die Fragen des Betrieblichen und der Verwaltung vorhanden sein, wenn man zu einer Standeserhöhung der Arbeit und des Arbeiters vordringen will. Nur in einem solchen System, wo man für sich und doch für die Allgemeinheit arbeitet, wäre ein Nichtstuer kein Gentleman mehr, sondern ein verächtlicher Parasit. Nur dann würde man nicht mehr das langersehnte Wochenende oder den blauen Montag, sondern die gesteigerte Produktivität feiern. Nur dann würde man die Werkstatt, das Büro, das Atelier wichtiger empfinden als das gemütlichkeitsumwitterte ‚Heim', in dem die bürgerliche Ära das einzige humane Reservat inmitten inhumaner Verhältnisse gesehen hatte. Nur dann würde man den Arbeitskittel nicht als etwas Entwürdigendes, sondern als Ehrenkleid betrachten, das von all jenen getragen wird, die über der Versorgung mit den nötigsten Gebrauchsgütern nie das größere Ganze aus dem Auge verlieren. Denn nur aufgrund einer solchen Gesinnung wäre man zugleich fähig, dem Prinzip der Produktivität eine Richtung ins Ideelle und Ästhetische zu geben, anstatt im rein materiellen Konsum zu ersticken.

Doch all das ließe sich wohl nur dann verwirklichen, falls man auf jeden privategoistischen Nutzen verzichten würde und selbst die geringste Arbeitsleistung aus freiem Antrieb, aus Liebe zur Sache verrichtete. Zu einer solchen Einstellung gehört jedoch ein völlig entromantisiertes Lebensgefühl, das sich vom Primat des Organischen und Gemüthaften radikal zu befreien versucht. Denn nur in einer Gesellschaft, in der nicht mehr das Natürliche als das Höchste gilt, was alles fabrikmäßig Hergestellte von vornherein weit übertrifft, sondern jedes Produkt als das Resultat eines gesellschaftsverpflichteten Leistungswillens betrachtet und eingeschätzt wird, wären wir endlich da, worauf der Expressionismus eigentlich hinaus will: bei der neuen Sachlichkeit.

Leider war jedoch dieses Ziel den meisten Expressionisten, die immer noch dem liberalen Ideal der atomisierten Gesellschaft und des rücksichtslosen Sichauslebens des Einzelnen nachhingen, nur zum Teil oder gar nicht bewußt. Ihr Wunschbild war immer noch die Trias ‚Natur, Erotik, leuchtendes Ich', die man stets dann hervorkramte, wenn es galt, sich in ungehemmter Bürgerlichkeit über das Kroppzeug der Arbeiter und Kleinbürger hinwegzusetzen. Zum Glück gab es jedoch auch andere Gruppen, denen gerade die Sachhingegebenheit als etwas durchaus Wünschbares erschien. Man denke an die bereits erwähnten Anhänger der Werkbund-Idee und des frühen Bauhauses, bei denen sich eine klare Tendenz ins Gemeinschaftliche abzeichnet, die nicht auf verschwommenen Romantizismen, sondern auf dem Prinzip kollektiv geleiteter Produktionsgemeinschaften beruht. Vor allem in den „Jahrbüchern" des 1907 gegründeten Werkbundes gebraucht man immer wieder Schlagworte wie ‚Sachlichkeit', ‚Schöpfung aus Liebe zur Sache', ‚Arbeit am Dienst des Ganzen' oder ‚Ethos der Produktivität', mit denen man der allgemein verachteten ‚Arbeit', und zwar gerade auch der Handarbeit, wieder einen geistigen Selbstwert zu geben versucht. Ja, manche stießen in diesem Punkte schon bis zur Forderung genossenschaftlicher Mitbestimmung, der Bildung von Konsumvereinen und schließlich der Errichtung eines allgemeinen Rätesystems vor.

Was alle diese Autoren und die mit ihnen verbundenen Gruppen ablehnten, war die im Großbürgertum immer noch dominierende Einstellung, in der Lösung der Arbeiterfrage lediglich eine ‚humanitäre' Angelegenheit zu sehen. Seit der Übernahme des Manchester-Kapitalismus und seiner programmatischen Verherrlichung des rücksichtslosen Sichauslebens hatten auch die deutschen Industriellen ihr schlechtes Gewissen auf diesem Gebiet weitgehend durch Wohltätigkeitsveranstaltungen, Stiftungen von Fürsorgeheimen, Geschenke an Fabrikveteranen oder die berühmten Wollstrümpfe für Arbeiterkinder zu beruhigen versucht. Die Wohlmeinenden unter ihnen, die sich neben ihrer Provitgier den Luxus einer eigenen ‚Seele' leisteten, waren obendrein bemüht gewesen, in der Beziehung zwischen Arbeitgeber und Arbeitnehmer eine gewisse ‚Herzlichkeit' walten zu lassen, um so allen Arbeitern das illusorische Gefühl zu geben, Angehörige einer großen ‚Familie' zu sein. Daran hatte selbst die Bismarcksche Sozialversicherungsgesetzgebung nicht viel geändert. Selbst in der Ära des Expressionismus wird daher von seiten der Besitzenden auf dem rein sachlichen Gebiet der Arbeitsleistung und Arbeitsentlohnung noch immer mit den rückständigsten Gemütswerten operiert, um sich nur ja nicht auf die Frage einer gerechteren Eigentumsverteilung einlassen zu müssen.

Demgegenüber vertreten die Anhänger der werkbundhaften Genossenschaftsidee das Konzept einer von allen falschen Gemütswerten befreiten, unpersönlichen, auf dem Prinzip der Sachlichkeit beruhenden Produktionsgemeinschaft, deren gemeinschaftsstiftendes Band lediglich der alles verpflichtende Leistungswille ist. Statt sich weiterhin den Befehlen des Unternehmers oder allgewaltigen Chefs beugen zu müssen, fordert man hier eine Werkgesinnung, die sich einzig auf das Vermögen zur Sachverständigkeit und die aufs Ganze bezogene Leistung stützt. So setzt sich Heinrich Tessenow immer wieder für „Gemeinschaftswesen" ein, bei denen nicht die „Privatarbeit", sondern die „Gesamtarbeit" im Vordergrund steht, wie es in seinem Buch „Hausbau und dergleichen" (1916) heißt (S. 4). Walter Gropius träumt in seiner „Denkschrift" vom gleichen Jahr von „Arbeitsgemeinschaften", in denen der „Künstler" gleichrangig neben dem „Kaufmann" und dem „Techniker" steht, was schon deutlich auf seine Bauhaus-Ideen vorausweist. Walther Rathenau dringt 1916 in seinem Buch „Von kommenden Dingen" auf eine fortschreitende „Vergeistigung" der Arbeit, wie sie nur in einem „Volksstaat" und nicht in einem „Klassenstaat" durchzuführen sei (S. 274). Richard Hamann stellt 1917 in seiner Schrift „Krieg, Kunst und Gegenwart" dem bürgerlichen Lebenskonzept das „moderne Ideal der Gemeinsamkeit" gegenüber, das heißt „das des Gemeinbesitzes, des Staates als güterschaffender Organisation, der Wissenschaft als Organisation von gemeinsamer wissenschaftlicher Arbeit, der Technik und Industrie als einer Vergesellschaftung des Menschen, deren gemeinsamer Inhalt im Sachzusammenhang der Warenproduktion beruht" (S. 33). Bruno Taut bekennt sich 1919 in seinem Buch „Die Stadtkrone", in dem er Städte entwirft, in deren Zentrum nicht mehr Kirchen und Schlösser, sondern allen Menschen zugängliche Gemeinschaftsbauten wie Theater, Museen, Bibliotheken und Volkshäuser stehen, ausdrücklich zu einem „Sozialismus", der sich von jeder „Herrschaft" distanziert und über die „Kluft der sich befehdenden Stände und Nationen hinweg" ins Gesamtmenschheitliche zielt (S. 59). Ebenso idealistisch klingt das Manifest „Baukunst im freien Volksstaat" von Gropius, das im „Deutschen Revolutionsalmanach auf das Jahr 1919" erschien, wo von einer „neuen gemeinsamen Geistigkeit" die Rede ist, ohne die jede schöpferische Produktion von vornherein sinnlos wäre (S. 134). Etwas konkreter wirken dagegen die Thesen in dem Band „Der Geist der neuen Volksgemeinschaft (1919), in dem Karl Korsch unter dem Titel „Die Politik im neuen Deutschland" eine „Gemeinwirtschaft" fordert, die auf der „eigennutzfreien Schaffenslust" zur „Autonomie befähigter Menschen" beruht (S. 69). Die Grundlage eines solchen Wirtschaftssystems sieht er in „Arbeitsstätten, an denen die zum Wohl des Ganzen notwendige Arbeit (Produktions- und Bildungsarbeit) aus Liebe zur Sache und aus Hingabe an die Gemeinschaft geleistet wird" (S. 71).

Überhaupt ist in den Jahren zwischen 1916 und 1921 die Luft voll von Ideen, die sich mit der Neuschaffung eines Staates der absoluten Vernunft, der ungeteilten Gerechtigkeit oder der schrankenlosen Hingabe an das größere Ganze befassen, wobei man zum Teil auf die schon seit 1910 von Heinrich Mann und den Pfemfertschen Aktivisten aufgestellten Ideale zurückgeht. Und zwar strebt man dabei – trotz aller Zentrierung der sozialen Kräfte – nicht zu jener ominösen ‚Volksgemeinschaft' unter einer starken Führergewalt, wie sie später die Faschisten verwirklichten, wo gerade das Unsachlichste und Reaktionärste, der Personenkult, im Mittelpunkt aller gesellschaftlichen Verhältnisse steht, sondern setzt sich – jedenfalls in Werkbund- und Bauhauskreisen – für eine sachbezogene Überpersönlichkeit ein. Statt heroischer Opferbereitschaft preist man hier das Prinzip der steigenden Produktivität, statt bohemienhafter Drückebergergesinnung die ungehemmte Schaffenslust, statt kapitalistischer Plutokratie ein sozialistisches Staatsgebilde, in dem auch die leitenden Funktionäre lediglich Angestellte sind und nach ihren Leistungen entlohnt werden. Was man dabei als Leitideologie herausstellt, ist nicht nur die Forderung nach Vervielfältigung und Verbilligung aller Gebrauchsgüter, sondern zugleich nach einer konsequenten Höherbewertung der Arbeit an sich, und zwar in Richtung auf das Geistige und Konstruktivistische. Während die romantischen Schwärmer des Expressionismus nach den Paradiesen der Südsee aufbrechen wollen, weil sie die Technik als Dämonie oder Teufelswerk empfinden, versucht man hier gerade das Gegenteil, nämlich die gesamte Natur ins Produkthafte und damit vom Menschen Umgeformte zu verwandeln.

Auf die Kunst bezogen, bedeutet das, daß auch der Künstler mehr und mehr zum ‚Produzenten' wird. Im 19. Jahrhundert hatte man ihn noch hauptsächlich als den großen Träumer und Fühler, den Verachter der Technik geschätzt, der sich von allem, was nützlich oder praktisch ist, sorgfältig fernzuhalten versucht. Als Künstler empfand man in dieser Ära vor allem die großen Außenseiter, die Inspirierten, die Genies, die Andersartigen, die Bohemiens, deren Hauptbestreben darin besteht, im Rahmen einer immer sachlicher werdenden Welt wenigstens in ihren Werken einen gewissen Rest an Natur und Menschlichkeit zu bewahren. Als Künstler galt hier nur der, der nicht arbeitet, sondern sich ganz seinen Stimmungen, Launen und Einfällen überläßt, um ganz er selbst, ganz ‚original' zu sein. Nach ihrem Beruf gefragt, hätten solche Künstler sicher die Konservierung der ‚Menschlichkeit' angegeben. Im Gegensatz zur höfisch-feudalistischen Welt des Barock war eine solche Haltung durchaus ein Fortschritt, denn in dieser gefühlvoll-ungezwungenen Menschlichkeit manifestiert sich eine merkliche Überwindung jener Vornehmheit und jenes Rangbewußtseins, wie sie für die zeremoniellen Herrschaftsformen des Absolutismus typisch sind. Doch andererseits führte diese Erlösung von höherem Zwang, diese neue Freiheitlichkeit, Mitmenschlichkeit und Entdeckung des ‚Natürlichen' zu einer steigenden Abwertung dessen, was als das ‚geschäftige Leben' galt. All das empfand man plötzlich als menschlich subaltern, ja geradezu deklassierend. Die „Werther"-Schwärmer, die Romantiker, die Byronisten und andere ästhetische Snobs des 19. Jahrhunderts vertraten deshalb immer wieder die These, daß der Mensch ‚in der Hast der täglichen Arbeit' gar nicht zu sich selber komme und notwendig verkümmere. Sobald man dagegen der ‚reinen Natur' gegenüberstand, brach man sofort in jubelnde Aufschreie wie ‚Hier bin ich Mensch, hier darf ichs sein!' oder ähnliche Entzückungen aus. Und so verschob sich die Aufgabe des Künstlers immer stärker dahin, den Arbeitenden als den ‚seelisch Armen' wenigstens im Medium der Kunst – durch innig gefühlte Lyrik, harmonienreiche Melodien oder stimmungsvolle Landschaftsbilder – den Abglanz einer wahren ‚Menschlichkeit' zu vermitteln.

Im Gegensatz dazu beruht die Künstlervorstellung der expressionistischen Produktivitätsfanatiker vor allem auf Kriterien wie Können, Leistung und wissenschaftlicher Einsicht. Wenn ein solcher Maler oder Schriftsteller etwas ‚Menschliches' darstellt, dann nur als gesteigerte Geistigkeit, als Begriff, als Phänomen. Er sieht seine Aufgabe nicht mehr in der Reproduktion, sondern in der Produktion. Statt einen ästhetischen Ersatz für die weithin angebetete Natur zu liefern, betrachtet er das ‚Gegebene' nur als Empfehlung, als Hinweis, als Vorwand zu freier, bewußter Schöpfung. Die Dinge, die er schildert, stammen weitgehend aus seiner eigenen Vorstellungskraft und verlieren damit den herkömmlichen Surrogatcharakter. Auch der Leser oder Betrachter solcher Werke soll in erster

Linie über sie reflektieren und sich nicht auf bürgerlich-empfindsame Weise mit allen Fasern seines Herzens in sie ‚einzufühlen' versuchen.

Auf der Basis solcher Prämissen wandelt sich das Bild des Künstlers, dessen religiöse oder mythenschaffende Funktion, wie schon Hegel behauptet, längst der Vergangenheit angehört, allmählich in das Image eines präzis arbeitenden Wissenschaftlers, der die Freude an der geistigen Kombination wesentlich höher stellt als jedes seelische Mitgefühl. Für einen Maler oder Schriftsteller dieser Art ist die Kunst wesentlich bedeutsamer als die Natur, das Geschaffene wichtiger als das Gegebene. Während das Bürgertum des 19. Jahrhunderts das ‚Gemachte', ‚Künstliche' noch weitgehend als Mißachtungsprädikate aufgefaßt hatte, wird von den Sachlichkeitstheoretikern der ideologische Nachdruck gerade auf das Konstruierte, Apparathafte, Nützliche und wissenschaftlich Brauchbare gelegt. Und damit wird auch der Künstler zum Sachbearbeiter und Fachverständigen, zum Künstler des ‚wissenschaftlichen Zeitalters', der sich nicht an das von der Natur vorgegebene Wesen der Dinge hält, sondern mit allem Einsatz seines handwerklich-technischen Könnens und seiner hochqualifizierten Geistigkeit ihre Umwandlung ins Phänomenologische und Modellhafte betreibt. Anstatt weiterhin zu den Drohnen, Bohemiens, Schmarotzern, Ästheten, geschmäcklerischen Rentiers oder bloßen Fühlern und Träumern zu gehören, will auch er ein ‚Arbeiter' sein, der sich allein durch die Brauchbarkeit seiner Leistungen ausweist. Neben abstrakten Slogans wie ‚Schöpfungsfreude statt Nachgefühl' finden sich daher schon um 1910 Bekenntnisse zum ausgesprochen Ingenieurhaften, die aus dem Ästhetischen immer stärker ins Technische tendieren. Was man hier ins Auge faßt, sind weniger Kunst- als Gebrauchsformen, die auf alles Surrogathafte verzichten und rein um ihrer ‚Sachlichkeit' willen geschätzt werden wollen. „Der moderne Techniker und Konstrukteur, der mit Weltblick begabte Geschäftsmann und Staatsmann, der Forscher", schreibt Rudolf Czapek 1909 im „Jahrbuch des deutschen Werkbundes", „an ihrer Geisteskraft und Energie wird auch die heutige und künftige Kunst zu messen sein. Das Zeitalter der elektrischen Maschine und der Luftfahrt wird seine Menschen erst noch heranbilden müssen; auch seine Künstler" (S. 46).

Durch Konzepte dieser Art entsteht bei gewissen expressionistischen Gruppen eine ganz neue Kunstgesinnung, die sich von aller ‚bürgerlichen' Sentimentalisierung zu distanzieren versucht und dafür das handwerkliche Können und die steigende Vergeistigung in den Vordergrund rückt. Für sie ist der Künstler kein Genie, sondern in erster Linie ein großer Macher, ein Ingenieur, ein Produzent. Und es ist in dieser Funktion, in der sie ihn mit radikal-idealistischer Emphase zum Vorbild der gesamten Gesellschaft erheben. Unter einem wahren Schriftsteller, Komponisten, Maler oder Architekten wird hier jemand verstanden, der seine Arbeit rein aus Liebe zur Sache tut, dabei stets an die Allgemeinheit denkt, sich jeder privategoistischen Subjektivität entäußert, weniger vom Stofflichen als vom Geistigen ausgeht und zugleich ein Äußerstes an handwerklicher Perfektion anstrebt. Im Sinne dieses Leitbildes verlangt man von jedem Menschen, ein Könner und damit ein Künstler auf seinem Gebiet zu sein, der sich darum bemüht, nur noch der Allgemeinheit Dienendes, Nützliches und Brauchbares herzustellen, was letztlich auf einen ‚Sozialismus der Leistung' hinausläuft, der in der Idee bereits im Idealzustand der klassenlosen Gesellschaft angesiedelt ist..

Eine solche Gesinnung findet sich natürlich eher im Bereich der angewandten als der sogenannten ‚freien' Künste. So sind etwa in der expressionistischen Musik solche aktivierenden Impulse relativ selten anzutreffen. Doch es gibt sie auch hier. Man denke an Schönbergs Methode „mit zwölf Tönen zu komponieren", die etwas bewußt Artifizielles und Depersonalisierendes hat, indem sie auf jedes ‚natürliche' An- und Abschwellen des menschlichen Gefühls verzichtet und dafür rein konstruktivistische Grundelemente wie Tonflächen, waagerechte Linienführung und scharf hervorgehobene Rhythmen akzentuiert. Ebenso deutlich zeigt sich diese Tendenz ins ‚Produktionshafte' in der auffälligen Verwendung alles Motorischen und Geräuschhaften, mit denen man die neue Klangwelt des ‚Maschinenzeitalters' zu beschwören versucht. Statt bürgerlich-spätromantische ‚Herzensinnigkeit' zum Klingen zu bringen, bevorzugen die Expressionisten weitgehend geklopfte, gestampfte und gehämmerte Arbeitsrhythmen, deren Dynamik etwas bewußt Anfeuerndes hat. Wohl der erste, bei dem diese Tendenz einen programmatischen Charakter bekommt, war Filippo Tommaso Marinetti, der 1920/21 in Paris eine Reihe ‚bruitistischer' Konzerte veranstaltete, die lediglich aus Geräuschen bestanden und als ein „Hoheslied" auf die Technik ausgegeben wurden. Doch auch in der Orchestermusik der zwanziger Jahre läßt sich diese futuristische Technikbegeisterung verfolgen. So komponierte Arthur Honegger 1923 seine Lokomotiven-Rhapsodie „Pacific 231", worauf Schostakowitsch ein Maschinen-Ballett, Hindemith seine Bühnenmusik zu Brechts „Flug der Lindberghs" und schließlich Bruno Stürmer 1929 eine „Messe des Maschinenmenschen" herausbrachten, die an ‚motorischen' Elementen nichts zu wünschen übriglassen.

Auch in der Literatur des Expressionismus ist die Tendenz, die Kunst zum Ausdruck des technisch-wissenschaftlichen Zeitalters zu machen, nur ansatzweise vorhanden. Doch selbst in dieser Sparte des ästhetischen Ausdrucks gibt es nicht nur Künstler, die weiterhin visionäre Träumer oder einfühlende Beschreibungstalente sein wollen, sondern auch solche, die sich eher an Leitbildern wie dem Ingenieur oder Konstrukteur orientieren. Obwohl Autoren wie Sternheim oder Kaiser nicht unbedingt Reißbrettdichter waren, behandeln sie doch die Sprache wie ein zu allen Zwecken dienendes ‚Material', das man im Sinne konstruktiver Ideen willkürlich ummodeln oder umkneten kann. Auch hier herrscht eine Atmosphäre, wo es nicht ‚wächst', sondern wo bewußt produziert wird. Während man früher die ‚Technik des Dramas' oder die ‚Technik des Romans', mit denen man im Natürlichen und Gegenständlichen eine gewisse Ordnung zu schaffen versuchte, so sorgfältig wie möglich vertuscht hatte, um dem Leser oder Betrachter eine vollendete Wirklichkeitsillusion vorzuspiegeln, werden gerade solche Elemente jetzt in aller Offenheit als Selbstzweck bloßgelegt, um damit von vornherein auf den Fabrikatcharakter eines bestimmten Werkes hinzuweisen. Statt des Organischen betonen solche Dichter eher das Konstruktive, statt der bloßen Expression eher die schöpferische Umwandlung des vorgegebenen Materials ins Begriffliche oder Phänomenologische. Selbst im Bereich der Naturlyrik, wo man solche Tendenzen noch am wenigsten erwarten würde, stößt man – wie in den Gedichten Trakls und Heyms – ständig auf Bezeichnungen wie ‚metallen', ‚bleiern', ‚kristallen' oder ‚silbern', in denen sich der gleiche Trend zum Anorganischen manifestiert. Das gleiche gilt für die in Afrika oder Neu-Guinea angesiedelten Werke, wo man trotz aller exotischen ‚Wildheit' nie auf das Geistreiche, Konstruierte und Artistische verzichtet und so den Leser unentwegt an das Gebildehafte oder Produktseiende des betreffenden Werkes erinnert. Überhaupt will man allenthalben Geist und nicht Natur demonstrieren, wodurch es auch in der expressionistischen Literatur – bei aller thematischen Kraßheit und extremen Tonlage – wiederholt zu auffälligen Durchbrüchen ins Apparatmäßige und Modellhafte kommt, die in ihrer Betonung des Technisch-Präzisen durchaus mit manchen frühen Bauhaus-Tendenzen korrespondieren.

Und so gibt es selbst in der Dichtung dieser Jahre, die – rein vordergründig betrachtet – eher die Thronerhebung des Herzens als des Intellekts glorifiziert, doch auch manchen Impuls ins Konstruktivistische und Sachverständige. Nicht jeder expressionistische Autor will lediglich ein anonymer Diener Gottes, ein Mann des tiefsten Gefühls oder eine Seele von Mensch sein. Dagegen spricht schon die unübersehbare Begeisterung, die bereits der deutsche Frühexpressionismus dem „Futuristischen Manifest" (1909) von Marinetti entgegenbrachte und die sich sofort in einer Fülle ekstatischer Eisenbahn-, Flugzeug- und Automobilgedichte niederschlug, in denen ein Loblied der Technik ertönt, das ganz im Zeichen des Aktivierenden und Energetisierenden steht. Man denke an Benns „D-Zug", Bechers „Lokomotiven" oder Wolfensteins „Luftschiff über der Stadt", die alle vom Rausch des Motorisierten durchzittert sind. Noch emphatischer kommt diese Technik-Begeisterung in Walter Hasenclevers Gedicht „Erster Flug" (1911) zum Durchbruch:

„Brich aus Jahrhunderten langer Enge,
Du hast begonnen – vollende die Welt!
Werde Form, was deine Maschine trug!
Hinaus denn, Zeit nach der ich dränge!
Sei Eisen! Sei Höhensteuer! Sei Flug!"

Nicht minder rauschhaft wirkt die erste Fassung des Gedichts „Der Panamakanal" (1914) von Iwan Goll, wo die technische Riesentat der Ozeanverbindung als ein großer, völkerbefreiender Akt gefeiert wird. Eine ähnliche Grundstimmung herrscht in dem Sensationsroman „Der Tunnel" (1913) von Bernhard Kellermann, in dem sich ein stahlharter Ingenieur gegen eine habgierige „Rotte von

Kapitalisten und Spekulanten" durchzusetzen versteht und Europa und Amerika durch einen gewaltigen Tunnel verbindet, der einmal in das „Eigentum des Volkes", ja der „ganzen Welt" übergehen soll (S. 120).

Viele Errungenschaften der Literatur und des Theaters der zwanziger Jahre, die man bisher fast ausschließlich als Ausdruck einer gegenexpressionistischen ‚Neuen Sachlichkeit' interpretiert hat, sind daher durchaus expressionistischen Ursprungs. So ist etwa Piscators berühmte Apparatbühne mit ihren eingeblendeten Filmen, laufenden Bändern, Projektionen und Gerüsten, wo man in absolut durchrationalisierter Atmosphäre ekstatisch-glasklare Entscheidungen traf, nicht nur ein Gegenschlag zum expressionistischen Schreischauspiel und Stammeltheater, sondern auch eine logische Konsequenz bereits bestehender Tendenzen, ohne die man die innere Dialektik des Expressionismus nie recht verstehen wird. Das gleiche gilt für das merkwürdige Nebeneinander von wildester Anarchie und kühlster Verfremdung in den Werken des frühen Bertolt Brecht, das sich auch bei manchen Expressionisten nachweisen läßt. In diesem Punkte berührt er sich durchaus mit Döblin, Kaiser, ja selbst mit einem Dichter wie Benn, der trotz aller vitalistischen Räusche und dionysischen Entselbstungen nie den ‚konstruktivistischen Geist' aus dem Spiel läßt und in seinen Essays sogar die moderne Architektur und Technik heranzieht, um daran den Sieg des autonomen Schöpfertums über das ‚natürliche Leben' zu demonstrieren. Was sich daher im Laufe der zwanziger Jahre bei politisch ‚bewußteren' Autoren als Theorie einer ‚Literatur des wissenschaftlichen Zeitalters' herauskristallisiert, die neben der Einsicht in die Dialektik der gesellschaftlichen Prozesse auch die von der modernen Industrie herausgebildeten Produktionstechniken berücksichtigt, hängt also nicht nur mit parteilichen und neusachlichen, sondern auch mit expressionistischen Tendenzen zusammen.

Die entscheidenden Impulse innerhalb dieser Entwicklung gingen jedoch weniger von der Musik und der Literatur als von den bildenden Künsten aus. Hier erfährt man am deutlichsten, was dem Expressionismus als das Hauptübel in der Kunst des 19. Jahrhunderts erschien. Und zwar war dies vor allem die Tendenz, das Ästhetische als etwas Besonderes, als eine Enklave des schönen Lebens oder ein ‚paradis artificiel' zu betrachten. Noch um 1900 hatte man in der bürgerlichen Ästhetik immer wieder die These aufgestellt, daß die Kunst etwas sei, daß den von der Last des Daseins erschöpften Menschen über den Alltag erhebe und in eine Art Gefühlsreservat versetze, wo er die nötige Seelenmassage bekomme, um sich am folgenden Morgen wieder mit regenerierten Kräften in den brutalen Konkurrenzkampf stürzen zu können. Dieser Gesellschaft war die Kunst wie eine Insel des Erlesenen erschienen, als ob es sich dabei um eine ‚gute Stube' voller Natur und Menschlichkeit, Gemüt und Blumentapeten, Makart-Buketts und Familienbilder handele. Selbst das rein Sachliche, das heißt die Welt der maschinell hergestellten Industrieprodukte, wurde deshalb von den Formgestaltern des späten 19. Jahrhunderts immer wieder metaphorisch ins Naturhafte erhoben.

Dafür sprechen die vielen allegorischen Personifizierungen aus dem Tier- oder Pflanzenreich. Manche konnten sich ein Boot nur als Schwan, ein Auto nur als Pferd, ein Flugzeug nur als Taube vorstellen – was oft zu grotesken Entgleisungen führte. Aus dem gleichen Grunde wurden die Fensterbänke der Fabriken mit Blumentöpfen verziert oder langweilige Häuserfassaden mit Pflanzenranken versehen und zugleich mit gemütvoll blickenden Statuen geschmückt, um ihnen nur ja den Charakter des Menschlichen, Natürlichen oder zumindest Organischen zu geben und sie damit vom Odium des technisch Minderwertigen zu befreien. Die ersten, die mit diesen Natur- und Menschlichkeitssurrogaten radikal brachen, waren die Werkbund-Theoretiker um 1900. Was ihnen vorschwebte, war eine Sachkultur, die in ihren Werken den durch die Industrie ermöglichten Sieg des Menschen über die Natur und damit den Sieg der Sachlichkeit über die bürgerliche Gemütlichkeit zum Ausdruck zu bringen versucht. Statt also wie die Heimatkünstler, Neuromantiker und Neo-Biedermeier um 1900 der industriellen Revolution mit einem reaktionären Anthropomorphismus und metaphernreichen Gemüts- und Naturhumanismus entgegenzutreten, rücken Werkbund-Theoretiker wie Hermann Muthesius, Fritz Schumacher oder Walter Gropius gerade das Produzierte, Mechanische, Konstruktivistische und Abstrakte in den Vordergrund. Diese Richtung versteckt ihre Fabriken und Werkstätten nicht mehr hinter Bäumen und Blumenkästen, sondern stellt sie mitten in die menschlichen Siedlungen hinein und befreit sie zugleich von allem historisierenden und naturverklärenden Mummenschanz. „Die neue Zeit erfordert eignen Sinn", schreibt Gropius 1913 im „Jahrbuch des deutschen Werkbundes". Statt „unsachlicher Zierate" und „erborgter Masken", die mit dem „ernsten Wesen einer Fabrik nichts gemein haben", fordert er deshalb „exakt geprägte Formen, klare Kontraste und Reihung gleicher Teile", das heißt einen Stil, der sich rein am Wesen der „Sache" orientiert (S. 19).

Das gleiche gilt für jene Gebrauchsformen, die von den Designern des Werkbundes entworfen wurden. Auch bei ihnen läßt sich eine allgemeine Entsentimentalisierung und damit Rationalisierung beobachten. Allenthalben schwört man in diesen Kreisen auf Logik, Zweckmäßigkeit, Präzision und Funktionalität, denen der Jugendstil mit seiner manierierten Natursentimentalität – trotz mancher hochtönenden Programme – immer wieder aus dem Wege gegangen war. Im Gegensatz zu den Schwertlilien, Pfauenfedern, Dornenranken, Wasserlilien und Rosenhecken des Art Nouveau, die sich selbst auf Aschenbechern und Ofentüren als ein Gespinst verwirrender Linien entfalten, haben die Produkte des Werkbundes eine Sachschönheit rein konstruktiver Art, die auf der konsequenten Akzentuierung ihres Zweckes beruht. Bei ihnen wird nichts mehr verkleidet oder ornamentalisiert, sondern lediglich der Gebrauchscharakter der betreffenden ‚Sache' hervorgehoben. Was hier dominiert, sind reine Kuben, Flächen oder Linien, deren sichtbar gemachte Logik der Vereinheitlichung der Zwecke entspricht. Selbst auf diesem Sektor wird alles auf sein ‚Wesen', seinen Begriff reduziert. So ist ein

Tisch wieder eine rechteckige Fläche mit vier Beinen und nicht wie im Jugendstil ein rankenartig verschlungenes, mysteriöses, aus dem Boden wachsendes Gebilde, an dem man mit einiger Mühe auch essen kann. Ja, Stühle sind plötzlich wieder zum Sitzen da.

Diese Tendenzen zeigen sich am deutlichsten dort, wo man über das handwerklich arbeitende Kunstgewerbe hinausgreift und auch die Technik in das allgemeine Formschaffen einbezieht. Und zwar hängt das weitgehend damit zusammen, daß es sich hier um Dinge handelt, die nicht für einen Einzelnen, sondern für eine größere Gemeinschaft von Menschen geschaffen werden. Wie sehr man sich dabei von der Naturschwärmerei des 19. Jahrhunderts entfernte, geht aus folgenden Beispielen hervor. So begeisterten sich die Theoretiker des Werkbundes und später auch dic Mitglieder der „Gläsernen Kette" und des Bauhauses eher für Autostraßen als für stille Waldwege, eher für künstliche Höhensonnen als für echte Sonnenbestrahlung, eher für Talsperren als für natürliche Wasserfälle. Ja, Bruno Taut machte 1919 in seinem Buch „Alpine Architektur" den Vorschlag, alle Bergspitzen der Alpen vom Monte Rosa bis zum Luganer See mit riesigen Konstruktionen aus Stahl, Beton und farbigem Glas zu überbauen, um sie endlich auf das Niveau der modernen Technik zu bringen. Dem 19. Jahrhundert mit seiner Verehrung für alles Stimmungshafte und Gefühlvolle wäre eine solche Idee sicher wie eine Gotteslästerung vorgekommen. Doch im Rahmen des Werkbundes hat man für Waldesrauschen oder die berühmten Blümlein am Bach nicht mehr viel übrig. Was man hier achtet, sind Dinge wie Eisenbahn, Radio, Elektrizität, Telegraph, Flugzeug, Automobil und Grammophon, ja alles Apparathafte und Motorisierte schlechthin. Anstatt weiterhin lediglich das Gewordene und Gewachsene zu schätzen, soll jetzt endlich das Produkt gegenüber der bloßen Natur zu Ehren kommen. Man bemüht sich daher immer stärker, gerade das Gemachte, das Zweckhafte, die allgemeine Apparatisierung des Lebens sichtbar werden zu lassen, was in letzter Konsequenz zu einem Technik- und Maschinenstil führt, der unter dem Einfluß des Futurismus, Kubismus und Tatlinismus schließlich in den Bauhaus-Praktiken der späten zwanziger Jahre kulminiert.

Der Expressionismus ist somit die erste Bewegung in Deutschland, innerhalb derer sich bestimmte Künstler schon so stark mit dem ‚Ingenieurhaften' identifizieren, daß sie dazu übergehen, auch Maschinen und Instrumente in die ästhetische Formgebung einzubeziehen. In dieser Ära entstehen darum die ersten Automobilentwürfe, die rein von der symmetrischen Grundform des Autos ausgehen und alles Übrige einem Kurven- und Kurbelstil unterwerfen, der dem fertigen Produkt den überzeugenden Eindruck verleiht, daß hier wirklich alles gleitet und rollt. Vor allem von den Plänen Emil Neumanns läßt sich mit gutem Gewissen sagen, daß sie wahrhaft ‚automobilistisch' wirken. Hier wird kein peinlich verkleidetes Monstrum vorgeführt, das immer noch an die alte Postkutschenzeit erinnert, sondern ein wirklicher Sachapparat. So fehlen etwa die bisher so beliebten Statuetten und Blümchen, in die man sich beim Fahren ‚einfühlen' könnte.

Zudem sind alle Wappen oder andere Hoheitszeichen, die auf einen bestimmten Besitzer hinweisen, einfach weggelassen worden. Und damit wird das Ganze zu einer unpersönlichen, unsentimentalen ‚Sache', zum technischen Apparat, zum Auto. Noch stärker zeigt sich diese Tendenz bei den berühmten Stadtbahnwagen von Alfred Grenander, die von vornherein für die Öffentlichkeit bestimmt sind. Auch sie überzeugen vor allem durch Klarheit der Konstruktion, durch Einfachheit und Übersichtlichkeit. Die Polster haben keine blumigen Stoffe. An den Wänden hängen keine Bilder. Überhaupt wird auf jede Intimität verzichtet, die unangemessene Gefühle erwecken könnte. Schließlich ist dies ein Wagen für Personen, die sich untereinander überhaupt nicht kennen. Es ist heute kaum mehr vorstellbar, welch eine Sensation diese Art von Einfachheit einmal war, die von den ästhetisch kultivierten Jugendstil-Bürgern der Jahrhundertwende weitgehend als Gefühllosigkeit, Depersonalisierung, ja geradezu als peinliche Nacktheit empfunden wurde und die man erst im Laufe der zwanziger Jahre allmählich als neue Sachlichkeit zu schätzen begann.

Fast den gleichen Tendenzen begegnet man in der expressionistischen Architektur. Auch hier steht nicht das Private, sondern das Öffentliche im Vordergrund des Interesses. Es sind daher die Sachbauten, die Bauten der öffentlichen Hand, die für alle da sind und die von allen benutzt werden, deren sich die Architekten dieser Ära besonders angenommen haben. Während im Jugendstil mehr die auf den privaten Geschmack des jeweiligen Besitzers zugeschnittene Villa als Bauideal im Vordergrund gestanden hatte, was sich mit Beispielen von Peter Behrens, Josef Maria Olbrich und Henry van de Velde belegen ließe, konzentriert man sich jetzt vor allem auf Warenhäuser, Bahnhöfe, Fabriken, Theater oder Wohnblocks, also auf Bauten, in denen gerade die Verbundenheit des gemeinsamen Arbeitens, Reisens, Einkaufens, Kunsterlebens und Wohnens zum Ausdruck kommt.

Man denke an die Chemische Fabrik in Luban (1911–1912) von Hans Poelzig oder die Fagus-Werke in Alfeld (1911) von Walter Gropius, bei denen auf jede architektonische Repräsentation in Form von Säulen oder plastischem Schmuck wie auch auf die herkömmlichen Besitzer-Symbole einfach verzichtet wird. Statt dessen erscheint alles in absoluter Nüchternheit, Klarheit und Einfachheit, in reinen Kuben und Flächen, das heißt unter Umgehung irgendwelcher ‚sachfremden' Elemente. Dies sind keine Fabriken mehr, in denen man wie um die Jahrhundertwende neben den Maschinen Bilder von Ludwig Thoma oder Reproduktionen Dürerscher Holzschnitte aufhängen könnte, was einen Mann wie Heinrich Tessenow, den Architekten der Hellerauer Werkstätten, bis zur Weißglut erregte. Hier steht nicht mehr die Natur oder eine falsch verstandene Menschlichkeit, sondern die ‚Sache' im Vordergrund. Das gleiche gilt für manche Bahnhöfe dieser Ära wie den Stuttgarter oder Hamburger Hauptbahnhof, die weder Türme noch Säulen aufweisen, sondern in ihren Riesenöffnungen, gespannten Kurven und strengen Linienführungen rein auf den Zweck dieser Gebäude hinweisen, nämlich Sammelplatz und Verteilerzentrum Tausender anonymer Reisender zu sein. Ähnliches trifft auf das Verwaltungsgebäude der Farbwerke Hoechst (1920 bis 1925) von Peter Behrens und das Hamburger Chile-Haus (1922–1923) von Fritz Höger zu. Unter den expressionistischen Theatern ragt vor allem das Berliner Große Schauspiel (1918–1919) von Poelzig hervor, das schon durch seine gewaltigen Ausmaße, aber auch durch seine ausdrucksvolle Einheitlichkeit, die selbst das Ornamentale in den expressiven Grundriß des Ganzen einbezieht, einen wahrhaft zentrierenden und gemeinschaftsstiftenden Charakter hat. Eine ähnliche Monumentalität zeichnet das Volkstheater aus, das Wassili Luckhardt 1921 entworfen hat, für das sich jedoch kein Bauherr fand.

Doch neben solchen Einzelbauten faßten diese Architekten von Anfang an ganze Wohnblocks, ganze Siedlungen, ja ganze Städte ins Auge, um der Menschheit neue Leitbilder eines gemeinschaftlichen Wohnens und Arbeitens zu geben. Wohl am weitesten ging dabei Bruno Taut, der in seinen Büchern „Die Stadtkrone" (1919) und „Die Auflösung der Städte" (1920) die grandiose Utopie eines weltballumspannenden Systems in sich autarker Arbeitsgemeinschaften entwickelt, denen eine urkommunistische Gesellschaftsordnung zugrunde liegt. Besitz und Ehe werden hier von vornherein als ‚erschlaffend' abgelehnt. Was Taut statt dessen propagiert, ist eine unentwegte Produktivität, ein ewiges Neuschaffen, das die Natur nicht untätig anstaunt, sondern schöpferisch in sie eingreift. Nur der gilt ihm als echter Mensch, der „keine Arbeit tun kann, die nicht Freude ist", wie es in der „Auflösung der Städte" heißt. Um diesem neuen Gemeinschaftsgefühl auch architektonisch einen Mittelpunkt zu geben, schlägt er vor, im Zentrum jeder Stadt ein großes Volkshaus zu errichten, wo alle „Werktätigen" regelmäßig zusammenkommen, um neu gewonnene Erfahrungen auszutauschen und sich durch den Vergleich mit dem bisher Erreichten zu neuen Leistungen anzuspornen. Nicht minder utopische Pläne hatte Hans Scharoun in dieser Hinsicht, der sich in diesen Jahren ebenfalls mit Entwürfen zu großen Volkshäusern beschäftigte. Überhaupt drängt die utopische Richtung innerhalb der expressionistischen Architektur, zu der vor allem die Mitglieder der „Gläsernen Kette" gehörten, immer wieder zu Zentralbau-Vorstellungen: zu Tempeln der Arbeit oder gewaltig ausladenden Ausstellungshallen. Wohl der bezeichnendste Entwurf dieser Art ist ein großes, turmähnliches Monument der Arbeit, das Wassili Luckhardt 1919 konzipierte und dem er den Namen „An die Freude" gab, um sich damit zu einem millionenumschlingenden ‚Ethos der Produktivität' zu bekennen. In der Grundidee wird man hier fast an Wladimir Tatlins „Denkmal der 3. Internationale" erinnert, das lediglich aus einem spiralförmigen Turm besteht, in dem sich die geistige und politische Höherentwicklung der gesamten Menschheit manifestieren sollte.

Nicht minder hoffnungsfroh klingen die Proklamationen des frühen Bauhauses, die meist im Bild einer „Kathedrale des Sozialismus" kulminieren. Auch hier entwirft man im utopischen Vorgriff auf sozialistische Verhältnisse ganze Siedlungen oder neue Städte, in denen sich alle Künste wieder dem Primat der Architektur unterordnen, um damit jene liberalistische Anarchie zu überwinden, wie sie im abschreckenden Aussehen der bürgerlich-kapitalistischen Städte zum Ausdruck komme. Was dieser Gruppe als Leitbild vorschwebt, ist nicht das geschmäcklerische Chaos, sondern die stilistische Einheitlichkeit, und zwar auf der Grundlage des Sachgerechten oder Werkmäßigen, die sich von allen subjektiven Extravaganzen freizuhalten versucht. Gropius nennt deshalb den Bau der Zukunft immer wieder das ‚kristallene Sinnbild eines neuen Glaubens', in dem sich die geistige Einheit aller menschlichen Lebensäußerungen widerspiegeln müsse. Um dieses Ideal zu erreichen, fordert er alle Künstler auf, wieder ‚Werkleute' zu werden und sich in verantwortungsbewußten Lebens- und Arbeitsgemeinschaften zusammenzuschließen, die sich mit der Gesamtheit des Volkes verbunden fühlen. Im Gegensatz zum Jugendstil steht daher bei den Bauhaus-Projekten nie das Einzelne, sondern stets das Serielle im Vordergrund: die Serienlampe, der Serienstuhl, das Serienhaus, die von allen geschätzt und benutzt werden können. Statt weiterhin in dunklen Wohnhöhlen zu hausen und dort inmitten teurer Artefakte und sentimentaler Natursurrogate ein frustriert-heimeliges Dasein zu fristen, sehnen sich auch die Bauhaus-Architekten nach einem Leben in lichtvoller Klarheit und Öffentlichkeit, wo sich jeder wie auf den Entwürfen El Lissitzkys als ein Repräsentant der Allgemeinheit fühlt und vor den Augen der anderen ein befreites, produktives Leben führt. Die gleiche Idee liegt den Wohnblockentwürfen des frühen Ludwig Mies van der Rohe zugrunde. Man denke an sein berühmtes Glashausprojekt von 1921, das auf Anregungen von Bruno Taut zurückgeht und wie eine Haut- und Knochenarchitektur lediglich aus einem Stahlgerüst mit Glaswänden bestehen sollte. Auch hier gibt es keine ‚Gemütlichkeit', keine schummrigen ‚stillen Winkel', in die man sich als Einzelner zurückziehen könnte, sondern nur noch die aller Welt zugewandte Öffentlichkeit, die für jedermann einsehbar ist. Dem entspricht theoretisch folgendes Glasarchitektur-Manifest, das Adolf Behne 1920 im ersten Heft der Zeitschrift „Frühlicht" veröffentlichte:

> „Kein Material überwindet so sehr die Materie wie das Glas. Das Glas ist ein völlig neues, reines Material, in welchem die Materie ein- und umgeschmolzen ist. Von allen Stoffen, die wir haben, wirkt es am elementarsten. Alle anderen Stoffe wirken neben dem Glase abgeleitet und wie Reste. Das Glas wirkt außermenschlich als mehr denn menschlich. Daher hat der Europäer recht, wenn er fürchtet, die Glasarchitektur möge ungemütlich werden. Ganz bestimmt. Das wird sie. Und das ist nicht ihr geringster Vorzug. Denn aus seiner Gemütlichkeit muß erst einmal der Europäer herausgerissen werden. Man steigert das Wort gemütlich nicht umsonst ins ‚Saugemütliche'. Fort mit der Gemütlichkeit. Erst wo die Gemütlichkeit aufhört, fängt der Mensch an. Die Glasarchitektur hebt den geistlosen Beharrungszustand der qualligen Gemütlichkeit, in der alle Werte stumpf und matt

werden, auf und setzt an ihre Stelle den Zustand eines hellen Bewußtseins, einer kühnen Aktivität und eines Schaffens immer neuer, immer schönerer Werte".

Kein Wunder also, daß auch die innenarchitektonischen Vorstellungen dieser Jahre immer stärker ins Anonyme, allgemein Benutzbare, ja geradezu Werkstatthafte tendieren. Statt die zum Wohnen bestimmten Zimmer wie bisher durch Palmen, Makart-Sträuße, Landschaftsbilder und Blumentöpfe in stimmungsvolle Lauben oder Gewächshäuser zu verwandeln und sie obendrein mit Geweihen, ausgestopften Jagdtrophäen, Familienporträts und anderen Herzigkeiten wie Sofakissen mit der Aufschrift „Ruhe sanft" auszustatten, akzentuiert man jetzt das bewußt Ungemütliche, aber Präzise, Apparathafte und Nützliche, wodurch das Ganze allmählich den Charakter einer ‚Wohnmaschine' annimmt. Auf diese Weise verschwindet sowohl das Vornehme als auch das Gemüthafte, wie es für die ‚Guten Stuben' der Jahrhundertwende typisch ist. Für solche Werte haben die expressionistischen Innenarchitekten nur noch ein müdes Lächeln übrig. Ihr Ideal ist weder die zeremonielle ‚Gaststätte', der für gesellschaftliche Abfütterungen großen Stils eingerichtete Salon, noch die ‚Ausruhstätte', das sogenannte traute Heim, wo man sich im Kreise seiner Lieben von den Strapazen des Tages erholt, sondern eindeutig die helle und praktische ‚Arbeitsstätte', in der man wirklich produktiv sein kann, ohne dauernd Angst haben zu müssen, einen Flecken auf den wertvollen Kaschmirläufer zu machen oder eine der vielen Porzellanvasen umzustoßen. Vor allem El Lissitzky und Innenarchitekten des Bauhauses wie Herbert Bayer und Rudolf Paris erreichten auf diesem Gebiet vorbildliche Zimmer- und Wandgestaltungen, die in ihren geometrisierenden Formen genau jene ‚Sachlichkeit' zum Ausdruck bringen, die sich immer wieder als eines der wichtigsten, wenn auch oft verdeckten Ziele des Expressionismus erweist. Sagt doch selbst George Grosz in seinem Aufsatz „Kurzer Abriß", der 1924 in dem Büchlein „Situationen" herauskam, daß ihm „die einfache Zweckzeichnung eines Möbeltischlers besser, sinnvoller", ja ästhetisch gesehen sogar „schöner" erscheine als die „graphische Manifestation eines innerlichen mystisch verworrenen Ergebnisses", die im Bereich des Gefühlvoll-Individuellen bleibe (S. 1).
Im Zusammenhang mit einer solchen Architektur und Inneneinrichtung kann auch die Malerei dieser Richtung weder menschlich-gemüthaft noch sentimental-naturschildernd sein. Ihre Bilder sind keine Reproduktionen, sondern Produktionen, das heißt versuchen, in ihren eigenschöpferischen Formen den Sieg des Menschen über die Materie zu demonstrieren. Um nicht den Eindruck bloßer Stimmungsauslöser oder Verehrungsobjekte zu erwecken, wird hier alles Wirkliche oft so stark depersonalisiert und entnaturt, daß es nur noch einer Chiffre oder Andeutung bestimmter Bewußtseinsprozesse gleichkommt. Statt also die Welt durch ein Bild zu ersetzen, wird auf diesen Gemälden die Wirklichkeit weitgehend als Material neuer Welten jenseits der vorgegebenen Natur benutzt. Man stellt keine

Dinge dar, die von uns respektiert werden sollen, sondern solche, die für uns gemacht und damit unserem Willen unterworfen sind. Die meisten dieser Bilder sind eher vom Schaffenden als vom Gegenstand her erlebt. Sie wollen nicht der Erlösung vom Leben, sondern der Gestaltung des Lebens dienen. Was auf ihnen dargestellt wird, ist also nichts bereits Anerkanntes, sondern lediglich ein Hinweis, ein Begriff, eine Ideenverkürzung, wodurch es dem Betrachter überlassen bleibt, ob er sie verwirft oder anerkennt. Und damit werden auch sie zu einer Sache, bei der weniger der unmittelbare Affektationswert als der Gebrauchscharakter den entscheidenden Ausschlag gibt.

Das zeigt sich selbst da, wo sich diese Malerei religiös mißversteht und Mystisches, Visionäres, Kultisches oder Hoheitsvolles zum Ausdruck zu bringen versucht, jedoch lediglich halbabstrakte Farben- und Liniengebilde produziert. Man denke an die vielen expressionistischen Jesus- oder Madonnenbilder, die wie verwirrende Kaleidoskope, bloße Farbflächenspiele oder bunte Glasfensterstilleben wirken und wo aufgrund der depersonalisierenden und entnaturalisierenden Tendenzen von der sakralen Bedeutsamkeit des dargestellten Sujets kaum etwas übrig bleibt. Es wäre daher fehl am Platze, das expressionistische Ausdrucksverlangen mit bestimmten mittelalterlichen oder barocken Stiltendenzen vergleichen zu wollen. Während nämlich der ‚gotische Mensch' selbst den Begriff noch als Realität empfand, ist für die expressionistischen Konstruktivisten selbst die Realität nur noch Begriff. Sie drängen nicht zu Anbetung, Verehrung oder Personenkult, sondern zu einer auf dem Ethos der Leistung beruhenden Sachkultur, die in absolutem Gegensatz zu allem bloß Meditativen und hoheitsvoll Thronenden steht. Ihr Ideal ist weder das Kultbild noch das Herrschaftsbild, weder die Madonna im Krankenhaussaal noch das Kaiserporträt in der Amtsstube, das heißt weder der verewigte noch der herrschende, sondern der schaffende Mensch. Statt anzubeten oder mitzufühlen, wollen sie eine Sphäre der Anonymität, der Sachlichkeit, des demokratisch-sozialistischen Miteinanders um sich verbreiten, die diesseits aller mythischen und religiösen Überlieferungen steht. Daher gilt ihre höchste Achtung nicht Gott, dem Heiligen, dem Herrscher, dem Kriegshelden oder dem Boss, sondern dem Menschen als Produzenten, dessen Wert mit seinen für die Gemeinschaft geschaffenen Produkten zusammenfällt.

Am deutlichsten läßt sich diese Tendenz selbstverständlich an jenen Bildern ablesen, bei denen das Ingenieurhaft-Sachliche auch thematisch zum Ausdruck kommt. Die ersten Beispiele solcher expressionistischen Maschinen-, Auto-, Straßenbahn- oder Fahrradrennen-Gemälde finden sich bei italienischen Futuristen wie Giacomo Balla, Umberto Boccioni, Carlo Carra und Gino Severini. Dazu gesellen sich später die französischen Orphisten und russischen Kubo-Futuristen wie Tatlin und El Lissitzky, auf deren Bildern ebenfalls das Gerüsthafte und Architektonische überwiegt. Unter den deutschen Malern war wohl Ludwig Meidner einer der ersten, der sich von diesen Sujets faszinieren ließ und bereits 1914 in der Zeitschrift „Kunst und Künstler" für Motive wie „eiserne Hängebrücken“, das „Tumultarische des großstädtischen Straßenlebens“ und die „brüllende Koloristik der Autobusse und Schnellzuglokomotiven“ zu schwärmen begann (S. 312). „Wir Heutigen, Zeitgenossen des Ingenieurs“, schreibt er an derselben Stelle, „empfinden die Schönheit der geraden Linien, der geometrischen Formen“ wesentlich stärker als alles bloß Naturhafte. Und so malte Meidner neben seinen vielen Porträts zwischen 1910 und 1915 vor allem wildbewegte Großstadtszenen, die den Eindruck einer atemberaubenden Dynamik erwecken sollen. Andere wie Feininger mit seinen Ostseedampfern und Rennfahrern, Walter Drexel mit seinen Lokomotiven oder George Grosz und Paul Citroen mit ihren Großstadtbildern folgten ihm auf diesem Wege.

Doch fast noch folgenreicher als diese offenen Bekenntnisse zum Technischen und Ingenieurhaften ist die Tatsache, daß man auch bei Porträts, bei Landschaften und vielen anderen Motiven das von der Natur Vorgegebene lediglich als Konstruktionselement, als Material, als Ausdruck des Aktivierenden und Energetisierenden benutzt, das uns nicht im Andächtigen und sehnsuchtsvoll Schmachtenden, sondern in einem gesteigerten Produktionseifer bestärken soll. So schrieb etwa Richard Hamann 1917 in seinem Büchlein „Krieg, Kunst und Gegenwart“ über diese Art von Malerei (S. 33):

> „In den Spannungen ihrer Kurven, im formalen Ausdruck ihrer Linien, Flächen, Kuben, Farben kann sich die Spannung und Stimmung zweckmäßigen Tuns suggestiv ausdrücken, und so könnte ein solcher Expressionismus uns geradezu nötigen, diesem Tun uns hinzugeben, wie früher die Heiligen der Kultbilder uns durch ihre Ekstase zum Gottesdienste fortrissen“.

Aus diesem Grunde werden alle formalen Strukturelemente so kraß wie nur möglich hervorgehoben. Man soll bei diesen Bildern den Eindruck gedanklich durchdachter und dann mit technischen Mitteln hergestellter Eigenwesen haben, die auch von Industrie-Designern stammen könnten. Ja, viele expressionistische Gemälde haben durch ihre Schärfe, Blockhaftigkeit und technische Präzision fast etwas Apparathaftes und wirken daher wie wohlintegrierte Bestandteile jener ‚Wohnmaschinen‘, in denen der Werkstatt- und Ateliercharakter des Expressionismus seine äußerste Zuspitzung erfährt.

Vor allem der kubistische, abstrakte oder montagehaft operierende Strang der expressionistischen Malerei mit seiner positiven Bewertung alles Konstruktivistischen liefert dafür wohl die besten Belege. Man denke an die ins Gegenstandslose hinüberspielenden Kompositionen Kandinskys, Molzahns oder Klees, aber auch an den Linearismus Feiningers, dessen Bilder trotz ihrer real zu erkennenden Strand- und Kirchenmotive durch die auffällige Durchstrukturiertheit des Ganzen fast an die Gestänge einer Maschine erinnern. Doch auch andere Richtungen der expressionistischen Malerei – wie die „Sturm“-Künstler oder ein Bauhaus-Maler wie Oskar Schlemmer – tendieren zu diesem Konstruktivismus und stellen immer wieder energetisierende Symbole einer schöpferischen Umwandlung der Natur durch den Menschen auf, die uns zu einem zweckhaften und produktiven Tun ‚fortreißen' sollen.

Das positive Endziel der expressionistischen Revolution, selbst wenn es nur wenigen Vertretern dieser Bewegung wirklich bewußt wurde, ist daher die Forderung ‚Sachkultur statt Personenkult'. Wenn die Vertreter des Werkbundes oder des Bauhauses die Aufhebung aller gemüthaften Bindungen befürworten, so zielt das nicht im pubertären Sinne ins Anarchistische, sondern in Richtung auf eine verstärkte Sachhingabe, ja geradezu sozialistische Sachgemeinschaft. Vor allem im Bereich der bildenden Künste hört man immer wieder die Forderung, nicht mehr nach dem persönlichen Erfolg, dem Profit zu schielen, sondern das Künstlerische als eine Sache zu betrachten, die man rein um ihrer selbst willen tut. Ja, manche gehen soweit, diese „progressive" Richtung innerhalb des Expressionismus, die sich gegen den bisherigen Kulinarismus der ‚bürgerlichen' Ästhetik wendet, als die Kunst des „siegenden Materialismus" zu bezeichnen, wie es 1920 in der Zeitschrift „Der Ararat" heißt (S. 12–14). Leider bleiben dabei die Eigentumsverhältnisse und damit die konkreten Voraussetzungen dieser Sachlichkeitsideologie meist unerörtert. In diesem Punkte begnügt man sich weitgehend mit Formulierungen wie ‚Autonomie des Werks', ‚Planung statt Wachstum' oder ‚Hingabe an die Gemeinschaft', was sich zwar indirekt gegen die privategoistische Nutzung der bestehenden Produktionsmittel ausspricht, aber keine wirkliche Überwindung dieser Zustände darstellt.

Die Zielutopie dieser Kreise ist daher meist die Vorstellung, ganz Deutschland, ganz Europa, ja am besten die ganze Welt in einen großen ‚Werkbund' zu verwandeln. Und so bleibt man trotz aller Tendenzen ins Sozialistische immer wieder in ökonomischen Verfahrensfragen stecken, die nicht bis an die Basis der aufgeworfenen Probleme vorstoßen. Kein Wunder also, daß die Programme dieser universalistisch eingestellten Werkbund- und Bauhaus-Theoretiker häufig einen merklichen Hang ins Formalistische aufweisen. Um seine weltanschaulichen Ziele befragt, begnügt man sich in diesen Kreisen meist mit der Antwort, daß man sich die Aufgabe gestellt habe, alles Naturgegebene endlich ins Geistige zu transponieren, um damit dem Anarchischen der bisherigen Lebens- und Wirtschaftsformen eine gedankliche Logik aufzuzwingen. Und zwar legt man dabei den Hauptnachdruck stets auf die intellektuelle Abstraktion und Fähigkeit zur begrifflichen Durchdringung, die alle vom Menschen geschaffenen Produkte auszeichnen müsse. Auch die Kunst soll deshalb für diese Richtung nicht mehr bloß Kunst, sondern zugleich Modell, Produkt oder Sache sein. Ja, manche ziehen aus dieser Sachlichkeitsthese bereits die nur allzu logische Konsequenz, daß eine sinnvoll gestaltete Umwelt jede Kunst im älteren Sinne, also Kunst im Sinne von Surrogat, Luxus oder Seelenkomfort, eigentlich überflüssig mache. Wohl den vehementesten Ausdruck hat Adolf Loos dieser Gesinnung verliehen. Bei ihm heißt es einmal in seinem Buch „Ins Leere gesprochen" (1921):

„Die maler, die bildhauer, die architekten verlassen ihre bequemen ateliers,

> hängen die liebe kunst an den nagel und stellen sich an den amboß, an den webstuhl, an die drehscheibe, den brennofen und die hobelbank! Weg mit aller zeichnerei, weg mit der papierenen kunst! . . . die kunst ist etwas, das überwunden werden muß“ (S. 11).

In diesen Kreisen gilt daher ein sachgerecht entworfener Telephonhörer als ein wesentlich größerer Beitrag zur Weltkultur als eine mittelmäßig gemalte Madonna. Hier will man Sachlichkeit, nichts als Sachlichkeit, und zwar mit einer Radikalität, die durchaus ‚expressionistisch‘ wirkt.

Und so steht man am Schluß dieser Überlegungen nicht mehr vor einem, sondern vor vielen Expressionismen: einem ‚schwarzen‘ Expressionismus der totalen Negation, einem Expressionismus der leidenschaftlichsten Gefühlsrevolte, einem Expressionismus der ungehemmtesten Erotik und einem Expressionismus der glasklarsten Rationalität, die sich auf den ersten Blick zu widersprechen scheinen und doch bei näherer Betrachtung in der Absolutheit ihrer Forderungen und zugleich extremen Tonlage, in der diese Forderungen hervorgeschleudert werden, seltsam ineinanderübergehen. Man sollte daher den Begriff ‚Expressionismus‘, der von der literaturwissenschaftlichen Forschung so oft in Zweifel gezogen worden ist, ruhig als Epochenbegriff beibehalten. Denn in diesem Chaos von Superlativen, in dem sich die Größe und die Gefahr dieser Bewegung widerspiegelt, liegt zugleich ihre Einheitlichkeit, die man nicht willkürlich auseinanderreißen darf. Eine eindeutig harmonisierende Sicht wäre hier ebenso fehl am Platze wie eine bloß divergierende. Ein so komplexes Gebilde wie der Expressionismus läßt sich nur dann verstehen, wenn man stets die innere Dialektik seiner Widersprüche im Auge behält. Diese Widersprüche gehören nun einmal zu seinem Wesen. Denn gerade in der Überspitztheit dieser Revolte, die manchmal fast groteske, ja absurde Züge annimmt, kommt neben dem Sinnlosen auch das Sinnvolle der expressionistischen Forderungen zum Durchbruch, das heißt sowohl ein neues Ethos der Produktivität als auch der unstillbare Wunsch nach einer unverkürzten menschlichen Existenz, die nicht mehr von politischer Knechtung, wirtschaftlicher Ausbeutung und erotischem Triebverzicht gezeichnet ist.

Man lache daher weniger über die Utopisten dieser Bewegung als über jene Schmalspurexistenzen, die sich im Sinne spießerhafter Genügsamkeit und braver Untertanenmentalität mit viel weniger als dem hier Verlangten zufrieden geben und darin das ‚Eigentliche‘ des menschlichen Lebens erblicken. Ist denn der Expressionismus wirklich nur Schwulst, nur sinnlose Ekstase, nur geistige Verstiegenheit, wie man bei seinen Gegnern immer wieder lesen kann? Oder steckt nicht in dieser Richtung – neben so mancher infantilen Lächerlichkeit und bürgerlichen Großmannssucht – auch ein hoffnungsvolles Freiheitssehnen, ein utopischer Pazifismus, eine berauschende Sinnlichkeit, ein geistiger Aufwind, ein Vorgriff auf eine befreite Menschheit, wie sie in der Geschichte der bürgerlichen Kulturströmungen des 19. und beginnenden 20. Jahrhunderts nicht allzu häufig anzutreffen sind?

William Wauer: Tanz (1918)

DAS SCHEITERN DER EXPRESSIONISTISCHEN REVOLUTION

DER REALE VERLAUF

Es ist oft behauptet worden, daß die revolutionäre Erregtheit des Expressionismus nur ein Spiegelbild der politischen Ereignisse zwischen 1914 und 1923, also Kriegsausbruch, Revolution und Währungskrise, sei. Eine solche These hat auf den ersten Blick manches für sich. Doch andererseits läßt sich nicht übersehen, daß schon der Frühexpressionismus von 1910 auf einen Totalumsturz der gesamten wilhelminischen Gesellschaft zielt. Man sollte daher diese Bewegung nicht nur als Produkt, sondern auch als Agens der Revolution von 1918–1919 betrachten. Ja, indem sie in ihren radikalsten Vertretern bis zur Idee einer absoluten ‚Sachkultur' vorstößt, befördert sie zugleich Entwicklungstendenzen, die weit über die Jahre 1918–1919 hinausgreifen. Daß der Expressionismus dennoch gescheitert ist, hängt weitgehend damit zusammen, daß seine ‚konstruktivistischen' Konzepte nur von gewissen Randgruppen vertreten wurden, während sie dem Gros seiner Anhänger entweder unbewußt oder fremd blieben. Aufgrund dieser ideologischen Konstellation nimmt es nicht wunder, daß viele Expressionisten ihre eigene Rolle in den politischen Auseinandersetzungen dieser Ära völlig falsch interpretierten und so eher zu einer Verneblung als zu einer Klärung der allgemeinen Situation beitrugen.
Und doch gab es auch unter den romantisch-utopischen, idealistisch-menschheitlichen und geistbetont-aktivistischen Gruppen von Anfang an viel echtes Engagement, das bei einer solchen Gesamtbewertung dieser Bewegung nicht unterschlagen werden sollte. So stößt man schon in den Jahren zwischen 1910 und 1914, die von den unkritischen Bewunderern des Expressionismus immer wieder als die Phase der großen, unpolitischen Lyrik gefeiert wird, auch auf unzweideutig ‚politische' Bekenntnisse zu einem Aktivismus, der sich an Heinrich Manns berühmten Essay „Geist und Tat" von 1910 anzuschließen versucht. Besonders die von Franz Pfemfert im gleichen Jahr gegründete „Aktion", die sich als „Organ eines ehrlichen Radikalismus" verstand, ist von Anfang an nicht ohne politische Ober- und Untertöne. Hier publizierten vor allem Aktivisten wie Ludwig Rubiner, Karl Otten, Kurt Hiller, Carl Einstein, Alfred Wolfenstein, Rudolf Leonhard und Gustav Landauer. Während ringsum Chauvinismus, Militarismus und Imperialismus ihre giftigen Blüten trieben, wird in dieser Zeitschrift in aller Offenheit die „Vaterlandslosigkeit" zum obersten „Kulturideal" erhoben (A 1913, Sp. 321). Neben den Leitartikeln Pfemferts stechen dabei besonders die Aufsätze Rubiners ins Auge, die meist mit provozierenden Titeln wie „Der Dichter

greift in die Politik" (22. Mai 1912) oder „Maler bauen Barrikaden" (25. Mai 1914) versehen sind. Im München der Vorkriegszeit wurde ein solcher Aktivismus – wenn auch mit wesentlich anarchistischeren Zügen – vor allem von Erich Mühsam, Johannes R. Becher und Franz Jung vertreten, die mit Handzetteln von Tür zu Tür gingen, um für Kirchenaustritt zu werben oder zu Massenversammlungen aufzurufen. In Dresden waren es die jungen „Brücke"-Maler, die vor 1914 unter Arbeitern wohnten und in Fabriken ausstellten, auf die man die Bezeichnung ‚Aktivismus' anwenden könnte.
Doch als im August 1914 der erste Weltkrieg ausbrach, erwiesen sich diese Kreise als viel zu klein, um sich im allgemeinen Trubel der Ereignisse überhaupt bemerkbar machen zu können. Als sich einige der Pfemfertschen Aktionisten dennoch zu einer Gegenaktion entschlossen und mutig unter den Linden aufmarschierten, wurden sie von den begeisterten Volksmassen einfach beiseite gespült. Schließlich hatten sich selbst die Sozialdemokraten – mit Ausnahme von Ledebour, Lensch und Liebknecht – im Reichstag von den chauvinistischen Hochgefühlen mitreißen lassen und die von der Regierung geforderten Kriegskredite bewilligt. In den ersten Kriegsjahren war es daher für die jungen Expressionisten relativ schwer, ihren unpatriotischen und pazifistischen Gefühlen öffentlichen Ausdruck zu geben. Nicht nur die Zensur sorgte für die Unterdrückung solcher Stimmen, sondern auch die überwältigende Mehrheit der Verleger, Lektoren und Publizisten, denen die deutschen Siege „Tränen der Begeisterung" in die Augen trieben, wie sich Thomas Mann äußerte. Jeder Widerspruch gegen die offizielle Kriegspolitik wurde von diesen Intellektuellen als ein Vaterlandsverrat ‚westlich' verseuchter Zivilisationsliteraten empfunden. Selbst so engagierte Blätter wie die „Aktion" konnten sich nur sehr indirekt oder versteckt über Politik äußern und mußten sich weitgehend mit dem Abdruck rein literarischer Texte begnügen. Ein konsequenter Pazifist wie René Schickele zog daraus die Konsequenz und siedelte 1916 mit den vom ihm herausgegebenen „Weißen Blättern" in die Schweiz nach Zürich über, wohin sich im Laufe des Krieges auch andere Pazifisten wie Walter Benjamin, Ernst Bloch und Leonhard Frank begaben.
Ein Wandel in dieser Situation setzte erst gegen Ende 1916 ein, als der Krieg endgültig in einem zermürbenden Grabenkampf stagnierte und sich in Deutschland und Frankreich die ersten Anzeichen einer wachsenden Kriegsmüdigkeit beobachten lassen. In diesen Monaten gelang es daher manchen Expressionisten, wenigstens einige ihrer Antikriegsgedichte an den Mann zu bringen und somit am Abbau der chauvinistischen Hochstimmung mitzuwirken. Doch der entscheidende Umschwung trat im Jahr 1917 ein, als in Frankreich Marschall Philippe Pétain die verbreiteten Meutereien und Streikbewegungen blutig niederschlug und schließlich ein Chauvinist wie Georges Clemenceau die Regierung übernahm, der dem allgemeinen Defaitismus ein neues ‚Gloire'-Konzept entgegensetzte. Da sich im gleichen Jahre die Vereinigten Staaten unter Woodrow Wilson endlich entschlossen, ihre Neutralitätspolitik aufzugeben und Truppen nach Frankreich

zu verschiffen, verstärkte sich in Deutschland allmählich das Gefühl, daß dieser Krieg nicht mehr zu gewinnen sei. Obendrein brach im März 1917 in Rußland die Revolution aus, die alle antizaristisch und damit antiwilhelminisch eingestellten Kreise in der Hoffnung auf die Gründung einer deutschen demokratischen Republik bestärkte. Im April 1917 entschied sich daher der linke Flügel der sozialdemokratischen Partei, eine neue Partei zu gründen, die den Namen „Unabhängige Sozialdemokratische Partei“ (USPD) erhielt und den Kampf gegen die Fortführung des Krieges aufnahm. Viele der aktivistisch eingestellten Expressionisten wie Pfemfert, Becher, Hasenclever und Leonard Nelson, die sich der ‚verbürgerlicht-revisionistischen‘ SPD gegenüber recht ablehnend verhalten hatten, schlossen sich schon 1917 dieser Partei als Mitglieder an. Andere wie Friedrich Wolf folgten ein Jahr später. Auch die im Frühjahr 1917 ausbrechenden Munitionsarbeiterstreiks verstärkten diese Tendenz zum Engagement und zur Solidarisierung aller oppositionellen Gruppen. So verteilte etwa Ernst Toller, der einer pazifistischen Studentenliga angehörte, im Frühjahr 1917 an streikende Münchener Munitionsarbeiter Flugblätter mit Teilen seines unvollendeten Antikriegsdramas „Die Wandlung“.

Noch rebellischer wurden diese Kreise im Spätherbst 1917, als in Rußland die Revolution in ihre bolschewistische Phase überging und Lenin am 28. November 1917 in seinem berühmten Funkspruch „An Alle“ zu Friede und Völkerversöhnung aufrief. Von jetzt ab war unter den expressionistischen Schriftstellern kein Halten mehr, sosehr auch die Zensur versuchte, alles ‚Wehrzersetzende‘ sofort zu unterdrücken. Gestützt auf die Manifeste der USPD und des Spartakus-Bundes, deren Führer größtenteils im Gefängnis saßen, trat man immer offener gegen die Staatsgewalt und die verbrecherische Weiterführung des Krieges auf. Antikriegsgedichte (Wolfenstein, Hasenclever, Becher), Antikriegsdramen (Toller, Eisner, Rubiner, Kraus, Hasenclever) und Antikriegserzählungen (Leonhard Frank) wurden geschrieben, die zwar nicht alle veröffentlicht werden konnten, aber zum Teil in Abschriften und in der Schweiz gedruckten Exemplaren auch in Deutschland kursierten und dort eine nicht zu übersehende Wirkung entfalteten. Diese Werke sind weitgehend im Geiste eines utopischen Pazifismus abgefaßt, der ohne jede politische Konkretheit die ‚Gutwilligen‘ und ‚Brüderlich-Gestimmten‘ einfach zur Überwindung der Gewalt durch Gewaltlosigkeit aufruft. Ideologisch gipfeln sie meist in der Forderung nach einem internationalen Staatenbund, dessen Hauptprogramm die Abschaffung des Krieges ist, während man in allen anderen Dingen entweder dem Wilsonschen Vierzehn-Punkte-Programm vertraute oder die Lösung der sozialen und ökonomischen Fragen bis auf die Zeit nach dem Kriege vertagte.

Als daher im November 1918 die Revolution wirklich ausbrach, erwiesen sich die antiwilhelminischen Kreise als viel zu schwach und obendrein viel zu utopisch, um sich an den konkreten Auseinandersetzungen um die Macht beteiligen zu können. Denn die wirkliche ‚Revolution‘, welche die ‚Geistigen‘ seit 1910 so

Richard Seewald: Revolution (1913)

inbrünstig herbeigesehnt hatten, war letztlich nur eine Zufallsrevolution kriegsmüder Soldaten, die so gar nicht in ihre eigenen Konzepte paßte. Diese Soldaten wollten erst einmal mit ihren Offizieren abrechnen und dann zu ihren Familien nach Hause eilen – und nicht ‚die Welt verändern'. Auf Intellektuelle waren diese Schichten, die man von Kind auf in einer bewußten Bildungs- und Kulturfeindschaft erzogen hatte, ohnehin nicht gut zu sprechen, was eine allgemeine Solidarisierung vollends erschwerte. In dieser Situation gelang es den rechten Mehrheitssozialisten unter Friedrich Ebert und Wilhelm Scheidemann ohne besondere Mühe, einfach die Macht an sich zu reißen und alle weiter linksstehenden Gruppen und Parteien wie die Arbeiter- und Soldatenräte, den Spartakus-Bund und die USPD mit Hilfe der Reichswehr Schritt für Schritt zu überrunden oder blutig niederzuschlagen. Und so scheiterte im Frühjahr 1919 sowohl der Spartakus-Aufstand in Berlin als auch das Experiment der Münchener Räterepublik. Was sich dagegen durchsetzte, war die von der SPD beeinflußte Weimarer Nationalversammlung (Februar-August 1919), durch die eine bürgerlich-liberale Demokratie etabliert wurde, die alle geistidealistisch, aktivistisch, utopisch oder sozialistisch eingestellten Intellektuellen notwendig unbefriedigt lassen mußte.
Wie verhielten sich daher die Expressionisten in dieser Krisenzeit zwischen November 1918 und August 1919, als es immer deutlicher wurde, daß sich die von ihnen angestrebte Revolution nicht durchsetzen ließ? Im November 1918 gingen sie erst einmal alle mit fliegenden Fahnen ins revolutionäre Lager über, beteiligten sich an öffentlichen Demonstrationen, schlossen sich den Arbeiter- und Soldatenräten an, traten in die USPD oder den Spartakus-Bund ein, um die Gunst der Stunde in ihrem Sinne beeinflussen zu können. Nach Jahren des Schweigens und der Unterdrückung nahmen sie jetzt jede Chance wahr, sich in aller Öffentlichkeit zu ihren pazifistischen oder utopisch-sozialistischen Programmen bekennen zu können. Als gute ‚Kommunionisten' suchten sie plötzlich nach Kontakten mit Arbeitergruppen, gingen in politische Versammlungen, verteilten Flugblätter oder stellten ihre Gemälde auf Straßen und Bahnhöfen aus. Ja, manche bemühten sich allen Ernstes, ihre bisherigen bohemehaften Cliquen und Konventikel durch größere und straffer geführte Organisationen zu ersetzen, um endlich eine Einheitsfront aller Kriegsgegner, aller Geistigen, aller Aufbruchsbereiten auf die Beine zu stellen.
Und zwar orientierte man sich dabei anfänglich vor allem an den Arbeiter- und Soldatenräten. So wurde beispielsweise 1918 in Berlin ein ‚Politischer Rat geistiger Arbeiter' gegründet, der weitgehend aus expressionistisch eingestellten Intellektuellen und Schriftstellern bestand und dessen Präsident Kurt Hiller war. Die Architekten, Maler und Kunstkritiker schlossen sich im November des gleichen Jahres zum ‚Arbeitsrat für Kunst' zusammen, einer Art Kunst-Sowjet unter der Leitung von Walter Gropius, Cesar Klein und Adolf Behne, dem auch Pechstein, Schmidt-Rottluff, Meidner, Feininger, Otto Bartning, Bruno Taut und andere beitraten. Wohl die wichtigste Publikation dieser Gruppe ist die Schrift „Ja!

Stimmen des Arbeitsrates für Kunst in Berlin" (1919), die auf zustimmenden Antworten zu Fragebögen beruht, welche der Berliner Arbeitsrat gleich nach seiner Konstituierung an alle fortschrittlichen Künstler versandt hatte. In diesem Manifest gibt es fast kaum einen Künstler, der sich nicht für eine weitgehende ‚Sozialisierung der Künste' einsetzt. Überall heißt es: weg von den Ausstellungen, den Sezessionen, den Salons, den Kritikern, den Snobs – und dafür hin zum Volke, zum Monumentalen, zur Anonymität, zur Öffentlichkeit. Die meisten wollen lediglich schlichte Handwerker beim „Bau" eines „sozialistischen Staates" sein, wie sich Gropius ausdrückt (S. 32). Oswald Herzog tritt daher in allen Fragen der Kunst für eine enge „Verbindung mit den Führern der Unabhängigen Sozialdemokraten und Kommunisten" ein (S. 44). Schmidt-Rottluff spricht sich im gleichen Sinne für eine „Fühlungnahme mit Gewerkschaften und Arbeiterorganisationen" aus (S. 90). Das Ziel, das man dabei ins Auge faßt, sind „kommunistische Künstlergemeinschaften", um Bruno Taut zu zitieren (S. 102), die sich mit den Arbeitern und allen linksradikalen Intellektuellen in erster Linie dem Aufbau eines werkbundhaften Sozialismus widmen. Welche Nahziele man dabei hatte, geht aus der Forderung hervor, altmodische Repräsentationsgebäude wie den Berliner Dom und einige Museumspaläste einfach einzureißen oder in die Luft zu sprengen und dafür öffentliche Versammlungsorte zu schaffen, wo sich jeder wie ein Arbeiter unter Arbeitern, ein Bruder unter Brüdern fühlen könne. Wohl eins der besten Dokumente dieser Gesinnung ist der Aufruf „An alle Künstler, Dichter, Musiker", den Ludwig Meidner 1919 im dritten Heft der Zeitschrift „Das Kunstblatt" erscheinen ließ und der in folgendem Bekenntnis gipfelt (S. 29 ff.):

> „Damit wir uns nicht mehr vor dem Firmament zu schämen haben, müssen wir uns endlich aufmachen und mithelfen, daß eine gerechte Ordnung in Staat und Gesellschaft eingesetzt werde. Wir Künstler und Dichter müssen da in erster Linie mittun. Es darf keine Ausbeuter und Ausgebeuteten geben! Der Sozialismus soll unser neues Glaubensbekenntnis sein ... Maler, Dichter, Musiker schämt euch eurer Abhängigkeit und Feigheit und verbrüdert euch mit dem ausgestoßenen, rechtlosen, gering bezahlten Knecht!"

Ähnliche Äußerungen liest man in dem Manifest „An alle Künstler" (1919) der Berliner ‚Novembergruppe', die von Pechstein, Georg Tappert, Rudolf Belling, Moritz Melzer, Heinrich Campendonk und anderen gegründet wurde und der sich später auch eine Reihe von Schriftstellern und Komponisten anschloß. Wie in den „Stimmen des Arbeitsrates" werden hier alle „radikalen bildenden Künstler" dazu aufgefordert, ihre Kräfte vornehmlich in den Dienst des Volkes zu stellen, das heißt Kulturhäuser für das Proletariat zu errichten und somit ihren Beitrag zur Überwindung jener verhängnisvollen Trennung von Arbeitern und Intellektuellen zu leisten, die auch Adolf Behne in seinem Buch „Die Wiederkehr der Kunst" (1919) als die Hauptaufgabe aller verantwortungsbewußten expressionistischen Künstler bezeichnet.

Auf literarischem Gebiet äußert sich dieser revolutionäre Novemberimpuls weniger in neuen Organisationen als in einer Fülle neuer Zeitschriften. Man denke an Blätter wie „Revolution", „Die Erde", „Das Tribunal", „Der Revolutionär", „Menschen" oder „Der Gegner", die zwischen November 1918 und Herbst 1919 gegründet wurden und aus ihrer revolutionären Erregtheit kein Hehl machen. Immer wieder wird hier das Kriegsende als ein Akt der spontanen Massenbefreiung, ein Aufbruch ins Paradies des Sozialismus, eine mit den Augen Rosa Luxemburgs gesehene Volkserhebung gefeiert, was meist zu utopisch-kommunistischen Gefühlsentladungen führt, die in ihrer geistigen Radikalität und zugleich inneren Leere kaum zu überbieten sind. Das gleiche gilt für die vielen Revolutionsdichtungen, die in diesen Zeitschriften erschienen, wo man am Schluß unter roten Fahnen marschiert, die Marseillaise singt und zugleich Kruzifixe in die Höhe reckt, um so dem Proletariat den Weg in das gelobte Land zu weisen.

Eine stärkere Polarisierung dieser expressionistischen Novembergesinnung setzt erst im Frühjahr 1919 ein, als man plötzlich mit Ereignissen wie dem Berliner Spartakus-Aufstand und der Ausrufung der Münchener Räterepublik konfrontiert wurde, die zu wesentlich konkreteren Stellungnahmen herausforderten. Gegen den Krieg waren im November 1918 mehr oder weniger alle gewesen. Doch waren die gleichen Leute jetzt auch alle für die ‚rote Republik'? Hier mußte man sich plötzlich in einem ganz anderen Sinne engagieren. Diese Revolution fiel einem nicht in den Schoß, sondern mußte wirklich durchgekämpft werden. Hier war es nicht mit schönen Worten getan – hier mußte man mit Taten beweisen, ob man ein überzeugter Revolutionär war und es mit dem allerseits verkündeten ‚Sozialismus' tatsächlich ernst gemeint hatte. Gerade an diesen beiden Ereignissen schieden sich daher die Geister relativ schnell: die einen engagierten sich, die anderen wichen ins Niemandsland der freischwebenden Intelligenz aus oder kehrten reumütig zu ihren ‚bürgerlichen' Vorkriegspositionen zurück, falls sie nicht noch Schlimmeres taten – und Kapp-Anhänger oder Faschisten wurden.

Vor allem bei den Spartakus-Aufständen in Berlin, im Ruhrgebiet und in Sachsen war die Teilnahme von seiten der expressionistischen Intellektuellen relativ gering. Lediglich Franz Pfemfert, Karl Otten und Franz Jung beteiligten sich an den Kämpfen im Berliner Zeitungsviertel oder traten als Agitationsredner bei öffentlichen Spartakus-Versammlungen auf. Die meisten anderen Expressionisten empfanden jedoch diese Form der ‚Veränderung' als zu blutig und gewaltsam. Nachdem sie während des Krieges jahrelang für Pazifismus und Gewaltlosigkeit eingetreten waren, erschien es ihnen jetzt geradezu verblendet, der ‚Bestie Gewalt' ebenfalls mit Gewalt entgegentreten zu wollen. Sie hofften lieber weiter auf eine religiöse Erweckung oder einen allgemeinen Gesinnungswandel, bis sie vor lauter enttäuschten Hoffnungen im Laufe der zwanziger Jahre schließlich der Resignation verfielen.

Bei der Münchener Räterepublik war dagegen – vor allem in ihrer ersten Phase, in der Utopisten und Geistrevolutionäre wie Eisner, Landauer, Mühsam und

Toller tonangebend waren – die Beteiligung von seiten der Expressionisten relativ stark. Schließlich war Kurt Eisner, der erste Premierminister dieser Republik, selbst ein expressionistischer Dichter gewesen, der in seinen Dramen deutliche Anklänge an Kleist und Strindberg verrät. Eisners Ideologie beruht zum Teil auf dem Marxismus, ist jedoch so stark mit mystischen Elementen und Fichte-Reminiszenzen durchsetzt, daß sie immer wieder in einer „Religion des Sozialismus" kulminiert (II, 38). Ähnliches gilt für Gustav Landauer, der sich mit derselben verschwommenen Novembergesinnung zu einem enthusiastischen Ineinander von „Kommunismus, Liebesgemeinde und Religion" bekannte (WM, S. 21). Wie so viele Utopisten dieser Ära wollte auch Landauer nach der Abschaffung des Staates und des Proletariats alle Menschen in einen paradiesischen Urzustand zurückführen. Nicht minder ekstatisch gebärdete sich Toller, der sich in seiner „Wandlung" (1919) zum Messias der Revolution stilisiert und der Gewalt lediglich die allesüberwindende Liebe entgegensetzt. Auch bei ihm ist der allgemeine Umschwung weniger eine Frage der Politik als der Gesinnung. Dazu paßt, daß er in „Masse-Mensch" (1921) von einem liebend verbundenen Volke träumt, das nicht mehr „zerstampfter Acker", sondern blühendes Gefild sein will (S. 74). Wie sehr man selbst in diesen Kreisen auf Geist und Kunst vertraute, beweist die simple Tatsache, daß im Frühjahr 1919 in München als erstes das Theater und die Universität ‚sozialisiert' wurden. Als daher nach der Ermordung Eisners die Führung der Revolution an die Spartakisten unter Eugen Leviné fiel, zogen sich die meisten Expressionisten von der ‚Räterepublik' zurück und überließen sie ihrem unrühmlichen Ende.

Nach diesen gescheiterten Umsturzversuchen von links war es im Sommer 1919 für die SPD ein leichtes, sich innerhalb der Weimarer Nationalversammlung mit dem Bürgertum auf einen kapitalistisch-demokratischen Kurs zu einigen, wodurch zwar die junge Republik eine gewisse ‚Stabilisierung' erfuhr, jedoch die linken Intellektuellen weitgehend heimatlos wurden. Wohin sollten sich die Expressionisten – jedenfalls die Engagierteren unter ihnen – jetzt noch wenden? Die Spießer- und Mehrheitssozialdemokraten, die für die revolutionäre Situation überhaupt kein Verständnis aufgebracht hatten, galten in ihren Augen nach der blutigen Unterdrückung der Spartakisten und Räteregierungen als eindeutig reaktionär. In diesen Kreisen wurde einfach ‚wilhelminisch' weitergewurstelt, weshalb George Grosz in zynischer Verbitterung Friedrich Ebert als Wilhelm III. porträtierte. „Es ging der merkwürdigen deutschen Sozialdemokratie in jener Zeit mit der Revolution wie der Jungfrau mit dem Kind", schrieb Döblin ebenso verbittert, „sie wußte nicht, wie sie dazu gekommen war" (P, S. 115). Um nur ja den Schein des Legitimismus auf ihrer Seite zu haben, plante die SPD sogar, den Kaiser aus Holland zurückzuholen. Überhaupt umgab sich die Ebert-Clique gern mit Kapitalisten und preußischen Offizieren und gründete eine ‚Republik', zu deren ideologischer Untermauerung ausgerechnet die hochtönenden Ideale der ‚Humanität' herangezogen wurden. Doch gerade diese Berufung auf die ‚Klassiker' beweist deutlich genug, daß man lediglich den Status quo erhalten wollte, anstatt sich an die Schaffung einer wirklich neuen Gesellschaftsordnung heranzuwagen. Denn viel ‚Revolutionäres' war bei den Olympiern von Weimar wahrlich nicht zu finden. Selbst da, wo sich Goethe und Schiller einmal fortschrittlich äußern, hat man es weitgehend mit längst historisch gewordenen Idealen zu tun. Schließlich läßt sich ein hochentwickelter Staat des technischen Zeitalters nicht mehr auf ‚Natur und Menschlichkeit' oder den Genieanspruch der ‚vornehmen Einzelseele' basieren. Welche Schizophrenie dadurch entsteht, zeigt sich bereits im späten 19. Jahrhundert, wo sich das gründerzeitliche Bildungsbürgertum im Salon zu Goethe und Schiller bekennt, während es in der täglichen Geschäftspraxis einen rücksichtslosen Laissez-faire-Liberalismus vertritt, der von den Humanitätsvorstellungen einer Iphigenie oder eines Marquis Posa himmelweit entfernt ist. Bei der SPD war daher für die Expressionisten weder politisch noch kulturell viel zu holen.

Um so stärker sympathisierte man dafür mit der links von der SPD stehenden USPD. Doch selbst diese Kreise waren ideologisch zu unklar, um einen wirklichen Zentrierungspunkt der revolutionären Kräfte abzugeben. Obendrein wurden sie im Frühjahr 1919 durch das Massaker in München und die Ermordungskampagnen in Berlin, in Sachsen und im Ruhrgebiet ihrer wichtigsten Führer beraubt. Als sich die USPD daraufhin aus innerer Schwäche spaltete, verschmolz ein Teil wieder mit den Mehrheitssozialisten, während ein anderer zur jungen KPD übertrat, die aus dem Spartakus-Bund hervorgegangen war. Und so blieb für die Linksengagierten eigentlich nur die KPD übrig. Doch selbst diese Partei erschien den Expressionisten nicht attraktiv genug. Das hängt zum Teil damit zusammen, daß sich die KPD im Sommer 1919 entschloß, künftig jedes politische Abenteurertum (sprich Spartakus und Expressionismus) zu vermeiden, ihren außerparlamentarischen Revolutionismus aufzugeben und sich wie alle anderen Parteien an den regulären Wahlen zu beteiligen. Auf diese Weise verlor sie jenen ‚radikalistischen' Anstrich, der die jungen Expressionisten – wenigstens in der Idee – an den Arbeiter- und Soldatenräten, der USPD und dem Spartakus so fasziniert hatte. Und damit schied auch sie als politischer Anziehungspunkt aus.

Was also blieb, war ein in kleine und kleinste Gruppen aufgesplittertes Linkssektierertum, das sich in seiner Abneigung gegen jede offizielle Parteipolitik selbst zur Ohnmacht verdammte. Wofür also die linksengagierten Expressionisten von 1919 bis etwa 1921 schwärmten, waren weitgehend ultralinke oder syndikalistische Splitterverbände wie die KAPD (Kommunistische Arbeiterpartei Deutschlands), die AAU (Allgemeine Arbeiter-Union) und die FAUD (Freie Arbeiter-Union Deutschlands), bei denen romantisierte Sowjetstaatvorstellungen und ein ebenso überspannter Proletkult vorherrschten. So wurde beispielsweise Franz Pfemfert kein Mitglied der KPD, sondern führte erst seine eigene Partei, die ASP (Antinationale Sozialisten-Partei), weiter, zu der sich zeitweilig auch Karl Otten, Hans Siemsen und Carl Zuckmayer bekannten, und trat dann im Frühjahr 1920 in die KAPD ein, die sich in ihrem Linksradikalismus zur KPD ungefähr so verhielt, wie sich die USPD zur SPD verhalten hatte. Da Pfemfert die Weimarer Nationalversammlung als einen ‚infamen Schwindel' empfand, setzte er sich in seiner „Aktion" immer stärker für eine Räte- und Volksherrschaft ein, um so mit deutlich expressionistischer Tendenz einer antinationalen, sozialistischen ‚Menschheit' vorzuarbeiten, in der jede persönliche Bevorrechtigung ausgeschaltet ist und die auf der freien Mitbestimmung aller beruht. Ähnliche Ideen finden sich in der Zeitschrift „Das Forum", die von dem USPD-Mitglied Wilhelm Herzog herausgegeben wurde und für eine sozialistische Republik eintrat, in der es nur noch Intellektuelle und Arbeiter gibt. Ideologisch lehnte sich Herzog dabei sowohl an die französische Clarté-Bewegung als auch an das Vorbild der russischen Sowjet-Republik an.

Was diesen KAPD- oder USPD-Tendenzen auf kulturellem Sektor entspricht, läßt sich durchaus mit den sowjetischen Proletkult-Tendenzen vergleichen. So wurde im September 1919 in Berlin ein „Bund für proletarische Kultur" gegründet, zu dem unter anderen Heinrich Vogeler, Rudolf Leonhard, Ludwig Rubiner, Bruno Taut, Hans Baluschek, Heinrich Zille und Arthur Holitscher gehörten. Wohl der wichtigste Promotor dieser Tendenzen war Ludwig Rubiner, der in seinen Sammelbänden „Kameraden der Menschheit. Dichtungen zur Weltrevolution" und „Die Gemeinschaft. Dokumente der geistigen Weltwende", die beide 1919 erschienen, die bloß pazifistische Haltung der Kriegsjahre und die kommunionistische Gesinnung der Novembertage in Richtung aufs Klassenkämpferische und Proletarische zu überwinden versucht. Unter den Beiträgern dieser Bände herrschen zwar wieder Gefühlssozialisten wie Einstein, Hasenclever, Wolfenstein, Otten, Ehrenstein und ähnliche Paradieses-Utopisten vor, deren antizivilisatorischer Affekt immer wieder mit Reizworten wie ‚Seele', ‚Herz', ‚Geist' ins Pseudo-Religiöse hochgeputscht wird. Ja, selbst Rubiner wirft sich manchmal zum neuen Christus auf, der alle ‚Erdgeborenen' wieder in jenes Land ‚Utopia' führen will, wo es kein „Maschinengestampf" mehr gibt und sich die gesamte Menschheit nackt auf blühenden Wiesen tummelt (K, S. 19). Doch neben all diesem Rousseauismus, dieser Romantik, diesen anarchistischen Bekenntnissen à la Krapotkin, Tolstoi und Landauer stößt man zugleich auf Namen wie Marx, Lunatscharski, Barbusse, Wilhelm Herzog und Upton Sinclair, die ganz andere Akzente setzen. Dazu kommen begeisterte Ergüsse über die Räte-Verfassung, den Proletkult als Aufbruch zu neuer sozialistischer Weltkultur und Grußhymnen an die junge russische föderative Sowjet-Republik (Becher). Interessanterweise wird dabei die Rolle des Intellektuellen und damit auch des Dichters in diesen Auseinandersetzungen von Rubiner recht nüchtern gesehen. Daß der expressionistische Literat ständig ins Ekstatische und Überspannte entgleist, führt er weitgehend auf die kleinbürgerliche Abstammung und mangelnde Revolutionserfahrung dieser Kreise zurück. Er schreibt (K, S. 174):

„Es ist nichts anderes als das Fehlen der langjährigen Schulung des Proletariers, das den Dichter der Revolution auch sachlich und erkenntnismäßig weit hinter das Proletariat zurückstellt. Er ist ein Neuling der Revolution. Er nimmt zunächst noch gar nicht an der wirklichen Gemeinschafts-Tat teil".

Die „historische Aufgabe" des expressionistischen Dichters besteht nach seiner Ansicht darin, sich erst einmal „aus dem Kleinbürgertum zu befreien". Da dieser Schritt jedoch bisher erst von so wenigen vollzogen sei, sieht Rubiner die „seelisch wertvollere Revolutionsdichtung" eher in den „utopistischen" als in den „sozialistischen" Werken dieser Jahre. Wie hoch er die ethische Unbedingtheit dieses „revolutionären Neulingstums" auf dem Sektor des Geistigen, Moralischen und Utopischen einschätzt, geht am klarsten aus folgenden Worten hervor (K, S. 174 ff.):

„So gering unter den Dichtern die Sachlichkeit des Gemeinschaftszieles auftritt – die Produktionsmittel der Erde in die Hände der Produzierenden! – so groß ist dagegen ihre Sachlichkeit auf allen geistigen, moralischen und Willenswegen der Revolution. Ihre Tat war: die Proklamation des seelischen Neubaus, die Proklamation der revolutionären Solidarität, der Gemeinschafts-Freiheit, der sozialen Gerechtigkeit ... Und hier tritt der Dichter endlich an die Seite des Proletariers: Der Proletarier befreit die Welt von der wirtschaftlichen Vergangenheit des Kapitalismus; der Dichter befreit sie von der Gefühlsvergangenheit des Kapitalismus. Kameraden der Menschheit rufen zur Weltrevolution".

Noch entschiedener setzte sich 1919 die Zeitschrift „Die Erde" unter Walther Rilla für eine vom proletarischen Klassenbewußtsein getragene ‚Weltbewegung des Geistes' ein. Das gleiche gilt für die proletarische Kampfschrift „Der Gegner", die zwischen Frühjahr 1919 und Frühjahr 1920 erschien, und in der John Heartfield seine expressionistischen Kollegen aufforderte, den ‚reinen Geist' endlich ad acta zu legen und „Kunstkommunisten" zu werden (1920, S. 196). Auch Erwin Piscator, der 1919 in Berlin sein ‚Proletarisches Theater' gründete, stellte sich von Anfang an in den Dienst proletkultischer Tendenzen, um sich von der erdrückenden Übermacht der ‚bürgerlichen' Kulturtraditionen zu befreien. Neben Stücken von Maxim Gorki, Upton Sinclair, Alfons Paquet und Franz Jung spielte man hier vor allem prosowjetische Szenenfolgen wie „Rußlands Tag" (1920) oder reine Agitprop-Werke wie Piscators berühmte „Revue Roter Rummel" (1924).

Die letzte Gruppe, die man diesen linksengagierten Richtungen anreihen muß, sind die Berliner Dadaisten, die in ihrer frühen Phase durchaus ‚bolschewistische' Tendenzen vertraten. Man denke an Männer wie George Grosz, John Heartfield, Walter Mehring, Wieland Herzfelde, Franz Jung, ja selbst Richard Huelsenbeck, die dem verspießerten Bürgertum und der erschlafften Sozialdemokratie die junge Sowjet-Republik als Vorbild entgegenhielten, einen aufreizenden Lenin-Kult trieben und zeitweilig dem Spartakus-Bund beitraten. Wie die Vertreter der Proletkult-Bewegung sahen die Berliner Dadaisten das Heil der Zukunft vor allem in einem radikalen Bruch mit der bürgerlichen Kunst- und Kulturtradition. Zu ihren Lieblingsschlagwörtern gehörten darum Slogans wie ‚Tabula rasa' oder ‚Kunst ist Scheiße', die damals noch einen gewissen Schockwert hatten. Was sie dieser ‚Kunscht' – worunter sie neben der altmodisch bürgerlichen auch die gefühlsexpressionistische verstanden – als Antikunst entgegensetzten, war entweder die Tatlinsche Maschinenkunst, die damals gerade in der Sowjetunion von sich reden machte, die politische Satire oder die Unkunst des bloßen Aktionismus. Die zeitschriftenartigen Manifeste dieser Richtung wie „Jedermann sein eigner Fußball" (Februar 1919) und „Die Pleite" (März 1919), die beide sofort von der SPD-Regierung verboten wurden, enthalten daher neben Aufrufen der bayerischen Soldatenräte und Karikaturen auf Friedrich Ebert vor allem Dokumente einer Antikunstgesinnung, die dem musischen Schmatzen und Schmusen der Vorkriegsgeneration einen aktionistischen Anarchismus entgegensetzt, der schon damals zum politisierten Happening tendierte. So kaperte etwa Franz Jung mitten in der Ostsee einen Dampfer, ließ ihn nach Leningrad steuern und schenkte ihn den Russen.

Doch dieser dadaistische Aktionismus war ebenso kurzlebig wie die kommunionistische Novembergesinnung und die Proletkult-Tendenzen und verkam in den Händen geschickter Manager schnell zu einer modischen Masche. Was vom Dadaismus übrigblieb, war daher schon im Sommer 1919 lediglich eine ziellose Antibürgerlichkeit, deren ideologischer Zynismus sich in Slogans wie „Jedermann sein eigenes Schlachtroß", „Nein ist gleich ja, d. h. Dada meint nichts", „Christus ist Wurst" oder „Dada ist da" offenbart. Besonders ‚geistreiche' Dadaisten klebten ihren Freunden einfach Schildchen auf den Rücken, auf denen die herzhafte Aufforderung stand: „Dada, tritt mich in den Steiß, das hab ich gerne!" Denselben ‚Geist' verrät das sensationsheischende „Dadacon", das Johannes Baader, der Oberdada, wie er sich nannte, verfaßte, bei dem es sich um das größte Buch aller Zeiten handelt, das aus Tausenden von in Fotomontagemanier zusammengeklebten Zeitungsseiten besteht. Noch bekannter wurde der kommerzlose Merz-Dichter Kurt Schwitters mit seiner „Anna Blume" (1919), diesem „tropfen Tier", das man laut Titelgedicht „auf alle Fälle" lieben soll. Werke dieser Art waren von einem solchen Einfluß, daß von dem ursprünglichen Aktionismus der Berliner Dada-Gruppe schon im Winter 1919 auf 1920 nicht mehr viel zu spüren ist und die gesamte Richtung eine recht verbaaderte und verschwitterte Note bekommt.

Und die Linken ließen es geschehen. Politisch und ideologisch heimatlos geworden, zerfielen sie, nach dem Sieg der sozialdemokratisch-bürgerlichen Koalition zur Aufrechterhaltung der kapitalistischen Ordnung, in immer kleinere Gruppen und gaben sich schließlich einem verbitterten Zynismus hin. Einer nach dem anderen erkannte, daß die frischgebackene ‚Weimarer Republik' seine politischen Träume eher zerstört als erfüllt hatte. Denn schließlich war dieser Staat in seinen Anfängen nicht viel mehr als ein ‚Schieber-Eldorado', wie man das damals nannte, in dem unter dem Deckmantel des Liberalismus dieselben schmutzigen Geschäfte getrieben wurden wie vor 1914. Doch die Antwort der Linken auf diesen ‚Ruck nach rechts' war nur in den seltensten Fällen eine verstärkte Parteilichkeit; sie erschöpfte sich vielmehr oft genug in bitterer Resignation. Zu einem wirklichen Engagement raffte man sich erst in der zweiten Hälfte der zwanziger Jahre auf, nachdem man im Klima der ‚Neuen Sachlichkeit' eine gewisse Abhärtung erfahren hatte. Um 1920 waren jedoch zu einer solchen Haltung, die ein hohes Maß an politischer Bewußtheit und langfristiger Strategie voraussetzt, viele einfach noch nicht fähig. Nach soviel Idealismus, soviel utopischer Hoffnung, soviel chiliastischer Erwartung, die sich nirgends wirklich ausleben konnten, verfielen die meisten expressionistischen Intellektuellen erst einmal einer ideologischen Tristesse.

Und doch gab es auch hier einige rühmliche Ausnahmen wie die Brüder Herzfelde/Heartfield, Johannes R. Becher, Franz Jung, Erwin Piscator und Karl August Wittfogel, die sich nicht von dieser Verbitterung unterkriegen ließen und sich im Malik-Verlag zu einer neuen Kampfgruppe zusammenschlossen. Wohl die besten Illustrationen für die politische Gesinnung dieser Kreise liefern die Bände „Das Gesicht der herrschenden Klasse" (1921) und „Abrechnung folgt!" (1923) von George Grosz, in denen die blutige Unterdrückung der Münchener Räterepublik und des Berliner Spartakus-Aufstandes und zugleich die Rückkehr der ‚alten Zustände' angeprangert werden. Mit geradezu grimmiger Verbissenheit nimmt Grosz hier jene preußischen Offiziersfatzken, Stahlhelmer, Kapitalistenschweine und fettgewordenen SPD-Bonzen aufs Korn, die unter dem Motto „Vereint schieben! Vereint prassen" die übelste Form der Unterdrückung und Ausbeutung praktizieren. Noch triefend vom Blute der Eisner, Landauer, Liebknecht, Luxemburg und Leviné scheinen sie nur einen Gegner zu kennen: das bolschewistische Rußland. Als die willfährigsten Stützen dieser Gesellschaft stellt Grosz dabei die Priester, Lehrer, Richter und Offiziere hin, die alle die gleichen Schnauzbärte, Hängebacken und Schweinsäuglein haben. Ebenso grimmig werden die arroganten Kapp-Anhänger und die Mördercanaille der Freikorps karikiert, die unentwegt ‚Hurra' brüllen und sogar ihre Nachttöpfe mit ‚Eisernen Kreuzen' verzieren. Wer selbst das noch harmlos findet, wird schließlich mit Reichswehroffizieren konfrontiert, die gerade ein Baby aufspießen und mit einem Sektglas in der rechten Hand „Prost Noske!" rufen.

Während hier bei aller Verzweiflung über die mißlungene Revolution dennoch das Satirische und damit Angriffslustige überwiegt, gleiten die Kommunionisten und Novemberrevolutionäre in diesen Jahren mehr und mehr in einen giftigen Zynismus ab. Man denke an eine Farce wie „Methusalem oder der ewige Bürger" (1922) von Iwan Goll, die in dieser Hinsicht durchaus repräsentativen Charakter hat. Wie bei Grosz handelt es sich hier auf den ersten Blick um ein finanziell wohlgepolstertes Stehaufmännchen, das nach allen Revolutionen wieder fest im Sattel sitzt: in diesem Falle den verfressenen Schieber und Schuhfabrikanten

Methusalem. Doch nicht er ist die wichtigste Figur dieses Stücks, sondern ein junger, revolutionärer Student, der mit den Worten „Ich bin die Tat! / Ich bin die Revolte, der Geist, das Salz, / Das eure stinkenden Wasser zersetzt“ auf die Bühne stürmt. Unterstützt von einer Volksmenge mit roten Fahnen, Revolutionsinsignien und Fotos von Liebknecht und Rosa Luxemburg auf hohen Stangen erschießt er schließlich Methusalem, muß jedoch erleben, daß Methusalems Sohn aus dem gleichen Holz geschnitzt ist und als guter Kriegs- und Revolutionsgewinnler sofort die höchst erfolgreiche Schuhmarke „Liebknecht“ kreiert. Doch nicht nur das. Sogar der alte Methusalem steht wieder von den Toten auf und denkt sich noch raffiniertere Profitmethoden aus, als sie ihm vor und während des Krieges eingefallen waren, worauf der gutgläubige Student – und das ist die eigentliche Pointe des Ganzen – schließlich resigniert und ebenfalls ‚verbürgerlicht‘. Und das von einem Iwan Goll, der noch zu den engagiertesten unter den expressionistischen Dichtern gehört hatte. Um wieviel kläglicher muß es um diese Zeit um die Ideologie der bloßen Mitläufer dieser Bewegung bestellt gewesen sein!

DAS VERSAGEN DER LITERATEN

I. Ideologische Unklarheit

Wie problematisch es ist, von einer einheitlichen ‚expressionistischen' Ideologie zu sprechen, wurde bereits mehrfach angedeutet. Dennoch sei hier wenigstens der Versuch unternommen, einige Grundzüge dieser Bewegung herauszupräparieren, um einen besseren Einblick in die Ursachen ihres Versagens zu bekommen. Wie gesagt, auf den ersten Blick scheint sich erst einmal alles zu widersprechen. Optimistisches steht neben Pessimistischem, Mystisches neben Atheistischem, Konstruktivistisches neben absoluter Formlosigkeit, Geist neben Trieb. Und doch herrscht in all diesen Gegensätzen ein Gemeinsames: die Neigung zum Extrem. Ob man nun aktivistisch oder meditativ, extravertiert oder introvertiert ist – man ist es stets mit der Bereitschaft zur äußersten Intensität und letzten Steigerungsmöglichkeit, um so jene ‚Trägheit des Herzens' zu überwinden, in der man das Erbübel der bürgerlichen Gesellschaft erblickt. Anstatt sich die von den Eltern überlieferten Tugenden der Nüchternheit, des Karriereehrgeizes und der geschäftlichen Skrupellosigkeit zum Vorbild zu nehmen, versuchen die jungen Expressionisten, den goldenen Käfig der Bourgeoisie von innen her zu zersprengen und ins Freie zu flüchten, und zwar ohne Rücksicht, wohin diese Ausbruchsversuche führen. Das Wichtigste ist ihnen nicht irgendein Programm, sondern der Akt der Befreiung als solcher, das wilde Umsichschlagen und die anschließende Flucht ins ‚Offene'. Man will nicht mehr in den Ketten der bürgerlichen Gesellschaft morschen, nicht mehr seelisch hungern und körperlich entbehren müssen: man will endlich ein freies und unentfremdetes Leben führen.

Aufgrund dieser Klassenlage tendiert die expressionistische Ausbruchstendenz immer wieder ins verschwommen Liberalistische. Vor allem auf literarischem Gebiet, wo sich nur wenig finden läßt, was man mit den Werkbund- und Bauhaus-Tendenzen innerhalb der Malerei und Architektur vergleichen kann, scheint es keine höhere Wertvorstellung als das eigene Ich zu geben. Mögen daher die expressionistischen Literaten untereinander noch so verschieden sein, diese ‚Entfesselung des Ich', wie man damals sagte, ist allen gemeinsam. „Die Literatur ist starrender Wald von Wegweisern geworden", schreibt Otto Flake einmal 1921 in seinem Buch „Dinge der Zeit", in der überall die „Grundschrift ‚zu mir'" durchbricht (S. 7). Und zwar läßt sich das am besten an den ‚positiven Helden' und damit ideologischen Leitbildern der expressionistischen Literatur ablesen, deren Subjektivismus manchmal kaum zu überbieten ist.

Da wären erst einmal die hochgebildeten, aber zugleich hochfrustrierten Jünglingsfiguren, die im Juste milieu der piekfeinen Bürgerlichkeit zu ersticken drohen und dem Selbstmord in letzter Minute den Ausbruch in die Halbwelt der Boheme vorziehen. Durch die Lektüre empfindsam-idealistischer oder spätromantisch-dekadenter Literatur zu maßlosen Lebenserwartungen aufgeputscht, übersteigern diese expressionistischen Bürgersöhnchen schon ihren ersten dürftigen Kontakt mit Dirnen und anderen Dienstmädchen zu ‚kosmischen' Erlebnissen – oder versuchen ihre Enttäuschung wenigstens auf dem Papier mit ekstatischen Schreibräuschen zu kompensieren. Voller Wut auf die unbewältigte Vergangenheit der ‚guten Kinderstube' prahlt man hier von Hasenclevers „Sohn" (1914) bis zu Bronnens „Vatermord" (1920) mit dionysischen Geschwisterinzesten, Bordellorgien und anderen sexuellen ‚Heldentaten', um nur ja als ‚revolutionär' angesehen zu werden. Ja, manche spielen sich geradezu als katastrophenlüsterne Berserker auf und wollen mit ihren Huren die ganze Welt ändern, obwohl sie letztlich doch nur ihr eigenes Sein oder – genauer gesagt – ihr eigenes Fleisch interessiert. Eine Reihe dieser Werke wirkt daher so unerträglich pubertär, daß ein Zyniker wie Alfred Kerr nach einer Bronnen-Premiere „Abiturienten aller Länder vereinigt euch!" in den Saal rief.

Neben diesen Pubertätsrebell tritt als zweite Leitfigur der expressionistischen Revolte der von einer menschheitsbefördernden Idee ergriffene Student, der Fanatiker mit dem großen Herzen, der erst seine Freunde, dann die ganze Stadt und schließlich die gesamte Nation in seinem Sinne zu missionieren versucht. Wohl das beste Beispiel für einen solchen überschwenglichen Idealisten, der scheinbar völlig altruistisch ist und doch in erster Linie den Gefühlssturm seiner eigenen Seele genießt, bietet das Gedicht „Der Student" aus den „Dithyramben" (1918) von Iwan Goll (S. 10):

> „Er kam aus den dunklen kleinen Pensionen. Da hatte er den Mittagstisch schon zur tollen Tribüne erhoben.
>
> Aus Bakunin stand er auf. Aus zerkrampften Nächten. Aus den notwendigen Examen. Aus Zweifel und Spott. Aus tiefstem Schrei nach Gott.
>
> Seine Augen zwei schwarze Löcher in die graue Maske des Alltags. Auf seinen Lippen schwebte wie Falter sein Herz.
>
> Aber an jenem Tage war er überall, der Freund, der Bruder, der Mensch. Aus allen Pensionen trat so ein Student. In allen Versammlungen sprach so ein Fanatiker.
>
> Er schleuderte den brennenden Spitzbart ums Kinn. Er schlug mit der hageren Faust die Schlangen der Zeit nieder.
>
> Und um ihn die blassen Arbeiter der Vereine. Um ihn die stillen Jüdinnen. Um ihn die aufkeimenden Knaben des nächsten Jahrhunderts.
>
> Hoch wuchsen seine goldenen Säulen am Eingang der Städte. Die Julis wälzten sich in den Mohnäckern naher Revolte. Die Menschenengel schwebten aus den Mansarden herab.

Mütter taumelten mit ihren Söhnen hinterher. Auf Denkmälern stand er und zerballte die Zeit. Im Volk war er und schrie nach Gerechtigkeit.

Überall in der Welt war so ein aufgepeitschter Student. Überall öffneten sich die Schleusen des Himmels".

Ebenso vorbildlich galt der „Geistige", der Mann mit dem intellektuellen Führungsanspruch, wie ihn Kurt Hiller, Leonard Nelson, Hans Blüher und Gustav Wyneken propagierten und selbst zu vertreten suchten. Vor allem Hiller, der nicht ohne Grund ständig seine Vorliebe für Nietzsche und Kerr herausstrich, setzte sich in seinen Schriften wiederholt für eine Herrschaft der Führer-Geistigen ein, was durchaus an den Aristokratismus eines Stefan George erinnert. Wonach er sich sehnte, war ein Zusammenschluß aller „höheren Menschen" gegen die „Mentalität des Gewerkschaftsführers Piefke" und die „Roheit expropriierender Rotten", um der Gefahr eines ‚gesichtslosen' Egalitarismus aus dem Wege zu gehen (E 1919, S. 363). Er setzte daher seine Hoffnung nicht auf die revolutionäre Masse, sondern allein auf das Genie, auf den kommenden ‚Helden'. Verglichen mit dem ‚geistigen Imperativ' des deutschen Idealismus, wie ihn ein Tat-Aktivist wie Fichte vertreten habe, erschien ihm der Marxismus – wie überhaupt jede materialistische Weltanschauung – als geistig subaltern und darum indiskutabel. Für ihn gab es nur die ‚Geistigen', die sich von der breiten Masse bewußt distanzieren und sich höchstens mit intellektuell Gleichrangigen zu einem ‚Herrenhaus' oder einer Art platonischer Akademie verbinden, jedoch ansonsten ihren eigenen Weg à la Nietzsche mit innerer Größe zu Ende gehen. Auch bei René Schickele finden sich solche aristokratischen ‚Geist'-Konzepte, die zum Teil an die französische Clarté-Bewegung erinnern, nach der die wahren Führer des Volkes nur aus der ‚entklaßten' Schicht der Intellektuellen kommen können.

Die nächste Figur in dieser Leitbildreihe ist der ‚Dichter-Führer', die ebenfalls meist mit stark personenkultischen Zügen ausgeschmückt wird. Auch solche Gestalten schwärmen, wie im 19. Jahrhundert, noch immer vom Aristokratismus der großen Seele und maßen sich an, als Literat mehr von der Führung eines Staates zu verstehen als jeder Beamte, Politiker oder Sachverständige. „Es kommt darauf an", schreibt Georg Heym einmal 1912, „daß Leute, wie meinetwegen zum Beispiel Wedekind (oder Verhaeren) auch die politische Macht bekommen" (II, 178). Doch nicht nur bei jungen Ehrgeizlingen wie Heym, auch bei politisch Gereifteren finden sich solche geschwollenen Äußerungen. Und zwar wird dieser gefühlsmäßige Anspruch bezeichnenderweise auch hier meist mit antisozialistischen oder zumindest antiegalitären Affektentladungen verbunden. So schreibt selbst ein Mann wie Gustav Landauer, der sich später an der Münchener Räterepublik beteiligte, während des Ersten Weltkrieges mit maßlosem Überschwang (WM, S. 363):

„Der Dichter ist der Führer im Chor, er ist aber auch – wie der Solotenor, der in der Neunten über die einheitlich rufenden Chormassen hinweg unerbittlichen Schwunges seine eigene Weise singt – der herrlich Isolierte, der sich gegen die Menge behauptet. Es ist der ewige Empörer. In der Revolutionszeit kann er der Vorderste sein, so sehr der Vorderste, daß er der erste ist, der wieder auf die Erhaltung, des neu Errungenen wie des ewig Bleibenden drängt. Wo aber Stockung und Starrheit gekommen ist, und wieder Ungeist, Unrecht und Schlendrian sich breit macht, da ist er, der immer die Sache des Lebens führt, sowie sein echter Ursprung sich der Sache der Allgemeinheit hingibt, der Befreier. Philister und strohtrockene Systematiker träumen den unsäglich öden Traum von der Einführung des Patentsozialismus, der in festgesetzten Einrichtungen und Methoden alle Ungerechtigkeiten und Widrigkeiten ein für allemal abschaffen und – man erlaube hier das demokratische Bureaukratenwort – verunmöglichen soll. Wir aber brauchen in Wahrheit die immer wiederkehrende Erneuerung, wir brauchen die Bereitschaft zur Erschütterung, wir brauchen den großen Ruf der Seisachtheia über die Lande weg, wir brauchen die Posaune des Gottesmannes Mose, die von Zeiten zu Zeiten das große Jubeljahr ausruft, wir brauchen den Frühling, den Wahn und den Rausch und die Tollheit, wir brauchen – wieder und wieder und wieder – die Revolution –, wir brauchen den Dichter".

Doch auf der obersten Sprosse dieser Stufenleiter expressionistischer Vorbildgestalten steht zweifellos der neue ‚Messias'. In ihm verschmelzen der Jüngling, der Student, der Geistige und der Dichter-Führer schließlich zu einer Gestalt, die alle Qualitäten eines prophetischen Volkserweckers besitzt und mit dem Kopf bis in den Himmel zu ragen scheint. Man denke an Tollers Drama „Die Wandlung" (1919), dessen jünglingshafter Held durch das Grauen der Kriegsereignisse so erschüttert wird, daß sein fanatischer Patriotismus in eine ebenso fanatische Menschheitsliebe umschlägt, und der am Schluß, während alles Volk am Boden kniet, als der neue Messias mit prophetenhaft-visionärer Stimme die ‚heilige' Revolution ausruft. Ähnliche Wandlungsprozesse macht der Held in Corrinths Roman „Trieb" (1919) durch, der den Menschen die frohe Botschaft des ‚fessellosen Lebens' bringen will, wobei er sich als neuer „Jesus" und zugleich „Kaiser der Erde" ausgibt (S. 79). Um der maßgebliche „Führer! Wegbereiter! Lichtbringer! Fackelträger! Schwerttänzer! Prophet! Erlöser!" der Menschheit zu werden, bricht er schließlich nach Rußland, ins Land der „österlich heiligen Volksbefreiung" auf und schließt sich dort den revolutionären Massen vor dem Winterpalais in St. Petersburg an (S. 86). Doch statt mit ihnen zu kämpfen, predigt er ihnen solange die Gewaltlosigkeit, bis sie die Waffen niederlegen und sich seiner versöhnlerischen Botschaft der Liebe anschließen. Ähnliche Vorgänge spielen sich in Rubiners Drama „Die Gewaltlosen" (1919) ab, wo dieser seelische Erweckerdrang am Schluß in eine abstrakte Opfermystik umschlägt.

In vielen dieser Werke, in denen solche Figuren auftreten, erweist sich somit das ‚Revolutionäre' als eine schwelende Frustriertheit, ein Ressentiment Schlechtweggekommener, eine Verwirrung der Gefühle, die man mit Rausch und Religiosität

Karl Schmidt-Rottluff: Kristus (1918)

überzukompensieren versucht. Es gab daher durchaus Expressionisten, die in der Politik lediglich eine „Drogue" sahen, wie sich Ferdinand Hardekopf in seinen „Privatgedichten" (1921) ausdrückt (JT 85, S. 12), an der man sich stimuliert, als habe man Kokain geschluckt oder Opium geraucht. Man berauscht sich, fabelt, phantasiert, ja spricht von Umwälzung und Apokalypse, bleibt aber dennoch weitgehend solipsistisch eingestellt, als sei das Ganze lediglich ein einziger Ego-Trip. Probleme wie wirtschaftliche Organisation, Technik oder Gesellschaft, ohne die jede politische Erörterung notwendig unkonkret bleibt, werden von solchen Leuten kaum beachtet. Statt sich mit den gegebenen Spannungen auseinanderzusetzen, will man nur sich selbst innerhalb dieser Spannungen erleben. Man akzeptiert deshalb alles, was irgendwie ‚extrem' oder ‚revolutionär' klingt – und steigert sich damit ständig in undialektische Antinomien hinein. Ob nun das Höchste oder das Tiefste, das Rechteste oder das Linkeste: alles, worin man einen echten Superlativ wittert, wird mit der gleichen Emphase als das Letzte, Intensivste oder Bedeutendste ausgegeben. Und zwar nimmt man diese Extreme entweder unmittelbar, das heißt im Reinzustand zu sich, oder man genießt sie gemischt, das heißt in der Form eines Simultan-Cocktails. Nur so ist verständlich, warum Geist und Sex, Sozialismus und Solipsismus, Kollektivismus und Anarchismus, Atheismus und Religiosität, Brutalität und Gewaltlosigkeit oder Faulheit und Produktionseifer von vielen Expressionisten gar nicht als sich wechselseitig ausschließende Gegensätze, sondern durchaus als Komplementärbegriffe oder aufeinander bezogene Polaritäten empfunden wurden.

So trifft man etwa auf der einen Seite ständig auf die Forderung des absoluten Pazifismus, wie sie Rubiner in seinen „Gewaltlosen" vorträgt. In Werken dieser Art wird lediglich Sanftmut, Liebe, Güte, Menschlichkeit und Idealismus gepredigt, wodurch das ‚Revolutionäre' zu einem zwar wohlgemeinten, aber effektlosen Appell verblaßt, der nur die Herzen einiger Sanftmütiger erweicht. Bezeichnenderweise wurde diese Gewaltlosigkeit-These nicht bloß gegen die Schuldigen des Ersten Weltkriegs, sondern auch gegen die Bolschewisten ausgespielt. René Schickele schrieb zum Beispiel im Januar 1919 in den „Weißen Blättern" in spezifisch kommunionistischer Novembergesinnung, daß er es im Gegensatz zu den Bolschewisten als viel „radikaler" empfände, wenn man den Weg zum Sozialismus unter „Ausschaltung jedes Zwanges", das heißt lediglich mit den gewaltlosen Mitteln der „Überzeugung" und „Bekehrung" beschreiten würde (S. 6).

Doch neben solchen Appellen lassen sich genauso viele Stimmen aufzählen, die sich aus Haß gegen das ‚schlappe Bürgertum' in aller Offenheit zum Prinzip der Gewaltsamkeit bekennen, ja geradezu nach Blut schreien und sogar den Tod auf dem Schlachtfeld als eine Form des gesteigerten Lebens verklären. Man denke an Goerings „Seeschlacht" (1917), wo die spezifisch expressionistische Meuterei gegen den Krieg in einen ebenso spezifisch expressionistischen Schießeifer umschlägt. Und zwar gibt es solche Stimmen, die sich nach Krieg, Gewalt und Untergang sehnen, schon vor 1914. So heißt es bereits in dem Gedicht „Der Aufbruch" von Ernst Stadler, dem man ähnliche Zeilen von Georg Heym zur Seite stellen könnte (MD, S. 80):

„Ich war in Reihen eingeschient, die in den Morgen stießen,
Feuer über Helm und Bügel.
Vorwärts, in Blick und Blut in die Schlacht, mit vorgehaltnem Zügel.
Vielleicht würden uns am Abend Siegesmärsche umstreichen,
Vielleicht lägen wir irgendwo ausgestreckt unter Leichen.
Aber vor dem Erraffen und vor dem Versinken
Würden unsre Augen sich an Welt und Sonne satt und glühend trinken".

Ebenso gewalttätig äußert man sich oft im Bereich der literarischen Polemik. So schreibt Paul Boldt bereits 1913 in der „Aktion" in brutalster Angebermanier (Sp. 425):

„Ah, ich will Galle haben! Ich will mich entrüsten!
Schmeißt doch die Dichterschädel ein!
Zech, Bab, Lissauer – macht doch ein Pogrom!
Schleift doch ein Messer für die fetten Gurgeln!"

Auch der Einfluß des italienischen Futurismus, der sich immer wieder zu der Maxime „Kunst ist nur Gewalt, nur Grausamkeit" bekannte, führt nur allzu oft zu einem eindeutig verklärten ‚élan vital', für den es nur den Gegensatz von lächelnder Sanftmut und brutalster Härte zu geben scheint.

Die gleiche undialektische Antithetik herrscht im Verhältnis von Ich und Masse. Hier gibt es auf der einen Seite extreme Massenschwärmer, die im Sinne des sowjetischen Proletkults – oder dessen, was man damals in Deutschland darunter verstand – ganz im Kollektiven untertauchen wollen. Vor allem manche der sozialistisch oder kommunionistisch eingestellten Expressionisten scheinen kein höheres Ziel zu kennen, als ihr eigenes Ich in der Verschmelzung mit der Masse zu einem Massen-Ich auszuweiten, das heißt völlig in der Masse aufzugehen, in ihr zu versinken und dann wieder neu aus ihr geboren zu werden. So schwärmt etwa ein Literat wie Wilhelm Hausenstein in seinem Buch „Die Kunst und die Gesellschaft" (1916) in romantischer Verzückung von „proletarischen Existenzinstinkten" oder vom „Corpsgeist der Arbeiterbewegung" (S. 16) und fordert seine expressionistischen Freunde auf, an den „entscheidenden Drang der Massen" zu glauben (S. 2). Doch daneben werden oft die Stimmen der wildesten Anarchisten und Egoisten laut, die nur die Heiligkeit des ‚fesselfreien Ich' gelten lassen wollen. Man denke an den krassen Individualisten Ständer in Sternheims „Tabula rasa" (1916), der dem Sozialisten Sturm klarzumachen versucht, daß der Kommunismus lediglich zur Verspießerung der gesamten Erde und damit Verhärtung „jahrtausendealter Zwangsvorstellungen" führen würde (II, 246). Um diesem Juste milieu zu entgehen, entschließt sich Ständer daher am Schluß,

„in sein eigenes Ich unverzüglich aufzubrechen" und sich nach Tahiti abzusetzen (II, 247).

Nicht minder radikal stehen sich im Expressionismus Dinge wie der ‚reine Intellekt' und der ‚reine Sexus' einander gegenüber. Hier findet man auf der einen Seite Geistaristokraten wie Kurt Hiller, die von einer zukünftigen Logokratie schwärmen, oder Geistsozialisten wie Friedrich Muckle, der in seinem Buch „Das Kulturideal des Sozialismus" (1919) das idealistische Hochgefühl eines Kant und Schiller als den erhabensten Ausdruck deutschen Wesens feiert. Freilich wird in diesen Idealismus stets etwas vom Geiste Nietzsches mit hineingemischt, um dem Ganzen eine Steigerung ins Intellektuell-Zugespitzte, Extreme oder Pseudo-Radikale zu geben. Doch neben diesen kantischen Imperativen, wie sie auch Leonard Nelson vertrat, steht scheinbar unvermittelt ein Mann wie Georg Groddeck mit seiner Revolution des Fleisches, seinem Phallos-Kult, der sich ebenso nietzscheanisch, ebenso extrem, ebenso ‚expressionistisch' ausnimmt. Während die einen ganz Geist, ganz Logos werden wollen, berauschen sich die anderen am Inzesthaften, am Tierischen, am blinden Wüten des Es. Zu welchen Exzessen man dabei neigt, haben wir bei Bronnen, Sack, Becher, Benn, Unruh und anderen gesehen. Wohl der wildeste unter diesen Erotomanen ist wiederum Curt Corrinth, der in seinem Roman „Potsdamer Platz oder Die Nächte des neuen Messias" (1919) den orgienhaften Geschlechtsakt als die höchste Form der Revolution hinstellt. Der Millionenerbe Hans Termaden kauft hier alle Häuser rings um den Potsdamer Platz in Berlin und errichtet in ihnen ein Babel der fleischlichen Lust, in dem die Huren, Backfische, alten Jungfern und enttäuschten Eheweiber aller Länder zu Hunderttausenden zusammenströmen und mit ebenso sexhungrigen Jünglingen und frustrierten Ehemännern einen reinen Fleisch-Staat errichten. Ein solches Beispiel macht natürlich schnell Schule und zieht immer mehr Menschen in seinen Bann. Am Schluß des Romans laufen sogar die Soldaten und Polizisten zu diesen ‚Fesselfreien' über, worauf sich Hans Termaden, der Hurenmessias und „Geschlechtsmoral-Revolutionär" entschließt (S. 45), die gesamte Welt in ein riesiges Eros-Center zu verwandeln.

Ebenso hart prallen im Expressionismus die Gegensätze ‚Atheismus' und ‚Religiosität' aufeinander. Auch hier gibt es nicht nur Zynismus, Schnoddrigkeit und Kälte, worin sich vor allem Sternheim, Kaiser und Benn auszeichnen, sondern auch viel Seraphisches, Schwülstiges und Himmlisch-Überzuckertes. Während man auf der einen Seite für ‚Göttliches' nur noch den nacktesten Hohn übrig hat, machen sich auf der anderen expressionistische Literaten wie Rudolf Pannwitz, Martin Buber, Wilhelm Hausenstein oder Wilhelm Worringer wichtig, die in jeder nach oben gebogenen Linie sofort eine Wendung ins Transzendente sehen und unentwegt von der Wiedergeburt des ‚gotischen Menschen' faseln. Ja, Ekkart von Sydow stellt in seinem Buch „Die deutsche expressionistische Kultur und Malerei" (1920) die neue „Religiosität" geradezu ins Zentrum des Expressionismus (S. 11) und begeistert sich für den „primitiven Mystizismus" dieser Bewegung (S. 25). Doch auch die Dichter sind an diesen merkwürdigen Verzerrungen und Übersteigerungen nicht ganz schuldlos. So schreibt ein Sensations- und Gewalt-Expressionist wie Kasimir Edschmid mit ekstatischem Aufschrei: „Gott wird überallhin wiedergeboren" (FM, S. 21). Ähnliche Proklamationen finden sich in Ludwig Rubiners Lyrik-Bändchen „Das himmlische Licht" (1916), wo eine Stimmung herrscht, als ob jeden Tag mit der Heraufkunft eines neuen Messias oder zumindest einer Wendung ins Wunderbare zu rechnen sei – was man damals ‚Expreß-Zionismus' nannte. Ja, manche der Jungen und Jüngsten unter den expressionistischen Lyrikern reihen sich selbst unter diese Messiasse im Plural ein. Dafür spricht ein Bändchen wie „Wolkenüberflaggt" (1917) von Ernst Wilhelm Lotz, wo sich unter dem Titel „Aufbruch der Jugend" folgende Zeilen finden (JT 36, S. 56):

„Wir fegen die Macht und stürzen die Throne der Alten,
Vermoderte Kronen bieten wir lachend zu Kauf.

Beglänzt von Morgen, wir sind die verheißnen Erhellten,
Von jungen Messiaskronen das Haupthaar umzackt,
Aus unsern Stirnen springen leuchtende, neue Welten,
Erfüllung und Künftiges, Tage, sturmüberflaggt!"

Doch nicht nur bei etwas zweifelhaften Literaten, Gefühlsekstatikern und Jungexpressionisten, selbst bei politisch entschiedeneren Geistern werden die revolutionären Erwartungen immer wieder mit religiösen Obertönen vermischt. So sieht etwa Paul Zech sogar in den Zechen des Ruhrgebiets die „Flammenzeichen einer neuen Religion" (A 1913, Sp. 616). Karl Otten schreibt vom oft besungenen ‚Arbeiter': „Von dir allein / Du Sohn der Magd, du Christi Bruder / Hängt ab ob Licht in dieses Meer von Blut und Mördern dringt!" (MD, S. 229). Geradezu hagiographisch wirkt das Gedicht auf den toten Liebknecht von Iwan Goll, das im Frühjahr 1919 in der „Aktion" erschien (Sp. 62), worin der brutal Ermordete im Stil katholischer Litaneien zum Heilsbringer, zum Messias, zum neuen Gott erhoben wird:

„Christ-Präsident, am Kruzifix der Siegessäulen,
Dein Parlament die Menschen, die in Kerkern heulen.
Ave Liebknecht.

Die Schwestermenschheit lebt, das Gottgeschlecht.
Sie kniet, sie deiner Demut Liebesknecht.
Ave Liebknecht".

Ähnliches liest man bei Oskar Kanehl (A 1919, Sp. 391) und in dem Gedicht „Weltrevolution" von Johannes R. Becher, in dem Liebknecht direkt neben Lenin und Christus gestellt wird (A 1919, Sp. 755). Noch emphatischer klingt die berühmte „Hymne auf Rosa Luxemburg" von Becher, die ebenfalls mit der religiösen Gebärde der Kreuzabnahme und der Erhöhung ins Heilige schließt (MD, S. 287):

„Durch Welten rase ich –:
Den geschundenen Leib
Abnehmend vom Kreuz.
In weicheste Linnen ihn hüllend
Triumph dir durch die Welten blase ich:
Dir Einzige!! Dir, Heilige!! O Weib!!!"

Dieselbe Stimmung herrscht in seiner Gedichtsammlung „Um Gott" (1921), wo Becher von der „heiligen Gemeinschaft" der Soldaten Gottes spricht, die mit biblischem Pomp direkt ins neue Paradies marschiert (S. 61). Nicht minder ‚expressionistisch' wirkt die seltsame Mischung aus Marxismus und Gebet, die Ernst Bloch in seinem „Geist der Utopie" (1918) anstrebt. Und auch Gustav Landauer schreibt einmal im Hinblick auf diese synkretistischen Neigungen (WM, S. 62):

„Mit jeder echten Religion war der Kommunismus verbunden; und echten Kommunismus gibt es nur unter Religiösen. Daher kommt es, daß es wirklichen, vernünftigen, menschenmöglichen Kommunismus heute nur noch in versprengten religiösen Sekten gibt".

Fast noch schärfer ist der Gegensatz zwischen dem ‚Ethos der Produktivität' und der ‚paradiesischen Faulheit', der im Expressionismus immer wieder auftaucht. Wie stark die auf gemeinschaftsfördernde ‚Leistung' ausgerichtete Strömung innerhalb dieser Bewegung war, hat sich vor allem in den Abschnitten über die Werkbund- und Bauhaus-Theoretiker gezeigt, deren künstlerische Produktion sich stets am Gedanken des Energetisierenden, Aktivistischen und im weitesten Sinne Sozialisierenden orientiert. Doch auch in der Literatur des Expressionismus gibt es solche Bekenntnisse zur „Arbeitsfreude", wie sich im ersten Heft der Zeitschrift „Die Erde" (1919) nachlesen läßt, die von Walther Rilla herausgegeben wurde. Ansonsten setzten jedoch die expressionistischen Schriftsteller ihre Hoffnung meist auf das heilige Land der Verheißung, das neue Eden, den Garten der Mutter Erde, wo man sich in paradiesischer Faulheit auf das Ausleben seiner eigenen Natur beschränkt, wo man vegetiert und ‚blüht'. So schreibt Kurt Hiller 1919 im vierten Bändchen der „Silbergäule" einmal apodiktisch: „Arbeit schändet; Arbeit ist das Geschäft von Galeerensträflingen; Arbeit ist Fluch, ist Rache Gottes, – im günstigsten Falle ein notwendiges Übel" (S. 14). In echt literatenhafter Pose wird hier lediglich der unverbindliche Müßiggang als ‚menschenwürdig' gefeiert, worin sich das Privilegiendenken bürgerlicher Intellektueller manifestiert, die selbst ihr eigenes Nichtstun zu einer expressionistischen Extremsituation stilisieren, ja in pseudoengagierter Emphase als revolutionäres Prinzip ausgeben.

Was alle diese Postulate verbindet, ist ein Denken in undialektischen Antinomien, das gerade in den sinnlosesten Extremen die erstrebenswertesten Daseinsziele erblickt, um nur ja als ‚revolutionär' zu gelten und nicht in eine ‚bürgerliche' Mittellage zurückzufallen. Wie gesagt, in dieser Ekstatik steckt sehr wohl ein befreiender Impuls, der sich direkt gegen die menschlich-verkrüppelnden Auswirkungen des wilhelminischen Wirtschafts- und Gesellschaftssystems richtet. Doch leider steckt darin zugleich ein ins Demagogische züngelnder Irrationalismus, der später reaktionären Bewegungen wie dem Faschismus zugute gekommen ist. So verklärt man beispielsweise im expressionistischen Lager im Hinblick auf die revolutionäre Strategie sowohl das Prinzip der absoluten Gewaltlosigkeit als auch das Prinzip der absoluten Brutalität, anstatt die Kunst der Überredung und die Kunst der geschickten Machtpolitik, ohne die sich wirkliche Revolutionen nie durchführen lassen, von vornherein als Komplementärphänomene zu betrachten. In Reinkultur, das heißt ohne jede dialektische Verflechtung, führen diese beiden Prinzipien entweder ins Sektiererische halbreligiöser Pazifistenbünde oder zu den Praktiken der Schlägerbataillone der SA – aber nie zu einer sinnvollen Gesellschaftsveränderung. Und so könnte man alle der hier erwähnten Antinomien auf ihre undialektische Substanzlosigkeit durchmustern. Wenn man etwa den Einzelnen und die Masse nicht in einem dialektischen In- und Miteinander, sondern als extrem singuläre Phänomene betrachtet, wie der Expressionismus das tut, landet man zwangsläufig entweder beim bürgerlichen Solipsismus oder bei der faschistischen ‚Volksgemeinschaft', aber nicht bei einer Gesellschaftsform, wo die individualistischen und kollektivistischen Belange in einem fruchtbaren Verhältnis zueinander stehen. Das gleiche gilt für die expressionistische Antinomie von Intellekt und Trieb, die in ihren extremsten Ausformungen entweder ins Verdinglichte des rein mechanischen Geschlechtsaktes oder ins Abstrakte einer bloß phänomenologischen Denkoperation tendiert. Ja, selbst der Gegensatz zwischen Arbeit und Nichtarbeit ist an sich ein sinnloser, solange man ihn als bloße Antinomie versteht, anstatt den Prozeß der menschlichen Produktivität, in dem sich dieser Gegensatz dialektisch aufhebt, als eine mögliche Form der subjektiven Befriedigung und zugleich altruistisch geleisteten Arbeit zu betrachten.

Aufgrund dieser ideologischen Extrempositionen neigt der Expressionismus immer wieder dazu, das zukünftige Heil der Menschheit lediglich in einer Totalumwälzung aller bestehenden Ordnungen zu erblicken. Was er am schärfsten ablehnt, ist stets die sogenannte ‚bürgerliche' Mittellage, den Kompromiß, die philisterhafte Gesetzesfrömmigkeit. Um dieses Juste milieu zu zertrümmern, ist vielen Expressionisten jedes Mittel recht, sobald es nur den Reizwert des Extremen hat. Reformen sind daher ebenso verpönt wie das Prinzip der dialektischen Aneignung. Nichts, aber auch nichts an der feudalistischen oder bürgerlichen Vergangenheit scheint dieser Generation lobens- oder bewahrenswert. Wenn man gefragt wird, was zernichtet und zerschlagen werden soll, sagt man einfach: Alles!

So behauptet etwa der Held in Friedrich Wolfs erstem Drama „Das bist du" (1919): „Die Welt muß umgestürzt werden von oben nach unten, daß sie neu werden kann". Überhaupt herrscht im Rahmen dieser Bewegung fast durchweg das Sternheimsche Tabularasa-Konzept, wonach jede Ordnung, jede Gebundenheit, jede Partei, die sich der angeblich anarcho-bohemischen Natur des Menschen entgegenstellt, von vornherein verwerflich ist.

Um also der verrotteten und verfilzten Spießervergangenheit ein für allemal den Rücken zuzukehren, versucht man konsequenterweise, wieder mit dem Jahre Null anzufangen. Die wichtigsten Metaphern dieser Literaten-Revolution sind deshalb Gesamtumsturz, Totalvernichtung, Menschheitsdämmerung, Jüngstes Gericht oder Apokalypse, auf die man meist die Morgenröte des ‚neuen Menschen' folgen läßt. Ständig bemüht man sich, alles zu zerfetzen, alles zum Einsturz zu bringen, woran man überhaupt nur Hand legen kann, um endlich wieder jener Sonne des Lebens ansichtig zu werden, die sich hinter die Rauchschwaden der teuflischen Industriegesellschaft zurückgezogen hat. Beispielhaft dafür ist der Schluß jener bekannten „Sekunde durch Hirn" (1920) von Melchior Vischer, wo hinter der zertrümmerten Fassade der bürgerlichen Kultur plötzlich wieder das „Ursein" der „großen Freiheit" hervorzuleuchten beginnt. Wie in Bronnens „Geburt der Jugend" (1922) heißt es hier mit emphatischem Donnerschlag (S. 46):

> „An dem Sonnenmondtag, an dem die Kultur mit dem schamlosen Bastard Zivilisation zusammenkracht, da will ich dann hinknien auf Meer Ebne Wüste, Hände in reine weite Luft strecken, rufen wild stark groß: ‚WIR SIND WIEDER JUNG!'"

Eine solche Gesinnung, die überhaupt keine fortschrittlichen Traditionen mehr anerkennt, sich jenseits aller dialektischen Bezogenheiten zu stellen versucht und nur die radikale Zertrümmerung alles Bestehenden ins Auge faßt, ist stets der Gefahr ausgesetzt, sich ins Nichts zu überschlagen. Wo nur noch der Aufbruch an sich, der Rausch und das Wieder-Jungsein gefeiert werden, landet man notwendig bei einer Radikal-Revolution, die sich ausschließlich im Totalen, Universalen und Kosmisch-Entgrenzten abzuspielen scheint und dadurch jede inhaltliche Bestimmtheit verliert. Wer sich lediglich dem ‚Ursein' als dem letztmöglichen Extrem verschreibt – wie soll sich der in die konkrete Politik einordnen können?

Und so scheitert denn die expressionistische Revolution gerade an ihrer so lauthals verkündeten ‚Radikalität', die stets den fünften Schritt vor dem ersten zu machen versucht und so über der Sehnsucht nach dem ‚Ursein' den Weg zur konkreten Parteilichkeit oder zumindest Sachlichkeit verfehlt. Denn auf diese Weise verfällt man ständig in eine halb existentielle, halb humanistisch-idealistische Phraseologie, die den Expressionismus noch heute in vielen Augen so lächerlich macht und zugleich den Blick auf sein innerstes Wesen verstellt. Immer wieder versteht er sich nur als O-Mensch-Gesinnung, als Vision, als Aufbruch zu neuen Paradiesen, zu neuer Natur und Humanität, das heißt als ein Konglomerat rousseauistischer, anarchistischer und bohemienhafter Attitüden, die mit idealistischer Emphase in der Forderung nach dem ‚neuen Menschen‘ kulminieren. Wohin man auch blickt, dominiert eine ‚Menschlichkeit‘ im Sinne des 19. Jahrhunderts, die das Liberalistische, das Sichausleben, das Zwanglose auf ihre Fahnen schreibt und die überhaupt keinen Bezug zu der Welt der modernen Sachwerte zu haben scheint. Überall schwärmt man für die Antiarbeitswelt, während man das Ethos der Produktivität als etwas Minderwertiges, ja geradezu Verdummendes bezeichnet. Im Sinne solcher Äußerungen schwört man auf den allbekannten ‚Geist der Utopie‘, rafft sich zu immer neuen Wandlungen und Konversionen auf, propagiert die absolute Faulheit und Freiheit von jedem inneren und äußerem Zwang, was zu einer Haltung führt, die jede Form der Sachlichkeit von vornherein als etwas Subalternes empfindet. Schreibt doch sogar ein Mann wie Walther Rathenau – einer der führenden Industriekapitäne der spätwilhelminischen Ära – allen Ernstes, daß er die Arbeiter in ein ‚Reich der Seele‘ führen wolle, wo es keinerlei Pflichten und keine Maschinen mehr geben werde. Es ist manchmal geradezu erschütternd zu sehen, wie wenig sich die meisten expressionistischen Künstler und Theoretiker darüber im klaren sind, wohin die von ihnen ersehnte Revolution eigentlich führen soll. Ins Nichts? ins Paradies? oder lediglich ins gesellschaftliche Aus?

So betrachtet, wirkt ein Großteil der expressionistischen Revolution wie eine reine Literaten-Revolte. Es gehört zum Verhängnis dieser Bewegung, daß ihre Führer meist bloße Schwärmer, Publizisten und Journalisten, aber keine Politiker waren. Der Expressionismus ist daher weitgehend eine Revolution der Unmündigen und nicht derer, welche die Jugend bereits hinter sich haben. Mangelnde Reife, pubertäre Überspanntheiten und sinnloser Idealismus überdecken immer wieder die eigentlichen Ziele dieser Bewegung oder verzerren sie ins Lächerliche. Literaten revolutionären Geistes bemächtigen sich hier einer Zufallsrevolution, deren Konsequenzen sie meist gar nicht überschauen konnten. Denn schließlich wurde die Revolution der Tat, die sich zwischen November 1918 und Frühjahr 1919 abspielt, nicht von den Programmatikern der Revolution, sondern von den kriegsmüden, meuternden Soldaten in Gang gesetzt. Und so mußte das Ganze zwangsläufig ein Mißerfolg werden. Schuld daran sind eigentlich nicht jene, die sie gemacht haben, sondern jene, die sie nicht gemacht haben, jedoch aufgrund ihrer politischen Erfahrung dazu viel besser in der Lage gewesen wären. Sie – die Praktiker und Sachverständigen – hätten diesen revolutionären Tendenzen ein konkretes Ziel geben müssen. Von den Künstlern, die zumeist im Bereich der ‚machtgeschützten Innerlichkeit‘ großgeworden waren, konnte man so etwas schwerlich verlangen. Ihnen war aufgrund ihrer Sachfremdheit oft gar nicht bewußt, worin das Revolutionäre ihres Tuns und ihrer Haltung eigentlich bestand. Daß sie sich als echte Revolutionäre gegen den herrschenden Personenkult und für eine leistungsbezogene Sachkultur hätten engagieren sollen, wurde nur den wenigsten unter ihnen wirklich klar. Der Ausgang des Ganzen war daher ebenso tragisch wie kläglich. Nicht die Expressionisten setzten sich durch, sondern eine verbürgerlichte Sozialdemokratie, die mit der bürgerlichen Mitte wieder die alten Zustände etablierte.

Das Resultat all dieser revolutionären Bemühungen ist deshalb auf den ersten Blick ein großes Chaos. Abgestandene Phrasen und verschwommenes Engagement verunklären ständig die zugrunde liegende revolutionäre Absicht. Doch unter einer weiträumigen Perspektive, die nicht nur an den Oberflächenphänomenen hängenbleibt, ist ein solches ideologisches Tohuwabohu nur allzu verständlich. Es fehlte dieser ‚Revolution' einfach an einer ausreichenden Vorbereitungszeit. Wenn man bedenkt, wieviel ideologische Bemühungen der französischen Revolution von 1789 und der russischen von 1917 vorangegangen sind, versteht man, warum die expressionistische Revolution von vornherein zum Scheitern verurteilt war. Schließlich wurde im Deutschland der Jahrhundertwende fast die gesamte künstlerische Szene von einem ästhetischen Formalismus und einem massiven ideologischen Druck von rechts beherrscht. Was hier im Vordergrund gestanden hatte, war ein neukantianischer Idealismus, eine volkhafte Heimatkunst, ein preziöser Jugendstil und eine wilhelminische Protzeneitelkeit gewesen, in denen von den technischen und sozialen Umwandlungen dieser Ära kaum etwas zu spüren ist. Daher ist auch der Expressionismus – schon durch die zeitliche Nähe – von diesen Dingen noch immer durchsetzt und überlagert. Aus der Zeit um 1900 gab es fast nichts, worauf er zurückgreifen konnte, um seiner Bewegung einen revolutionären Auftrieb zu geben. Und so zerfiel er ständig in kleinste Gruppen und Grüppchen, die neben der Masse der Konservativen, der Zentrumsleute und revisionsfreudigen Sozialdemokraten wie hilflose Einzelgänger wirken. Immer wieder versucht der Expressionismus, seine innere Ohnmacht durch ein verquältes Pathos zu übertönen, wodurch auch er zum Ausdruck jener ‚überschwenglichen Misere' wird, die zum Signum so mancher frustrierten Revolutionsbewegung gehört. So schreibt Ernst Toller einmal aus dem Gefängnis voller Verzweiflung über die seltsamen ‚Heiligen' dieser Ära, die nicht unwesentlich zum Mißkredit dieser Bewegung beigetragen haben (BG, S. 78):

> „Nicht ohne Befürchtungen betrachte ich das Aufkommen der mannigfachen Bünde, besonders der pseudoreligiösen Bünde, die ich für Zentren künstlicher Betäubung halte. Die Unfähigkeit zu glauben, greift nach einem Opiat. Diese Menschen brauchen den Rausch, denn nur im Rausch vermögen sie zu glauben, daß die glauben. (Auch in den extremen politischen Parteien findet man sie.) Zahlreich auftretende esoterische Bünde und Parteien sind kein Zeichen wachsender Volkskraft.
>
> Propheten und Prediger ziehen in Massen durchs Land. Einer, Leonard Stark, schreibt: Ich bin die Natur. Ich bin die Tat. Ein anderer, Karl Thaldorf, schreibt: Ich bin das neue Evangelium. Ein Dritter: Ich bin das große Ich. Ich bin die Liebe".

Aufgrund dieser Einsicht war Toller einer der ersten, der sich vom bloßen Gesinnungsethos des Expressionismus distanzierte und eine wesentlich größere Sachlichkeit in allen politischen Fragen verlangte. Er schreibt darüber schon im Herbst 1920, als gelte es, einen Schlußstrich unter alles bloß Literatenhafte zu ziehen (BG, S. 36):

> „Seit Monaten arbeite ich wieder intensiv an ‚Realem', beschäftige mich mit nationalökonomischen, politischen, soziologischen Werken. Weil ich immer deutlicher erkenne, daß Politik mehr verlangt als ‚Gesinnung', ‚seelische Grundstimmung', ‚Ethos', und gründliche sachliche Kenntnisse notwendig sind, um die Gesetze des politischen Handelns beherrschen zu können. Allerdings fallen, soweit es sich um nacktes politisches Geschehen handelt, manche Illusionen. ‚Wirklichkeiten' und ‚Ideologien' werden erkennbar – vielleicht werde ich bei aller Treue noch einmal ein ‚kühler Realpolitiker'".

II. Formaler Manierismus

Daß man über der Sehnsucht nach dem ‚Ursein' immer wieder den Weg zur ‚Sachlichkeit' verfehlt, ist neben der ideologischen Unklarheit zugleich der Hauptgrund für den Manierismus der expressionistischen Formgebung. Und so gleitet selbst die neue Konstruktivität, so sehr auch manche darum ringen, nur allzu häufig ins Artifizielle eines zweckentfremdeten Formalismus ab. Anstatt eine bestimmte Tendenz, Idee oder Sache auszudrücken, bleiben sogar die angestrebten Typisierungen und Begrifflichkeiten oft im rein Äußerlichen befangen. Die meisten ideologischen Zielsetzungen des Expressionismus sind einfach nicht konkret genug, um wirklich nach einer klarumrissenen Form zu drängen, und verrinnen daher im Gestaltlosen. Wie schon um 1900 bemühen sich hier viele noch immer um die Form nicht um der Idee, sondern um der Form willen.

Überhaupt bietet der Expressionismus auf weite Strecken viel zuviel ‚Kunst', anstatt wirklich zur Revolution aufzurufen, und befriedigt damit letztlich nur die „individuell-anarchistischen Bedürfnisse der bürgerlichen Künstler", wie Erwin Piscator bereits 1919 in der Zeitschrift „Der Gegner" schreibt (S. 90). Wohin man auch blickt, stößt man auf Atelierbombastik und Zeitschriftenklüngel, in denen sich ein Aristokratismus des Geistes manifestiert, der sich noch wie im 19. Jahrhundert als elitärer Vermittler von ‚wahrer Menschlichkeit' versteht. Zeitschriften, Manifeste und Anthologien erscheinen, bei denen man eher den Eindruck von Luxus- als von Volksausgaben hat. Ja, manche haben schon damals im Hinblick auf kostbare Blätter wie den „Marsyas", den „Genius" und den „Ganymed", die sich durchaus mit aufwendigen Jugendstil-Zeitschriften wie dem „Pan" und der „Insel" vergleichen lassen, von einer ‚papiernen Sündflut' gesprochen, so sündhaft teuer und zugleich apokalyptisch im Ton waren einzelne dieser expressionistischen Zeitschriften.

Neben dieser Neigung zum Dekorativen, Erlesenen und Kostbaren stört an diesen Werken vor allem das peinliche Bemühen, trotz aller kollektiven Erregtheit stets die eigene ‚persönliche' Note herauszustreichen. Ständig will man mit dem ganzen Volk, ja der ganzen Menschheit in irgendwelche neuen Paradiese aufbrechen, und schleppt doch im Gepäck stets jene sorgsam gehütete Tradition der bürgerlichen Verinnerlichung mit sich herum, nach der die ausgeprägte ‚Persönlichkeit' das höchste Glück aller Erdenbürger ist. Statt sich um wirkliche Sachverständigkeit zu bemühen, bleiben viele Expressionisten auch in diesem Punkte reine Literaten, deren oberster Maßstab die eigene Nasenspitze ist. Da sie in erster Linie sich selber ausdrücken wollen, bringen sie es einfach nicht fertig, sich an etwas anderes – nämlich an die Revolution – hinzugeben. Immer wieder stellen sie ihre eigene Persönlichkeit über alle anderen Belange. Und so erstarren selbst ihre politischen Gebärden, so radikal sie auch manchmal gemeint sind, nur allzu leicht im Vorfeld des Ästhetischen.
Weite Strecken der expressionistischen Lyrik wirken daher in ihrer gestelzten Sprache und zugleich ästhetenhaften Verbrämung wie eine Revolution auf Büttenpapier, die sich nur an sezessionistisch eingestellte Könner und Kenner wendet. Wer läßt sich schon zur konkreten Tat begeistern, wenn ein Johannes R. Becher in seinem „Aufruf zum neuen Menschen", der 1919 in den „Gedichten für ein Volk" erschien, lediglich folgende ‚Wortbomben' wirft (S. 42):

„Alle ihr: eines Blutes! wie eines Geists!
Süßen aprikosenen Blutes! herrlichen, gloriosen Geistes!
Schreitet zur Tat! Rüstet! Bereitet euch!
Zögert nicht!
Vermischt! Vereinigt! Umschlingt! Umarmt euch!"

Einige Seiten später wird eine noch gewaltigere und doch ebenso ineffektive Salve abgefeuert (S. 53 ff.):

„Sprecht, o Dichter: Bombe euerer Wort platz
Stäubend auf Trottoire: blank und wie geschliffen!
Jahrhundert-Dichter ... Deine Wesen schwelgen:
Stell Mensch an Mensch; und Kreatur verkittet ...
Auf die Barrikaden! ... Auf zum revolutionären Blut- und Freiheitsball!"

Genauso manieriert drückt sich Ludwig Rubiner aus, der in seinem Bändchen „Das himmlische Licht" (1916) die kommende Revolution mit der Zeile begrüßt: „O neue Zeit! Zukunft! Preiselbeerrote Feierlichkeit! O Preis!" (JT 33, S. 11). Und auch Iwan Goll erspart uns in seinem Revolutionsgedicht „Die Prozession" nicht die üblichen metaphorischen Gewaltsamkeiten (JT 54, S. 15):

„Der Mensch erhob sich zur Befreiung der Erde. In Vereinslokalen wurden die Weltbrüder begrüßt. Rote Meetings schlossen sich um die grellen Plätze.
Ladenmädchen öffneten die elfenbeinernen Altäre ihrer Brust. Heiße Bestimmung trieb den Volksschullehrer voran. Krämer verteilten ihre Orangen umsonst.
Mit Krawall stürzten die Scheiterhaufen der fremden Hotels. Dienstmänner rissen sich die grüne Sklavenmütze von der Schläfe.
Mittlerweile erstanden die starren Barrikaden. Flatternde Frauen hielten die roten Laternen darüber und sangen. An diesem Abend stieg die Menschheit in heiliger Prozession.
Sie kam zum Gipfel ihres Stadtgebirgs. Kometen fielen aus allen Horizonten herab. Kometen gingen rund und rot zwischen Menschenarmen und Erdeschloten auf. Die Revolte begann".

Wenn sich schon ‚Aktivisten' wie Becher, Rubiner und Goll so manieriert ausdrücken, nimmt es nicht wunder, wieviel bloßer Reiz und wieviel Sucht nach Bluff sich bei den modischen Möchtegerns und Mitläufern findet. Immer wieder läßt sich beobachten, daß die Bestimmtheit der Form von vielen gar nicht zur Verdeutlichung der Idee angewandt wird, sondern häufig zum bloßen Selbstzweck ausartet. Und so bildet sich im Zuge des Expressionismus ein gespreiztes Literatentum heraus, das vor allem das Gewaltsame oder Geistreiche der Formulierung liebt, während es im Verhältnis zur Sache überhaupt keinen neuen Standpunkt vertritt.

In besonders extremer Form zeigt sich das bei den Dichtern des ‚Sturm'-Kreises, wo sich die formalen Mittel oft so funktionslos verselbständigen, daß schließlich nur halbabstrakte Wortskelette übrigbleiben. Das allgemein bewunderte Vorbild dieser Richtung war August Stramm, der in Gedichten wie „Die Menschheit" (1914) und „Weltwehe" (1915) mit gewaltsam gesteigerter Intensität an die Grenze des Sagbaren vorzustoßen versucht und dabei in einen inhaltslosen Formalismus umkippt. Das gleiche gilt für sein Kurzdrama „Geschehen" (1916), dessen forcierter Ausdruckswille bereits ans Groteske grenzt. Man höre etwa folgenden Wortaustausch zwischen einem urtypischen „Er" und ebenso urtypischen „Strahlern", die sich im Weltraum gegenüberstehen (S. 240):

„Er (*fern*). Blende! Blende!
Die Strahler (*Zittern*). Strahler! Strahler!
Er. Dunkel!
Die Strahler (*flehen*). Strahler! Strahler! (*werfen Strahlen in den Raum.*)
Er (*richtet hoch*). Strahlet! strahlet!
Die Strahler (*werfen Strahlen, flehen*). Strahler! Strahler! Schöpfer!

Er (*Hoheit*). Ihr strahlt strahlet!
Die Strahler (*immer dringlicher*). Strahler! Strahler! Schöpfer! Gott!
Er (*Hoheit*). Meine Strahlen.
Die Strahler (*werfen Strahlen*). Heller! Lichter! Du! Dich! Wir!
Er (*hält geblendet die Hand vor die Augen*). Ihr!
Strahler (*verwirrt, verstört*). Strahler! Strahler! deine Strahlen! Wir!
Er (*geblendet wirr tastet schreit*). Ich".

Von solchen Gebilden ist es nicht mehr weit bis zu jenen Assoziationsgedichten des ‚Sturm'- Kreises, wo sich das Inhaltliche völlig verflüchtigt und man bloß noch sprachliches Rohmaterial vorgesetzt bekommt. Man denke an Rudolf Blümners ‚absolute' Dichtung „Ango Laina" (1921), die mit der bedeutenden Zeile „Oiai laéla oá ssísiala" beginnt und sich dann über „séngu" und „gádse" bis zu „kkbaó" und „sagór" steigert. Ähnliche Gedichte, wie die berühmte „Anna Blume" (1919) von Kurt Schwitters und die ebenso berühmte „Karawane" (1916) von Hugo Ball, sind im Umkreis des Dadaismus entstanden. Letzteres hebt ganz ‚harmlos' mit „jolifanto bambla o falli bambla" an, wird jedoch schon kurz darauf in Zeilen wie „wulubu ssubuda uluwu ssubudu" immer verrückter und verworrener. Mit diesen Gedichten – ob nun dadaistischer, sturmlicher oder merzlicher Herkunft – stößt man in einen Bereich vor, wo der Expressionismus allmählich in spielerisches Tingeltangel oder blühenden Blödsinn übergeht. Wie im Umkreis der hermetischen Poesie oder der absoluten Metaphorik wird hier selbst der revolutionärste Ausdruck zur Darstellung des Unrevolutionärsten, des Ästhetizismus, herangezogen und damit ins Bedeutungslose verflacht.

Dies mögen extreme Beispiele sein. Doch der Expressionismus neigt nun einmal zu Extremen, und zwar nicht nur in seiner dadaistischen Spielart. Auch die ‚normale' expressionistische Literatur – falls ein solcher Begriff nicht eine Contradictio in adjecto ist – liest sich streckenweise wie der Ausdruck einer reinen Wortherrschaft, die über dem formalen Radikalismus die machtpolitisch entscheidende Basis vergißt. Statt Sachherrscher treten hier Wortherrscher auf, die sich des expressionistischen Pathos nur deshalb bedienen, um sich als ‚Künstler' bemerkbar zu machen, was notwendig zu seltsamer Verstiegenheit und sprachlicher Akrobatik führt. Nicht Sachschöpfung ist ihr Ziel, sondern die Schaffung gewagter, exquisiter Sprachgebilde, die im Sinne urältester ‚romantischer' Traditionen mit einem gewissen Bürgerschreckeffekt ausgestattet werden. Manches wirkt geradezu wie eine Entfesselung der Volkskraft für das Seltene und Erlesene, als hätten die Arbeiter nur darauf gewartet, sich ihren ästhetischen Geschmack revolutionieren zu lassen. Anderes bleibt – ebenso snobistisch – im Bereich der reinsten Kolportage. So gibt es expressionistisch aufgehöhte Schauergeschichten und Hintertreppenromane, die scheinbar für den ‚einfachen Mann' gedacht sind und die man doch nur auf ‚Holländisch Geldern' und mit handschriftlicher Signierung kaufen konnte. Hier stellt sich zwangsläufig derselbe Manierismus ein, wie er in den dadaistischen Lautgedichten zum Ausdruck kommt, die – auf den ersten Blick betrachtet – lediglich die Kenntnis des Alphabets voraussetzen, in Wirklichkeit jedoch ein höchst subtiles und zugleich ironisch-gebrochenes Kunstverständnis verlangen.

Doch dieser Vorwurf des formalen Manierismus trifft nicht nur auf die Literaten zu. Fast die gleichen Diskrepanzen zwischen Form und Inhalt lassen sich auf dem Gebiet der expressionistischen Musik beobachten. Auch hier gibt es scheinbar eingängige Orchesterstücke, die weitgehend aus Gassenhauern und Jazz-Melodien bestehen und die dennoch mit der ganzen Kompliziertheit raffiniertester Polyrhythmik und freischwebender Tonalität ausgestattet sind. Das gleiche gilt für manche expressionistischen Opern oder Symphonien, die in ihrer Lautstärke und Aggressivität durchaus dem öffentlichen Aufrufcharakter dieser Bewegung entgegenkommen und den nötigen revolutionären Krach machen, jedoch in ihren technischen Raffinessen wie der häufigen Verwendung von Trommelglissandi, gestopften Trompeten, ihren von der menschlichen Stimme kaum zu bewältigenden Intervallen und ihrem raffinierten Schlagzeugapparat von den Ausführenden und Hörern ein Äußerstes an musikalischer Bildung und technischem Verständnis verlangen.

Ja, auch in der expressionistischen Malerei, die auf den ersten Blick so plakativ und schreihaft wirkt, ist manches viel zu geistreich, viel zu artistisch, viel zu versnobt, um den Eindruck radikaler ‚Notwendigkeit' zu erwecken. Statt bewußter Reduzierung auf eine revolutionäre Simplizität herrscht auch hier vielfach bloße Willkür oder genialischer Atelierschlendrian. Nur zu oft spürt man die Absicht, den Betrachter durch lächerliche Grimassen, billigste Schocks und blaueste Regellosigkeit lediglich zu bluffen. Immer wieder knallt man scheinbar Atavistisches auf die Leinwand und imitiert „Buschmannmalerei und Aztekenplastik", um im modischen Sinne originell und zugleich volksnah zu wirken, was Ludwig Meidner in „Kunst und Künstler" schon 1914 als einen bedauerlichen Irrweg hinstellte (S. 312).

Doch selbst ernsthafte Maler und Kritiker, die sich dem Expressionismus nicht nur aus Mode verschrieben, wußten manchmal nicht, was sie taten. Wie desorientiert diese Kreise zum Teil waren, geht wohl nirgends besser als aus ihren Programmen hervor. So schreibt ein Mann wie Felix Stiemer im Juni 1918 in der Zeitschrift „Schöne Rarität" in einem Aufruf an alle revolutionären Maler Deutschlands:

> „Euch alle rufe ich, die ihr den Mut zur Verzweiflung habt. Vergeßt das einzige Mal, was ich spottend an euch gesündigt: stellt euch mit uns unter den Befehl absoluter Gestaltung. Wir schlagen Reflexe und Reflexionen beiseite, siegen über den Zufall des Lichtes; hindurch, hinweg über Sentimentalitäts-Gelächter der Psychophysik; Himmel erschlägt krachend das Café;

kreisende Sonne steht neben uns, Begleiterin unseres Kampfes; Sterne werden aus der Bahn geworfen und lächeln verkrampft: Experiment, wir treten auf sie in neuer, letzter Ekstatik – hinter uns in unendlichem Zug ahnender Blick hoffender Frauen; mit uns verschmolzen in uns: siegende Freunde, vor uns das Ziel: jenseits des Spiels verzückter Kräfte die absolute Gestalt, die wir realisieren".

Nun gut, könnte man sagen – das ist der übliche Kritikerjargon, der sich um journalistische Aktualität bemüht und dabei in eine modisch gefärbte Rhetorik verfällt. Was haben denn die Maler selbst über ihr Schaffen geschrieben? Vielleicht genügt es auf diesem Sektor einen Revolutionär wie Johannes Molzahn zu zitieren, der ein durchaus beachtlicher Künstler dieser Bewegung war und dennoch folgenden Unsinn über die ideologische Zielsetzung seiner Bilder geschrieben hat, der 1919 im Vorwort zum Katalog der 79. Ausstellung des Berliner ‚Sturm'-Kreises erschien:

„Wir grüßen und singen den Weltinstinkt – das lebendige Ereignis im Menschen. – Ist es nicht unser elementarster Bruder – der uns da entgegenstürmt? Die große kosmische Welle – die ER – dem Raum schleuderte – die Erde – die Menschheit herumzuwerfen – Ihm – entgegen? Wir wollen Oel aufs Feuer gießen – das Fünkchen zum Funken anblasen – und den Funken zur Flamme – die den Erdkreis überzieht – mächtiger schlagen – und beben läßt – lebendigst pulsender – dampfender Kosmos. – Wachsend wollen Wir den Keil treiben – immer weiter treiben. – Immer mächtiger – immer gewaltiger wollen Wir den Energiebogen spannen – über die Erde reißen – das Blut schlagen, daß es brüllt. Mit dem Mal des EWIGEN – soll der Mensch gezeichnet werden – glühend gestirnt. Sprung und Schlag in Jahrtausenden. – Spirale der EWIGKEIT getrieben".

Trotz des hier so ekstatisch verkündeten ‚Wir'-Bewußtseins spürt man auch in diesen Zeilen ein krampfhaftes Bemühen um subjektive Originalität, was notwendig zu grotesken Widersprüchen in Gesinnung und Ausdruck führt. Statt der konkreten Wirklichkeit scheint in diesem Manifest nur noch das Kosmische und Ewige ins Blickfeld des schöpferischen Auges zu geraten. Damit wird zwar die Phantasie total freigesetzt, aber zugleich auf die Eigenart des jeweiligen Künstlers reduziert. Die Individualität des Gegenständlichen, die noch im Naturalismus und Impressionismus klar zu erkennen war, tritt so immer stärker hinter der Individualität des gestaltenden Subjekts zurück, was – genau betrachtet – in eklatantem Widerspruch zu der ins Sachliche zielenden Grundströmung dieser Richtung steht.

Vor allem die abstrakte Malerei eines Kandinsky, Muche oder Klee, bei der das expressionistische Prinzip der Reduktion des Natürlichen ins Sachliche bereits zum Selbstzweck wird, artet in ihrem höchst originellen Subjektivismus oft ins Willkürliche und damit Sinnlose aus. Hier wird nicht mehr im echten Sinne verdichtet, sondern lediglich mit rein malerischen Mitteln die ästhetische Interessantheit bestimmter abstrakter Farbliniengebilde herausgestrichen, die jeden Hinweis auf die objektive Wirklichkeit vermissen lassen. Doch auch bei anderen konstruktivistischen Malern, die wie Kandinsky und Klee am Bauhaus lehrten und sich um eine äußerste Energetisierung ihrer Bildinhalte bemühten, nimmt dieser subjektive Abstraktionismus oft recht seltsame Formen an. Man höre etwa, wie sich Lazlo Moholy-Nagy 1922 in der zwölften Nummer des „Sturm" über die neue Tendenz ins ‚Dynamisch-Konstruktive' geäußert hat:

> „Deshalb müssen wir an die Stelle des statischen Prinzips der klassischen Kunst das Dynamische des universellen Lebens setzen. Praktisch: statt der statischen Material-Konstruktion (Material- und Form-Verhältnisse) muß die dynamische Konstruktion (vitale Konstruktivität, Kräfteverhältnisse) organisiert werden, wo das Material nur als Kraftträger verwendet wird. Die dynamische Einzel-Konstruktion weitergeführt ergibt das DYNAMISCH-KONSTRUKTIVE KRAFTSYSTEM, wobei der in der Betrachtung bisheriger Kunstwerke rezeptive Mensch in allen seinen Potenzen mehr als je gesteigert, selbst zum aktiven Faktor der sich entfaltenden Kräfte wird".

Ebenso abstrakt und sinnentfremdet wirken die theoretischen Äußerungen eines Dadaisten wie Kurt Schwitters, in denen trotz aller Gegenstandsnähe immer wieder das Verstiegene und Geistreichelnde dominiert. Selbst bei seinen witzig arrangierten Klebebildern, die zumeist aus Zeitungsausschnitten und Straßenbahnfahrscheinen bestehen, herrscht ein so eklatanter Widerspruch von Sache und Subjekt, daß man auch hier kaum von einem sinnvollen ‚Konstruktivismus' sprechen kann.

Ja, sogar in der Architektur, die der expressionistischen Tendenz ins Sachliche noch am nächsten kommt, treten solche Diskrepanzen auf. Man denke an die Siedlungskonzepte beim frühen Bruno Taut, die trotz ihrer Glas- und Eisenarchitektur, das heißt ihrer Zielrichtung ins konsequent ‚Technifizierte', einen unleugbar mittelalterlichen oder zumindest halbreligiösen Eindruck erwecken. Das gleiche gilt für die „Kathedrale des Sozialismus", die Feininger als Symbol des frühen Bauhauses entwarf und die in ihrem Bauhüttencharakter ebenfalls ins Gotisch-Mittelalterliche zurückzuweisen scheint. Doch neben diesen religiösen oder halb mystischen Elementen, die in einem absoluten Widerspruch zu den geplanten Sachtendenzen stehen, bleibt auch bei anderen Konstruktivisten so mancher rein private oder ästhetische Snobismus erhalten. Man betont zwar in diesen Kreisen immer wieder, daß man sich ganz in den ‚Dienst der Gesellschaft' stellen möchte, verteidigt jedoch zugleich die uneingeschränkte Freiheit in allen Fragen der Kunst, wodurch dem anonymen Baudenken oft eine höchst subjektive Originalität in die Quere kommt. Vor allem in den Entwürfen von Bruno Taut, Hermann Finsterlin, Wenzel A. Hablik, Carl Krayl und Hans Poelzig finden sich die seltsamsten Manieriertheiten. Alle diese Architekten schwärmen zwar einerseits für das Volkstümliche und rein Zweckbezogene, entwerfen jedoch zu gleicher Zeit die merkwürdigsten Turmstädte, Monumentalbauten oder gläsernen Bergbekrönungen, die ebenso phantastisch wirken wie die vielen Tempelentwürfe des Jugendstils. Ja, manche dieser Zeichnungen, die scheinbar rein ‚um des Stiles willen' entworfen sind, lassen sich nur als Verrücktheiten oder witzige Grotesken charakterisieren. Denn wirklich bewohn- oder benutzbar wäre fast keiner dieser Bauten, was in einem merkwürdigen Widerspruch zu ihrer lauthals verkündeten ‚Funktionalität' steht. Bei solchen Entwürfen – wie etwa den Kristall- oder Bananenhäusern von Hermann Finsterlin – sollte man ruhig von Mode oder gar von Masche sprechen. Mit der proklamierten ‚Sachlichkeit' haben jedenfalls diese Architekturskizzen nur wenig gemein.

Und so ist denn der Expressionismus neben mancher schneidenden Anklage, mancher kühnen Utopie und mancher ebenso kühnen Entnaturierung und Depersonalisierung auch eine Revolution der Macher, der Modischen und Unmündigen, die sich an seiner aufrührerischen Gebärde berauschen, ohne selbst aufrührerisch gestimmt zu sein. Snobs und Ästheten findet man in seinen Reihen, die überhaupt nicht wissen, was sachlich und zweckvoll ist, und die lediglich ihre eigene Subjektivität auszuleben versuchen. Immer wieder treten Künstler auf, die viel zu ichbezogen sind, um einzusehen, was den einfachen Mann wirklich ergreift, und die es schließlich der dummen Masse zum Vorwurf machen, wenn man ihre Gedichte und Bilder nicht goutiert. So schreibt selbst Iwan Goll nach der gescheiterten Revolution von 1918/19 einmal echt literatenhaft, daß das Volk einfach zu „unnaiv" gewesen wäre, um die expressionistische „Wort-an-sich-Dichtung" auf Anhieb verstehen zu können (P, I, 257). Ebenso erregt beschwerten sich manche der abstrakten Maler über das komplette Unverständnis des breiten Publikums für die ‚geistige Repräsentanz' ihrer bewußt ‚allgemein-verständlich' gehaltenen Gemälde.

Um so intensiver interessierte sich dagegen zwischen 1918 und 1923 jene Schicht für den Expressionismus, die ihm am verächtlichsten erschienen war: das Bildungsbürgertum. Auf diese Weise wird dem Expressionismus gerade das zum Schicksal, was er zutiefst abgelehnt hatte und verhindern wollte, nämlich eine bürgerliche Kunstmode zu werden. Statt einer neuen Sachlichkeit zum Durchbruch zu verhelfen, die auch aufs Wirtschaftliche und Politische übergreift, muß er es sich gefallen lassen, in die herkömmlichen ‚Ismen' eingereiht zu werden. Wie vorher den Impressionismus oder den Jugendstil erhebt man ihn zur ästhetischen Mode, trägt ihn stolz zur Schau und wirft ihn schließlich abgetragen in die Ecke. Was eigentlich als Abschaffung der ‚Kunst' gedacht war, sinkt so zur Ausstellungsnovität herab und wird selbst in seinen abstraktesten Formen von bürgerlichen Kennern als ästhetisches Surrogat, als Naturersatz oder Ausdruck einer künstlerischen Enklave ‚genossen'.

Von Gesellschaftlichkeit oder Sachlichkeit ist daher in den Kunstzeitschriften zwischen 1920 und 1925 im Hinblick auf den Expressionismus nur selten die Rede. Was die Ästheten und Literaten dieser Ära als ‚expressionistisch' bezeichnen, ist stets das Ekstatische oder Visionäre, das zutiefst Gefühlvolle oder Religiöse, was man mit der Ausdrucksgewalt von Negerfetischen, katholischen Votivbildern, alter Bauernkunst, Bildern von Greco und Grünewald, barocker Lyrik oder der Seelenqualenschilderung eines Dostojewski vergleicht. Und damit wird der Expressionismus in höchst reaktionärer Absicht immer wieder als der letzte Schrei einer höchst alten Sache ausgegeben: als mystische Primitivität. Kein Wunder also, daß sich die ‚Aktivisten' in seinen Reihen so schnell von ihm abkehrten. Diese Leute hatten zwar in der Hitze des Gefechtes auch zu einigen religiösen Metaphern gegriffen, aber mit dem Mystischen und Primitiven im Sinne vergangener Kulturen wollten sie nichts zu tun haben. Ihnen war es um die Zukunft, um den ‚Geist der Utopie', und nicht um einen Regreß ins Vorbewußte gegangen. Die politisch Bewußteren unter den Expressionisten wandten sich daher von dieser Mystik-Masche ebenso schnell ab wie die bloß modisch Entzückten – und überließen diesen Sektor den Obskuranten der ewigen Vorgestrigkeit. Auf diese Weise wurde der expressionistische ‚Ekstatiker' bereits um die Mitte der zwanziger Jahre zu einer beliebten Witzblattfigur linksliberaler Blätter, an der sich hämische Journalisten ihr Mütchen kühlten, um so abgebrüht, so zynisch wie nur möglich zu wirken. Für große geistige oder gefühlsmäßige Aufschwünge hatten diese Leute nichts mehr übrig. Was sie verlangten, waren Rationalität, Kälte, Präzision, ja Nüchternheit in jeder Hinsicht. ‚Expressives' erschien ihnen dagegen geradezu lächerlich.

ABLEHNUNG UND REZEPTION

DER VORGEBLICHE TOD DES EXPRESSIONISMUS

Und damit sieht es so aus, als ob der Expressionismus sowohl ideologisch als auch künstlerisch restlos gescheitert sei. Überall wird er nach 1923 als tot verschrieen, und zwar besonders von denen, die ihn von vornherein als eine bloße Mode oder einen gefährlichen Abweg aufgefaßt hatten. Was eben noch als der letzte Schrei, das letzte Glück, die letztmögliche Totalgesinnung gefeiert worden war, sank daher in den frühen zwanziger Jahren in den Augen der unverbindlich dilettierenden oder bewußt reaktionär eingestellten Literaten schnell zum letzten Dreck herab. Diesen Leuten erschien das Ganze als etwas höchst Sentimentales und damit Lächerliches, dem sie mit blasiertem Zynismus die Pose einer ebenso modisch verstandenen ‚Neuen Sachlichkeit' entgegensetzten. Was sie als ‚chic' empfanden, war nicht mehr das abgegriffene ‚O-Mensch'-Pathos einer allgemeinen Weltverbrüderung, sondern die smarte Attitüde der Ewig-Besserwissenden, für die es nichts Vergnüglicheres gibt, als sich mit selbstgenügsamer Schadenfreude über die politischen und literarischen Auswüchse eines jugendlich-überspannten Idealismus lustig zu machen.

Man weiß, wie leicht es ist, auf der Bank solcher hartgesottenen Spötter zu sitzen und über gescheiterte Revolutionen zu lästern. Doch gerade jene, die sich um 1923 so ‚erhaben' dünkten, haben sich in den Jahren 1918/19 meist viel kläglicher als die jungen Expressionisten verhalten – und einfach gekniffen. Die wirkliche Schuld am Scheitern dieser Revolution trifft daher nicht jene, die sie gemacht haben, die Unmündigen, sondern jene, die sie nicht gemacht haben, die Erfahrenen, obwohl sie aufgrund ihres Alters, ihrer Sachverständigkeit und ihrer politischen Praxis dazu fähig gewesen wären. Man lache daher in Zukunft weniger über jene hilflos-sentimentalen Revoluzzer, die wenigstens den weltgeschichtlichen Atem dieser Stunde in sich verspürten, als über jene ewigen Spießer und beschränkten Literaten, die sich bei jeder politischen Veränderung sofort in ihr Mauseloch verkriechen und sich nachher – wenn die Mächtigen wieder fest im Sattel sitzen – damit brüsten, die Sinnlosigkeit solcher revolutionären Veränderungsversuche von vornherein durchschaut zu haben.

Aber ist denn der Expressionismus wirklich total gescheitert? War er wirklich so sinn- und folgenlos, wie schon 1919 von dadaistischer Seite und dann ab 1923 von neuzynischer Seite her behauptet wurde? Rein vordergründig gesehen, hatten diese frühen Totengräber sicher recht. Als politische und literarische Bewegung war der Expressionismus im Jahre 1923 tatsächlich am Ende. Doch wie bei so vielen künstlerischen Phänomenen sollte man auch beim Expressionismus zwischen einer zeitbedingten und einer überzeitlichen Bedeutung unterscheiden. Denn seine ‚revolutionären' Impulse hatten zwar keinen unmittelbaren Erfolg, aber doch eine beachtliche Folge, unter deren Einfluß wir teilweise heute noch stehen. Von einer solchen Sicht, die nicht nur am Objekt klebenbleibt, sondern auch dessen Konsequenzen überdenkt, ist allerdings um die Mitte der zwanziger Jahre noch wenig zu spüren. Hier konstatierte man – inmitten der Stresemannschen Stabilisierungsperiode – erst einmal das absolute Scheitern aller utopisch-sozialistischen Hoffnungen auf eine Neuordnung der bestehenden Gesellschaft, welche die jungen Expressionisten seit 1910 beseelt hatten. Nach dem hektischen Trubel der Inflationsjahre drehte man in dieser Zeit jeden Pfennig zweimal um, bevor man ihn für ein Projekt ausgab, das keinen unmittelbaren Nutzen versprach. Für Schwärmereien, weltumstürzende Ideen oder Aufbrüche zu neuen Paradiesen hatten die Neuzyniker um 1925 nur noch ein müdes Lächeln übrig. In dieser Epoche herrschte wieder der Pfennig der Nützlichkeit und nicht mehr der Hundertmarkschein der Empfindung.

Und so wurde zwischen 1921 und 1925 eine Grabrede auf den Expressionismus nach der anderen gehalten. Mal nahm man die halb mitleidige, halb hochmütige Haltung des „De mortuis nil nisi bene" ein – mal gab man ganz offen zu, daß es gut sei, diese überspannte Bewegung endlich zu Grabe zu tragen. In den meisten Fällen wird dabei der Expressionismus – rein vordergründig – als etwas Schwülstiges, Gefühlsverwirrendes und Ultraradikales hingestellt, dem man nicht allzu viele Tränen nachzuweinen brauche. Um so stolzer ist man dagegen auf die eigene ‚Sachlichkeit', den neuen Realismus und die wiederhergestellte ‚Balance' der bürgerlichen Mittellage, wie sie Thomas Mann mit prominenter, weithinhallender Stimme verkündete. Viele taten einfach so, als ob der Expressionismus nur eine kurzlebige Mode, ein ‚Ismus' gewesen sei, der jetzt wieder durch die Normalsituation einer innerlich gefestigten ‚Ordnung' abgelöst werde, deren künstlerisches Ideal ungefähr dem ‚bürgerlichen' Realismus' der zweiten Hälfte des 19. Jahrhunderts entspreche.

Doch die ästhetische Praxis sah um 1925 freilich ganz anders aus, als es manche der bürgerlichen Protagonisten dieser Ära wahrhaben wollten. Außer älteren Schriftstellern wie Thomas Mann, Jakob Wassermann, Hermann Hesse und einigen anderen, die sich wieder in der Erzählwelt der vorexpressionistischen Ära einzurichten versuchten oder diese nie verlassen hatten, gibt es nämlich bis zum Ende der zwanziger Jahre – entgegen allen gängigen Klischees – eine Fülle, ja geradezu Überfülle an expressionistischen Werken oder Tendenzen. Vor allem im Theater, im Film, in der Musik, in der Malerei, aber auch in der Literatur und Architektur findet dieser Stil, der sich in den Jahren zwischen 1914 und 1918 vielen Hindernissen gegenübergesehen hatte, erst jetzt allgemeine Verbreitung und Anerkennung. Nicht nur die Mitläufer der Vorläufer, sondern auch die expressionistischen Vorläufer selbst kommen erst in dieser Ära wirklich zur Geltung. Ja, manche der wichtigsten expressionistischen Leistungen werden überhaupt erst in der Mitte der zwanziger Jahre entdeckt. Das gleiche gilt auf dem Gebiet der kulturpolitischen Personalentscheidungen. Während die Kunsthochschulen, Museen, Akademien, Theater und Filmstudios bis zum November 1918 für Expressionisten weitgehend ‚Off limits' waren, rücken sie an diesen Instituten jetzt überall in die führenden Positionen ein und sorgen für eine immer weitere Verbreitung und Anerkennung ‚ihres' Stils. Man denke an die expressionistischen Stummfilme der zwanziger Jahre wie „Das Kabinett des Dr. Caligari", „Der Golem" und „Metropolis", an die Inszenierungen Jessners und Piscators, die Bühnenwerke Alban Bergs, die Lehrtätigkeit von Kandinsky, Feininger und Klee am Bauhaus und vieles andere mehr.

So betrachtet, sollte man die vielen Grabreden, die von voreiligen Journalisten schon zu Anfang der zwanziger Jahre auf den Expressionismus gehalten wurden, nicht zu ernst nehmen. Solche Leute leben nun einmal davon, heute das, morgen jenes für tot zu erklären, um es fünf Jahre später mit ebenso törichter Beflissenheit wieder als den letzten Schrei auszugeben. Und so lebte der Expressionismus auch nach 1923 relativ ungebrochen weiter, und zwar nicht nur als Imitation seiner selbst, sondern auch – oder gerade – in manchen Bereichen jener ‚Neuen Sachlichkeit', die so oft als sein absoluter Gegenpol hingestellt wird.

Die Sinndeutung der expressionistischen Revolution sollte daher in Zukunft ruhig etwas tiefer angesetzt werden, als das den im Tageskampf der zwanziger Jahre Befangenen möglich war. Hier herrschte erst einmal simple Parteinahme oder ein rein subjektiv urteilender Journalismus, der alle künstlerischen Probleme auf bloße Geschmacksfragen reduziert. Die Frage nach dem ‚Positiven' im Expressionismus und damit nach dem, was diese Bewegung wirklich wollte, wird von den Literaten der zwanziger Jahre meist noch gar nicht gestellt. Und wenn man sie stellt, dann nur, um sich über die sentimentale Phraseologie des expressionistischen Pazifismus oder Utopismus lustig zu machen. Doch eine solche Frage müßte, wenn sie wirklich einen Sinn haben soll, bereits im Ansatz wesentlich vielschichtiger sein und mindestens drei Aspekte berücksichtigen. Erstens: hatte der Expressionismus überhaupt einen logischen Sinnzusammenhang oder ist er lediglich in Destruktion, Anarchie und Nihilismus steckengeblieben? Zweitens: wenn er einen solchen Sinnzusammenhang hatte, war dieser Sinn gewollt und damit eine echte Zielutopie? Drittens: war dieser Sinn ungewollt, das heißt etwas, was den Revolutionären selbst weitgehend unbewußt geblieben ist, aber in der Entwicklung, in der Konsequenz der konkreten Verhältnisse begründet liegt?

Entschließt man sich zu einer solchen Sicht, darf man sich bei der Frage nach der wirklichen Bedeutung des Expressionismus nicht nur mit seiner revolutionären Geste oder seinen anarchistisch-idealistischen Programmen zufrieden geben. Ein Großteil dieser Erklärungen tritt nur als Mittel des Umsturzes auf, ohne selbst Umsturz zu sein. Trotz manchen noblen Engagements, das nicht geleugnet werden soll, wirkt hier vieles recht ziellos und zwecklos, ja grenzt zum Teil ans Unsinnige oder Bizarre. Unter dieser Perspektive betrachtet, ist die expressionistische Revolte tatsächlich tragisch gescheitert oder auf seltsame Abwege geraten. Doch zum Glück hat der Expressionismus noch einen tieferen Sinn, als er in den Manifesten der kommunionistischen Novembergesinnung zum Ausdruck kommt. Und zwar liegt dieser in seinen radikal depersonalisierenden und entnaturierenden Tendenzen, die bereits auf die zukünftige ‚Sachkultur' einer von Klassenschranken befreiten und damit ‚offenen' Gesellschaft vorausweisen. In diesem Punkte ist es, wo er allen Kritikern zum Trotz dennoch rechtbehalten hat, weil er hier nicht nur Mittel des Umsturzes, sondern selber Umsturz ist und somit Entwicklungen in Gang gesetzt hat, die bis heute nachwirken. Im Gegensatz zu allem, was der Expressionismus vordergründig proklamiert, sind es also gar nicht die großen Worte, sondern gerade jene mehr oder minder unbewußten konstruktivistischen Tendenzen, in denen sich das eigentlich Revolutionäre manifestiert. Und hierin liegt zugleich sein tieferer Sinn: nicht in seinen empörten Aufschreien, sondern in der Zerstörung jenes überlieferten ‚Personenkults', der zu den Grundelementen der feudalistisch-bürgerlichen Kultur gehörte. Dies ist eine ‚Sachlichkeit', zu deren wichtigsten Exponenten gerade jene sogenannten ‚Formalisten' und ‚Konstruktivisten' zählen, die man bisher stets als die Antagonisten der expressionistischen Bewegung hingestellt hat.

Aufs Große und Ganze gesehen, ist der Expressionismus überhaupt nur ein Teil jener politischen, geistigen und ästhetischen Prozesse, die mit dem Naturalismus der achtziger Jahre beginnen und auf eine immer stärkere Objektivierung des Inhaltlichen in Richtung auf eine zukünftige Sachkultur drängen, in der nicht mehr die verehrte Person, sondern die perfektionierte Sache, der sinnvolle Gebrauchsgegenstand im Mittelpunkt steht. Das Richtungsweisende an ihm ist also gerade das, was man seinen konstruktiven Beitrag zum Prozeß der ‚positiven Entmenschung' nennen könnte. Denn nur hier ist es, wo er die Logik des historischen Werdens im Rahmen der sich entwickelnden Industriegesellschaft zum Ausdruck bringt, die sich im Zuge der fortschreitenden Mechanisierung in ihrem innersten Wesen sowohl erfüllt als auch ‚aufhebt', indem sie sich gezwungen sieht, ihre ursprünglich verklärten Persönlichkeitswerte immer stärker den sich herausbildenden Sachzwängen zum Opfer zu bringen. So betrachtet, ist der Expressionismus ein weiterer, wenn auch wesentlich stärkerer und folgenreicherer Impuls dieser auf eine positive Versachlichung drängenden Kräfte, die sich bereits im späten 19. Jahrhundert bemerkbar machen. Seine ästhetische und gesellschaftliche Bedeutung liegt also gerade darin, daß er den Kampf gegen die rein liberalistische Auffassung von ‚Natur' und ‚Menschlichkeit' um ein beachtliches Stück weitertreibt und damit ideologisch an die Grenze dessen stößt, was sich am ehesten als ‚positive Leistungsgesellschaft' umschreiben läßt.

Seine weltanschauliche Erfüllung steht deshalb in vielen Punkten immer noch aus. Denn ein solches Ziel war im Rahmen der ‚Weimarer Republik', die trotz veränderter ökonomischer und sozialer Grundvoraussetzungen unverdrossen an den Konzepten des bürgerlichen Liberalismus des 19. Jahrhunderts festzuhalten versuchte, nicht zu erreichen. Hier war für eine Vergeistigung des Technischen und damit eine ästhetisch befriedigende Durchgestaltung der sogenannten ‚Sachwerte', wie sie den Theoretikern des Werkbundes und des Bauhauses vorschwebte, einfach kein Raum. Für den Aufbau neuer Lebensformen, die auf dem Ethos der schöpferischen Produktivität beruhen und jeden Schaffenden mit dem Gefühl einer sinnvollen Mitgestaltung seiner näheren und weiteren Umgebung beglücken, fanden sich in diesem Staate weder die politischen Voraussetzungen noch die ökonomischen Mittel. Hier wurde einfach kapitalistisch weitergewurstelt und damit die Chance einer wahren Teilhabe am gesamtgesellschaftlichen Gestaltungsprozeß wieder einmal versäumt. Der Expressionismus war daher um 1925 nicht veraltet, sondern lediglich unerfüllt geblieben, und zwar nicht nur in seinen vordergründigen, sondern auch in seinen verdeckten Zielsetzungen.

Doch selbst auf dem engeren Sektor der Literatur, der Musik und der bildenden Kunst stellt der Expressionismus nicht nur eine folgenlose Episode dar, wie man oft angenommen hat. Sein rein vordergründig ins absolut Enthemmte züngelnder Phrasenschwall, seine maßlosen Klangkaskaden und farbtriefenden Leinwände wurden zwar immer wieder belächelt – und sind doch um ihrer Intensität willen in den Kanon der deutschen, ja zum Teil der Weltkunst dieses Jahrhunderts eingegangen. Ja, manche dieser Künstler haben inzwischen schon die zweite oder dritte Renaissance erlebt und damit auch jüngere Dichter, Maler und Komponisten in einem vehementen Ausdruckswillen bestärkt, der durchaus ‚expressionistische' Züge trägt. Und auch da, wo die expressionistischen Künste – zum Teil gegen ihren eigenen Willen – das Naturgegebene durch die Welt des konstruktiv operierenden Geistes zu ersetzen suchten, haben sie Exempel aufgestellt, die in allen ästhetischen Theorien, die sich um Typik, gesellschaftliche Repräsentanz, begriffliche Durchdringung und modellhafte Situationen bemühen, bis heute weiterleben. Wohin hätten sich Hanns Eisler, Johannes R. Becher, Hermann Broch, Robert Musil entwickelt, wenn sie nicht durch die Erfahrung des Expressionismus gegangen wären? Wieviel Expressionistisches steckt noch in Piscators ‚Apparatbühne', in Brechts ‚epischem Theater', in Peter Weissens Agitationsstücken? Wieviel verdankt überhaupt die gesamte Literatur des ‚wissenschaftlichen Zeitalters' diesen Ursprüngen, und zwar sowohl ihren ideologischen Aufschwüngen als auch ihren Formexperimenten?

Es wäre daher töricht, den Expressionismus einfach zum alten Eisen zu werfen, wie das vorschnelle Journalisten bereits in den zwanziger Jahren getan haben. Denn innerhalb dieser Bewegung – gerade weil sie so stark zum Grundsätzlichen neigt, wurden so manche Postulate aufgestellt, die bis heute relevant geblieben sind. Dazu gehört erstens der Rückgriff auf das Natürliche und Elementare, selbst wenn dieser manchmal allzu ekstatisch gefordert wird. Und dazu gehört zweitens die Zielvorstellung einer auf strikter Rationalität und Leistung gegründeten Sachkultur, die sich aus dem Anarchismus eines bloß liberalistischen Wirtschaftsgebarens zu einem sozialistischen Gemeinschaftskonzept durchzuringen versucht, dies jedoch im Zuge einer kritiklosen Verehrung des Technischen immer wieder ins abstrakt Technokratische und ‚Geistige' überspitzt. Diese beiden Extreme einer utopischen Hoffnung werden wohl so lange weiterbestehen, bis sich Subjektivismus und Kollektivismus, Natürlichkeit und Technifizierung, Triebhaftigkeit und Intellektualität im Rahmen einer total befreiten Menschheit zu einer sinnvollen Synthese vereinigt haben. Und zwar wird diese Synthese bei der zunehmenden Mißachtung des Natürlichen und zugleich steigenden Mechanisierung aller zwischenmenschlichen Beziehungen, die sich im Verlauf der Industrialisierung – als der entscheidenden Befreiungsaktion der Menschheit aus feudalistisch-absolutistischer Gebundenheit – fast zwangsläufig ergeben haben, von Tag zu Tag immer dringlicher. In diesem Dilemma den richtigen Kurs anzugeben, wäre eine der vordringlichsten Aufgaben des Expressionismus gewesen. Doch vielleicht war dazu die industrielle und gesellschaftliche Entwicklung noch nicht weit genug gediehen. Es bleibt deshalb sein Vermächtnis, wenigstens die Grenzen nach beiden Seiten abgesteckt zu haben. Die Lösung dieser Fragen steht dagegen immer noch aus.

DER STREIT UM SEINE ERBSCHAFT

Die ideologische und ästhetische Bewertung des Expressionismus war von Anfang an der Gefahr ausgesetzt, daß man diese höchst vielschichtige Bewegung auf e i n e n Grundimpuls reduzieren würde. Und genau das trat bereits in den frühen zwanziger Jahren ein. Die einen lobten oder verdammten lediglich den Schrei nach dem Ursprünglichen, die anderen lediglich die raffinierten Formexperimente. Hier hob man nur seine zeitliche, dort nur seine überzeitliche Bedeutung hervor. Die engagierten Kritiker priesen bloß sein Engagement, die nichtengagierten bloß sein Nichtengagement. Und zwar gilt das für alle künstlerischen Leistungen des Expressionismus. So wurden etwa auf literarischem Gebiet mal das Pathos der Menschheitsverbrüderung eines Werfel, mal der kühle, rationale, egoistische Individualismus eines Sternheim in den Mittelpunkt gerückt. In der Musik galt heute das kraß Atonale, morgen das streng Dodekaphonische als spezifisch ‚expressionistisch'. In der Malerei legte man den Schwerpunkt teils auf den wilden Ausdrucksstil eines Nolde, teils auf die kristalline Mathematik eines Kandinsky. Die innere Verflochtenheit dieser beiden Strömungen blieb dagegen weitgehend unbeachtet. Selbst jene Kritiker, denen dieses Nebeneinander überhaupt zum Problem wurde, sahen darin lediglich Richtungskämpfe miteinander konkurrierender Gruppen und faßten nicht jene seltsame Dialektik ins Auge, die zwischen diesen beiden Polen besteht und die letztlich dasselbe will: nämlich den Aufbau in der Destruktion, die Zerstörung des Alten um einer neuen Zukunft willen, die ‚Menschheitsdämmerung'.
Wie undialektisch die Urteile über den Expressionismus oft sind, läßt sich bereits an den ersten Auseinandersetzungen mit dieser Bewegung aus den Jahren 1918 bis 1923 ablesen. Hier standen auf der einen Seite die Vertreter der sogenannten ‚Neuen Sachlichkeit', die alle ‚konstruktivistischen' Elemente des Expressionismus einfach als ihre eigenen Errungenschaften hinzustellen versuchten. Im Rahmen dieser Sicht blieb von den ‚wahren Leistungen' des Expressionismus natürlich nur das Blutrünstig-Anarchistische und Paradiesisch-Seraphische übrig, über die man sich in abgebrühten Journalistenkreisen so lange lustig machte, bis auch die bürgerlichen ‚Liberalen' dazu übergingen, den Expressionismus lediglich als süßen oder sauren Kitsch zu betrachten. Indem man durch einen solchen ideologischen Winkelzug die guten Leistungen dieser Bewegung bedenkenlos für sich usurpierte, gab man den Rest einfach der Lächerlichkeit preis – und beschleunigte damit den oft verkündeten ‚Tod des Expressionismus'.

Da jedoch nicht alle so zynisch eingestellt waren wie die Vertreter dieser Art von ‚Neuer Sachlichkeit', fand selbst jener Rest an Gefühl, Seraphik und Wesenhaftigkeit schnell einen Kreis glühender Verehrer. Schließlich gab es bereits um 1920 genügend Reaktionäre, denen das Überschwengliche, Ekstatische und Faustisch-Brünstige des Expressionismus als Ausdruck eines spezifisch ‚deutschen' Jenseitsdranges erscheinen mußte. In ihrer absoluten Fortschrittsfeindlichkeit sahen sich diese Kreise natürlich genötigt, den Expressionismus der Kriegs- und Vorkriegsära in eine Wiedergeburt jenes ‚ewigen Expressionismus' umzuinterpretieren, wie er bereits in der germanischen Tierornamentik, den deutsch-gotischen Kathedralen, bei Altdorfer, Grien und Grünewald, in der religiösen Ekstatik des Barock und im Transzendentalismus der Romantik zum Durchbruch komme, denen ein von Ewigkeit zu Ewigkeit reichender deutsch-faustischer Jenseitsdrang zugrunde liege. Während diese National-Expressionisten in Epochen wie der Renaissance, der Aufklärung und der Klassik lediglich die Neigung zu antikisierender Harmonie und romanischer Formenglätte konstatierten, sahen sie in den ‚expressiven' Perioden ausschließlich einen wilden Ausdruckszwang, eine ins Überweltliche züngelnde Linearik, ein Wesentlichwerden à la Angelus Silesius, eine mystische Wirklichkeitsaufhebung oder romantische Entgrenzung am Werke, die den gemütvoll-verinnerlichten und intellektfeindlichen Deutschen nun einmal ‚im Blute' steckten, wie es in diesen Zirkeln immer wieder heißt.

Daß an der Herausbildung einer solchen Perspektive selbst manche expressionistischen Dichter nicht ganz unbeteiligt waren, beweisen folgende Äußerungen. Ein Mann wie Kasimir Edschmid definiert schon 1918 den Expressionismus als etwas grundsätzlich Kühnes, Großes und Ewiges, das sich bereits bei den ‚Primitiven', den Assyrern, Ägyptern, der Gotik, bei Grünewald und den altdeutschen Malern nachweisen lasse und es daher sinnlos sei, sich bei der Betrachtung dieses Phänomens auf die Jahre zwischen 1910 und 1920 zu beschränken (Ex, S. 120). Ähnlich drückt sich 1920 Walter von Molo aus, der den Expressionismus – soweit sich in ihm etwas echt Deutsches manifestiere – als „himmelanringende Sehnsucht" und „Rückkehr Gottes" umschreibt. „Wenn die expressionistischen Tribünenredner", heißt es bei ihm mit reaktionärer Zielsetzung, „nicht durch ihr egoistisches und eitles Partei-Geschrei das neue Werden aus den Wurzeln der Ewigkeit vorzeitig abstechen und besiegen", dann sei von dieser Bewegung noch ‚Großes' zu erwarten (Ex, S. 160).

Und so stoßen auch die Literaturwissenschaftler dieser Ära, die weitgehend ‚deutschgesinnt' waren, ständig ins Horn des ‚Ewigen', wenn sie sich dem Expressionismus zuwenden. Oskar Walzel zum Beispiel setzt in seinem Buch „Deutsche Dichtung seit Goethes Tod" (1919) den Expressionismus direkt mit der „germanischen Gefühlsekstase" gleich. „Germanisch und ganz besonders deutsch", schreibt er mit vergleichenden Hinweisen auf die Gotik, Dürer und den Barock, ist an dieser „Ausdruckskunst" die „hohe Bewertung, die dem Gefühl zugebilligt wird" (S. 192). Die gleiche Sicht herrscht in Paul Fechters Buch „Der Expressionismus" (1920), wo voller Affekt gegen den kalten Intellektualismus und Materialismus des späten 19. Jahrhunderts allein die „menschliche Gefühlsexistenz" und der „unbegrifflich direkte Ausdruck" am Expressionismus gepriesen werden (S. 21), der unter „Ausschaltung alles Äußeren", aller Umweltsphänomene unmittelbar ins „Transzendente" vorgestoßen sei (S. 25), was wie bei Walzel mit Hinweisen auf die mystische Lebenserfahrung der Gotik, Grünewalds und des Barock untermauert wird. Auch Bernhard Diebold schreibt in seinem Buch „Anarchie im Drama" (1921), daß durch den Expressionismus endlich wieder die lange vermißte „Seele" in die deutsche Literatur zurückgekehrt sei, in der vorher weitgehend der eiskalte Intellekt geherrscht habe (S. 13). Im Sinne einer neuen Romantik und blindester Lebensphilosophie wird hier im Hinblick auf den Expressionismus jenes von Nietzsche geprägte Bild beschworen, wonach sich ein neuer Stern nur aus dem tanzenden Chaos entwickeln könne.

Eine ähnliche Perspektive dominiert in der kunstwissenschaftlichen Forschung dieser Jahre. So charakterisiert Max Sauerlandt in seinem Nolde-Buch von 1920 die Bilder dieses Malers als Mysterienspiele der nordischen Seele, in denen eine spezifisch friesische Grübelsehnsucht zum Ausdruck komme. Der Grünewald-Forscher Oskar Hagen setzt in seinem Manifest „Deutsches Sehen" (1921) alles ‚Deutsche' von vornherein mit der leidenschaftlichen Sehnsucht nach dem Unbegrenzten, Transzendentalen und Ausdrucksstarken gleich und bezeichnet daher das Expressionistische als eine „uns im Blute liegende psychische Einstellung" (S. 6), was eine merkliche Anlehnung an die ‚Nord'-Charakteristika in Wilhelm Worringers „Formproblemen der Gotik" (1911) verrät. Das gleiche behauptet Eugen Kurt Fischer in seinem Buch „Deutsche Kunst und Art" (1924), wo das Ewig-Deutsche auf das im Spenglerschen Sinne Faustisch-Eigenwüchsige zurückgeführt wird. Auch er konstatiert bei Notker, Dürer und dem Blauen Reiter immer wieder die gleiche Sehnsucht nach Tiefe und Mystik, in der sich der „deutsche Grundton" manifestiere (S. 26).

Um die Mitte der zwanziger Jahre ist daher der Begriff ‚Expressionismus' bei allen Kreisen, die ihn noch ernstnehmen, bereits zu einem Klischee blindester Gefühlsekstase erstarrt. Während die progressiv eingestellten Rationalisten sich mehr und mehr von ihm abwenden oder das Konstruktive des Expressionismus einfach als ihr eigenes Programm ausgeben, werden im Lager der Irrationalisten alle gefühlsmäßigen Elemente dieser Bewegung weitgehend ins Deutsch-Wesenhafte, Lebensphilosophische oder Mystische stilisiert. Dafür spricht ein repräsentatives Beispiel wie das Buch „Der expressive Mensch und die deutsche Lyrik der Gegenwart" (1927) von Ferdinand Josef Schneider, wo der Hauptakzent auf dem Gefühlsmäßig-Lyrischen, Wesenhaft-Expressiven, Typologisch-Zeitenthobenen – und damit Apolitischen liegt. Im völligen Einklang mit der Lebensphilosophie eines Klages, der Jungschen Tiefenpsychologie und dem Intuitionismus Bergsons ist hier das historische Phänomen ‚Expressionismus' bereits völlig zu einer klischeehaften Formel für ‚kosmische Entgrenzung' und ‚visionäre Schau'

verblaßt. Auf befremdlich unkritische Weise wird in diesem Buch nur noch das Schwärmerische, Jenseitsbezogene, Kosmisch-Dynamische und Triebhaft-Ekstatische einer Seelenhaltung wahrgenommen, welche auf archetypischen Urerlebnissen, zeitlos mythischen Erfahrungen und einem animistischen Weltgefühl beruht, die man nicht unbedingt ‚expressionistisch', sondern auch urzeitlich, triebhaft-barock oder verschwommen-romantisch nennen könnte.
Wie stark dieses Klischee in der Literaturwissenschaft der späten Weimarer Republik weitergewirkt hat, ließe sich an den Schriften von Herbert Cysarz, Arthur Hübscher, Fritz Strich, Richard Benz und Karl Viëtor verfolgen, wo das Expressionistische ständig ins Irrationale vernebelt wird. Wohin man auch blickt, wird diese ursprünglich ‚revolutionäre' Kunst sterilisiert, verwesentlicht, verjenseitigt und damit ins ‚Innerliche' verharmlost. Für die Wirkungsmächtigkeit dieser Thesen spricht noch ein Buch wie „Expressionismus und Aktivismus" (1935) von Wolfgang Paulsen, in dem das Politische auf das Nebengleis des ‚Aktivistischen' abgeschoben wird, um den ‚metaphysischen' Grundimpuls der ‚wahren Expressionisten' um so klarer hervortreten zu lassen. Die gleiche Perspektive herrscht in Wilhelm Duwes „Deutscher Dichtung des 20. Jahrhunderts" (1936), wo die expressionistische Ausdruckskunst vornehmlich als metaphysische Reaktion auf den materialistischen Naturalismus hingestellt wird.
Seltsamerweise wurde gegen solche Thesen nur wenig Widerspruch laut. Selbst die ehemaligen Expressionisten haben dazu kaum Stellung genommen, da sie inzwischen wie Kornfeld, Hasenclever und Kaiser entweder ins Neusachlich-Weltmännische oder wie Bronnen und Johst ins Faschistische übergeschwenkt waren. Wenn es also in der zweiten Hälfte der zwanziger Jahre überhaupt noch einen Streit um den Expressionismus gibt, dann lediglich auf der Ebene des Ästhetischen oder der journalistischen Tagesmeinungen. Ansonsten stößt man allenthalben über den Expressionismus zur ‚Neuen Sachlichkeit', zur linken Parteidichtung oder zu einer faschistisch gefärbten Lebensphilosophie vor, die sich ideologisch von den Positionen der jungen Revolutionäre von 1910 bis 1920 immer weiter entfernen.
Wirklich scharfe Formen nimmt der Streit um den Expressionismus erst wieder im Jahre 1933 an, als die braunen Anstreicher in Deutschland die Macht ergriffen. In diesen Kreisen schwankte man erst einmal unschlüssig hin und her, was man mit dem expressionistischen Erbe anfangen sollte. Schließlich waren eine ganze Reihe der nationalsozialistischen Dichter – allen voran der stramme „Schlageter"-Johst – durchaus expressionistischer Herkunft. Ja, selbst Joseph Goebbels hatte in seinem 1920/21 verfaßten und 1929 veröffentlichten Roman „Michael. Ein deutsches Schicksal" geschrieben (Ex, S. 228):

> „Unser Jahrzehnt ist in seiner inneren Struktur durchaus expressionistisch. Wir Heutigen sind alle Expressionisten, Menschen, die von innen heraus die Welt draußen gestalten wollen. Der Expressionismus baut sich eine neue Welt. Sein Geheimnis und seine Macht ist die Inbrunst".

Doch letztlich setzte sich auch in dieser Frage der Gesichtspunkt Hitlers durch, dem nicht nur das ‚Judenpack' unter den Expressionisten zuwider war, sondern der jeden Modernismus schlechthin ablehnte. Und zwar wurde er darin vor allem durch die bisher unterdrückten Provinztalente und ressentimentgeladenen Heimatkünstler unterstützt, die in der Weimarer Republik nicht so recht zum Zuge gekommen waren. Ihr Standpunkt kommt wohl am deutlichsten in dem Pamphlet „Die neue Dichtung" (1933) von Börries von Münchhausen zum Durchbruch, in dem der Expressionismus in Totaldiffamierung als eine Kunst der ‚Juden', ‚Deserteure', ‚Zuchthäusler' und ‚Verbrecher' angeprangert wird. Eine solche ‚Asphaltkunst', die keinen ‚Schollengeruch' besitze, erschien einem Mann wie Münchhausen natürlich als Verbrechen an der deutschen Volksseele, die sich seit eh und je zu Dichtern wie Frenssen und Löns hingezogen fühle. Mochte daher auch Gottfried Benn in seinem leidenschaftlichen „Bekenntnis zum Expressionismus" (1933) die Arier unter den Expressionisten noch so energisch als die Vertreter einer Generation verteidigen, die aus „Deutschlands gläubigem Blut" gelebt habe (Ex, S. 246) – was sich im NS-Staat als offizielle Linie durchsetze, war eine radikale Verdammung alles Expressionistischen. Das zeigte sich bereits bei den Bücherverbrennungen im Mai 1933 und dann bei der späteren Ausstellung ‚Entartete Kunst', in der auch die Maler dieser Bewegung wegen ihres ‚jüdischen Bolschewismus', ihrer unheroischen Gesinnung und ihrer obszönen ‚Schweinereien' fast ausnahmslos der Verdammung anheimfielen.

Doch nicht nur innerhalb, auch außerhalb des ‚Dritten Reiches' – vor allem in linksgerichteten Kreisen – wurde nach 1933 erbittert um das expressionistische Erbe gerungen. Den Anlaß dazu lieferte die scharfe Kritik und schließlich Verdammung aller sogenannten ‚linkssektiererischen', ‚formalistischen' und ‚konstruktivistischen' Tendenzen, die seit dem Beginn der dreißiger Jahre in der Sowjetunion vorherrschend wird. Auch die deutschen Exil-Kommunisten sahen sich daher in Moskau zwangsläufig zu einer Abrechnung mit dem Expressionismus genötigt, die sich vor allem an den Bekenntnissen Gottfried Benns zum Dritten Reich entzündete und die bei manchen linken Theoretikern – in der Hitze des Gefechts – zu einer Totalabrechnung mit allen modernistischen Tendenzen führte. Als daher 1934 in Moskau der ‚Erste Sowjetische Schriftstellerkongreß' tagte, auf dem Shdanow und Radek gegen den ‚Modernismus' auftraten und die Lehre vom ‚sozialistischen Realismus' verkündeten, veröffentlichte Georg Lukács im gleichen Jahr in der Zeitschrift „Internationale Literatur" seinen bekannten Aufsatz „‚Größe und Verfall' des Expressionismus", in dem er diese Bewegung als eine mystifizierend verschleierte Apologetik des Kapitalismus oder schlichtweg als Inkubationsphase des späteren Faschismus interpretiert. Und zwar hielt sich Lukács dabei vor allem an die vordergründige Ideologie der lebensphilosophischen Irrationalisten oder jener ziellosen Anarchisten, denen man im Bereich der kommunionistischen Novembergesinnung und der USPD-Sympathisanten so häufig begegnet. Sein ästhetisches wie sein politisches

Urteil über den Expressionismus, das sich – genau genommen – gegen jede Form des ‚bürgerlichen' Modernismus und Avantgardismus richtet, fiel daher gleichermaßen negativ aus. Nach seiner Meinung können im Rahmen des Kapitalismus überhaupt keine neuen Kunstformen mehr entstehen, da er in kurzschlüssiger Reflextheorie auch die Kunst nur als direkte Widerspiegelung der herrschenden Ideologie betrachtet, ohne jene Elemente zu berücksichtigen, durch die auch der kapitalistische Künstler als Produzent neuer Gestaltungsformen in den dialektischen Prozeß der Geschichte eingreift und damit gewisse Bewegungen innerhalb des ideologischen Überbaus in Gang setzt, deren Ergebnisse durchaus kritischer, ja in manchen Fällen sogar revolutionärer Natur sein können. Aber solche Differenzierungen werden von Lukács bewußt ausgeschaltet. Für ihn ist der gesamte Expressionismus lediglich ein bürgerliches Ablenkungsmanöver oder bestenfalls eine Fluchtideologie, die sich aufgrund ihrer Irrationalität ständig ins Präfaschistische überschlägt.

Gegen diese Thesen wurden im Lager der Exilschriftsteller, in dem sich viele der namhaftesten Expressionisten befanden, selbstverständlich schnell Gegenstimmen laut, was zu jener großen Expressionismus-Debatte führte, die 1937/38 in der Zeitschrift „Das Wort" und anderswo ausgetragen wurde. Da inzwischen die Nazis den Expressionismus wegen seiner ‚bolschewistischen' Novembergesinnung als etwas spezifisch ‚Linkes' abgestempelt hatten, kam Lukács mit seinen Thesen, die 1937 von Alfred Kurella in seinem „Wort"-Essay „Nun ist dies Erbe zu Ende ..." noch einmal aufgegriffen wurden, natürlich etwas ins Gedränge.

Und zwar warfen sich bei diesem Streit so unterschiedliche Geister wie Gustav von Wangenheim, Peter Fischer, Herwarth Walden, Klaus Berger, Hanns Eisler, Ernst Bloch und indirekt auch Bertolt Brecht als Verteidiger des Expressionismus auf. Die meisten vertraten dabei als gute Marxisten die These der dialektischen Aufhebung des expressionistischen Erbes, das heißt der schöpferischen Aneignung des Wertvollen und der Ausscheidung des Gefährlichen und Mißratenen. Vor allem Bloch behauptete, daß man auch – oder gerade – als historischer Materialist den Expressionismus trotz aller ideologischen Unklarheiten durchaus als notwendige Opposition würdigen könne, und warf Lukács vor, durch seine „undialektische" Betrachtungsweise die „antizipierenden Bewegungen im Überbau" völlig unterschlagen zu haben (Ex, S. 287). Auch Brecht bekannte sich in seinen Aufzeichnungen dieser Jahre positiv zu den „revolutionären Hoffnungen", die einst von der expressionistischen Bewegung ausgegangen seien. Doch fast noch wichtiger als dieser ideologische Aspekt erschien ihm als praktizierendem Künstler, daß die expressionistischen Schriftsteller zugleich als Produzenten neuer Gestaltungstechniken hervorgetreten seien. Im Gegensatz zu Lukács sieht Brecht die Kunst nicht nur als unmittelbares Spiegelbild bestimmter Klassenideologien, sondern betrachtet sie stets im Gesamtzusammenhang der Entwicklung aller Produktionskräfte und -mittel. Besonders die Werke von Kaiser und Döblin, ja selbst die von Sternheim, Toller und Goering empfand er als dramatische ‚Versuche', deren Studium selbst „Realisten" eine reiche „Ausbeute" beschere (VIII, 305). Er wandte sich daher scharf gegen das „Niedersäbeln des Expressionismus in Bausch und Bogen" und verdammte damit indirekt das von Lukács propagierte „Festhalten an Beschreibungsarten", die „für Gutsbesitzer passen, nachdem man die Gutsbesitzer selbst beseitigt hat" (VIII, 304).

Wie so vieles andere wurde auch diese Debatte von den Ereignissen des Jahres 1939 einfach überrollt. In den folgenden fünf Jahren mußten die Musen, auch die politischen, erst einmal schweigen. Und auch nach 1945 dauerte es eine Weile, bis man sich wieder des inzwischen so fern gerückten Expressionismus entsann und ihn ideologisch einzurangieren versuchte. In der DDR setzte sich dabei bis weit in die fünfziger Jahre hinein das negative Expressionismus-Konzept von Georg Lukács durch, das heißt die pauschale Verdammung dieser Bewegung als einer Fluchtideologie der spätbürgerlichen Intelligenz nebst all jenen ‚formalistischen' Begleiterscheinungen, die für Lukács mit solchen pseudoaktivistischen Bewegungen notwendig verbunden sind. Nicht weniger ablehnend verhielt man sich den ‚konstruktivistischen' Tendenzen des ‚Blauen Reiters', des ‚Bauhauses' und des Schönberg-Kreises gegenüber.

In der BRD entwickelte sich dagegen zu Beginn der fünfziger Jahre – zum Teil mit kräftiger Unterstützung Gottfried Benns – ein recht lebhaftes Interesse am Expressionismus, und zwar gerade wegen der im Osten so verdammten ‚formalistischen' Experimente dieser Bewegung. Hier ging man im Zeichen der allgemeinen Entpolitisierung allen inhaltlichen Verbindlichkeiten strikt aus dem Wege und beschränkte sich auf das rein Ästhetische, um sich nicht dem ‚Ideologieverdacht' auszusetzen, wie es damals allgemein hieß. Dabei lassen sich folgende Haupttendenzen beobachten: die auffällige Hervorhebung des ‚Blauen Reiters', des Schönberg-Kreises und der frühexpressionistischen Lyrik eines Trakl, Heym, Stadler und Benn, das Interesse an allem Experimentellen und Hermetischen, die Reduzierung des Ästhetischen auf das Metaphorische, Kompositionelle und rein Klangliche sowie die durchgehende Akzentuierung aller subjektivistisch-privaten oder existentiellen Elemente. Was man in diesen Jahren am Expressionismus schätzte, waren allein die großen ‚ästhetischen Leistungen', um so dem Künstlerischen um des Künstlerischen willen gerecht zu werden. Politisches und Aktivistisches blieben dagegen wie schon in der lebensphilosophisch durchtränkten Literatur- und Kunstwissenschaft der zwanziger Jahre wieder einmal ausgeschaltet, als habe es inzwischen weder den Zweiten Weltkrieg, die Nazi-Diktatur, die Teilung Deutschlands noch den Kalten Krieg gegeben. Wie auf so vielen Gebieten wurde hier in den Jahren der Adenauerschen Restauration nicht umgedacht, sondern einfach angeknüpft.

Im Bereich der Literaturwissenschaft war das erste Werk dieser Richtung Fritz Martinis Büchlein „Was war Expressionismus?" (1948), das sich hauptsächlich mit der unpolitischen Lyrik des Frühexpressionismus beschäftigt, weil sich diesem

Genre – wie Martini meint – die „schöpferischen Energien des Expressionismus am lebhaftesten und erfolgreichsten zuwandten", während in den anderen Genres sofort das „Problematische" (sprich Politische) dieser Bewegung zum Vorschein komme (S. 93). Fast der gleiche Tenor herrscht in der Arbeit „Der bildhafte Ausdruck in den Dichtungen Georg Heyms, Georg Trakls und Ernst Stadlers" (1954) von Karl Ludwig Schneider, in der das Werk dieser drei Dichter als der „Anfang aber auch bereits die Erschöpfung der Möglichkeiten" des literarischen Expressionismus hingestellt wird (S. 12). Das gleiche Interesse am rein Metaphorischen liegt den vielen Benn-Studien dieser Ära oder einem Buch wie „Mythologie und Gesellschaft im Expressionismus. Die Dichtung Georg Heyms" (1961) von Kurt Mautz zugrunde. Ja, selbst Walter H. Sokel verleugnet in seinem Buch „Der literarische Expressionismus" (1960) trotz wesentlich größerer Materialfülle und geistesgeschichtlicher Querbezüge, die bis zum deutschen Idealismus zurückreichen, nicht diesen Hang zum rein Literaturhaften. Auch für ihn ist nur der ein wahrhaft großer Dichter, der sich ideologisch nicht festlegte (S. 281), was genau der bereits von Martini ausgesprochenen Maxime entspricht, daß jedes „anschwellende Theoretisieren" immer ein Zeichen von „innerer Schwäche" sei (S. 26). Die gleichen Beobachtungen lassen sich in der Kunstwissenschaft der fünfziger Jahre anstellen. Man denke an ein repräsentatives Werk wie Werner Haftmanns „Malerei im 20. Jahrhundert" (1954), wo einem Maler wie Emil Nolde noch immer „mythische", „naturreligiöse", ja geradezu „chthonische" Kräfte nachgesagt werden, als habe man sich methodologisch nie über die Lebensphilosophie der zwanziger Jahre hinausentwickelt (S. 124). Von den politischen Implikationen dieser Bewegung ist dagegen fast nirgends die Rede. Ähnliches gilt für das in den USA erschienene Buch „German Expressionist Paiting" (1957) von Peter Howard Selz.

Ein etwas facettenreicheres Bild des Expressionismus beginnt sich erst in den sechziger Jahren abzuzeichnen. In der DDR hängt diese neue ‚Offenheit' weitgehend mit der Überwindung des einseitig negativen Expressionismus-Konzepts von Georg Lukács zusammen. Ab 1960 erschienen hier sowohl die Dramen Sternheims als auch Neudrucke der „Menschheitsdämmerung" und der „Kameraden der Menschheit", die Werke Kafkas und Tollers, die Expressionismus-Studien von Werner Mittenzwei, Klaus Kändler, Silvia Schlenstedt, Reinhard Weisbach und Hans Kaufmann, die erste positive Einschätzung des ‚Bauhauses' (1966) von Diether Schmidt und eine umfangreiche Dokumentation des Werkes von El Lissitzky (1967), durch die eine ganz andere Mobilität in Sachen ‚Expressionismus' entstanden ist. Nicht unkritisch, aber doch verständnisbereit, das heißt im echten Sinne auf dialektische Aneignung bedacht, nimmt man hier mehr und mehr jenen ‚Vorschein' des Expressionismus wahr, von dem Ernst Bloch bereits in den dreißiger Jahren mit so beredten Worten gesprochen hatte. So nennt Schmidt das Bauhaus schlichtweg einen „utopischen Vorgriff auf sozialistische Verhältnisse" (S. 8). „Aus der expressionistischen Dichtung spricht noch nicht die Stimme der Revolution, aber doch die Ahnung und Erwartung kommender großer Umwälzungen", heißt es in Mittenzweis Einleitung zur „Menschheitsdämmerung". Und auch Hans Kaufmann schreibt in seinem Buch „Krisen und Wandlungen der deutschen Literatur von Wedekind bis Feuchtwanger" (1966): „Die expressionistische Literaturbewegung ist kein Zwischenspiel, nach dessen Ende wieder ‚normale Zustände' in die Literatur einkehren. Der Expressionismus und die parallel laufenden, auf den gleichen materiellen und ideellen Veränderungen des Revolutionsjahrzehnts beruhenden literarisch-künstlerischen Entwicklungsprozesse sind wichtige Ansätze zur Erneuerung der deutschen Literatur, die nur aufgehoben, aber nicht zurückgenommen werden können" (S. 188).

Ähnliche Akzentverschiebungen lassen sich in der BRD und anderen westlichen Ländern beobachten. Auch hier tritt seit der 1960 von Paul Raabe veranstalteten Marbacher Expressionismus-Ausstellung immer stärker das historisch und sozialgeschichtlich Relevante in den Vordergrund. So hat sich in der Literatur das Interesse allgemein von der Lyrik auf das Drama, vom Metaphorischen auf die programmatische Bedeutsamkeit verlagert. Während man in den fünfziger Jahren mit Neuausgaben von Benn, Trakl, Stadler, Else Lasker-Schüler und Heym begann, erschienen in den sechziger Jahren vorwiegend Editionen von Autoren wie Sternheim, Toller, Kaiser, Hasenclever und Goering. Als Pendant dazu brachte Horst Denkler 1967 sein Buch über das „Drama des Expressionismus" heraus, ein Buch, das zehn Jahre zuvor noch undenkbar gewesen wäre. Mehr ins Ideologische zielen Untersuchungen wie „Style and Society in German Literary Expressionism" (1964) von Egbert Krispyn, „L'Espressionismo" (1965) von Ladislao Mittner, „Das Bild der bürgerlichen Welt im expressionistischen Drama" (1967) von Peter Uwe Hohendahl, „Engagierter Expressionismus. Politik und Literatur zwischen Weltkrieg und Weimarer Republik" (1970) von Eva Kolinsky und die Dokumentation „Literatur im Klassenkampf. Zur proletarisch-revolutionären Literaturtheorie. 1919–1923" (1971) von Walter Fähnders und Martin Rector, in denen sich eine zunehmende Politisierung im linken Sinne beobachten läßt.

Die westdeutsche Kunst- und Musikgeschichte haben dagegen diesen Wandel bisher noch nicht mitgemacht. Auf musikwissenschaftlichem Gebiet, wo nach alter Tradition das Handwerklich-Technische im Vordergrund des Interesses steht, erfreut sich der Begriff ‚Expressionismus' überhaupt keiner großen Beliebtheit. Hier vermeidet man alle Ausflüge ins Geistesgeschichtliche oder gar Politische und landet so immer wieder bei den esoterischen Tendenzen des engeren Schönberg-Kreises, dessen Werke man als rein subjektive und damit singuläre Schöpfungen feiert. In der Kunstgeschichte waren es in den sechziger Jahren vor allem die Engländer und Nordamerikaner, die sich mit dem deutschen Expressionismus beschäftigt haben. Man denke an Bücher wie „Expressionism: A Generation in Revolt" (1963) von Bernard Samuel Myers und „Expressionism" (1970) von Frank Whitford, in denen die deutsche expressionistische Malerei fast gleichrangig

neben die Werke des französischen Impressionismus gestellt wird. Zugleich verbreitet sich in diesen Jahren die Tendenz, den deutschen Expressionismus endlich in gesamteuropäische Zusammenhänge zu rücken, wie sich an dem Buch „Expressionism" (1970) von John Willett und dem Ausstellungskatalog der 1970 in Paris veranstalteten Superschau „L'expressionisme européen" ablesen läßt.
Auf diesem Wege sollte man in Zukunft weiterschreiten. Im Gegensatz zu den bisher betriebenen Spezialuntersuchungen muß die Expressionismus-Forschung endlich interdisziplinär werden, wenn sie den widerstreitenden Weltanschauungen und zugleich ästhetischen Schwerpunkten dieser Bewegung wirklich gerecht werden will. Die Beschränkung auf je eine Kunst, ob nun die Malerei, die Musik oder die Literatur, führt bei der Ungleichartigkeit der Qualität und der ideologischen Zielsetzungen, die einen Schönberg von einem Nolde und einen Nolde von einem Toller trennen, notwendig zu falschen Verklärungen oder Verdammungen. So wäre es sinnlos, die expressionistische Malerei wegen der Leistungen eines Macke oder Marc in den Himmel zu heben, und die expressionistische Literatur wegen der Gedichte eines Werfel oder der Dramen Unruhs als sentimentale Verzückung, metaphysischen Schmus oder sinnloses Geschrei abzutun. Was an dieser Bewegung wirklich beunruhigend, aufrüttelnd oder gar richtunggebend ist, wird sich rein ästhetisch nie nachweisen lassen. Der Expressionismus ist nun einmal nicht nur Kunst, sondern zugleich weltanschauliches Fanal. Und dies Fanal wird nur dem aufleuchten, der sich mit der Gesamtheit aller expressionistischen Tendenzen konfrontiert und obendrein ihren kulturhistorischen Stellenwert berücksichtigt. Denn nur bei einer solchen Überschau treten jene ‚entwicklungsgeschichtlichen' Momente hervor, die der Betrachtung von Kunst überhaupt erst ein sinnvolles Telos geben.

ABBILDUNGEN

Alexej von Jawlensky: Kopf mit offenen Augen (1917)

Herbert Garbe: Der Schlaf (1920). Hannover, Niedersächsische Landesgalerie

Rudolf Belling: Tanz (1917)

Oskar Schlemmer: Studie zum Triadischen Ballett (1922). New York, Museum of Modern Art

Karl Schmidt-Rottluff: Landschaft (1919)

Lyonel Feininger: Ostseeketsch (1924)

Franz Marc: Turm der blauen Pferde (1914)

Paul Klee: Komposition (1923). Marburg, Kunsthistorisches Museum

August Macke: Menschen auf der Brücke (1914). Darmstadt, Hessisches Landesmuseum

Bruno Taut: Glashaus für die Kölner Werkbund-Ausstellung (1914)

El Lissitzky: Tatlin bei der Arbeit (1922)

Rudolf Belling: Kopf (1923). New York, Museum of Modern Art

Hans Scharoun: Volkshausgedanke (1920)

Hans Poelzig: Großes Schauspielhaus, Garderobenraum (1919)

Ludwig Mies van der Rohe:
Modell eines Hochhauses aus Glas (1921)

Hermann Finsterlin: Atelierbau (1917)

Erich Mendelssohn: Entwurf zu einer Stahlfabrik (1914)

Walter Gropius und Adolf Meyer: Modelle zu Serienhäusern (1923)

Conrad Felixmüller: Gedenkblatt für Karl Liebknecht und Rosa Luxemburg (1919)

Georg Schrimpf: Die Revolutionäre (1915)

Ludwig Meidner: Revolution (1913). Berlin, Neue Nationalgalerie

Wassily Kandinsky: Lithographie (1923)

ANHANG

NACHBEMERKUNG

Mit diesem Band kommt eine Reihe zum Abschluß, deren Voraussetzungen bis zum Frühjahr 1956 zurückreichen. Richard Hamann arbeitete damals an einem Buch zur „Gründerzeit“ und hatte plötzlich die Idee – großräumig, wie er nun einmal dachte – diesem Band sofort eine Reihe weiterer Epochendarstellungen folgen zu lassen. Hochbetagt und von einem Leben unermüdlicher Arbeit erschöpft, bat er mich, den gerade erst Promovierten und fünfzig Jahre Jüngeren, doch mit unverbrauchten Kräften an ein solches Projekt heranzugehen. Unternehmungslustig und in jeder Hinsicht lernbegierig, machte ich mich unverzüglich an die Arbeit. Was dabei herauskam, liegt jetzt in den fünf Bänden der Reihe „Deutsche Kunst und Kultur von der Gründerzeit bis zum Expressionismus“ geschlossen vor.

Während Hamann bis zu seinem 1961 erfolgten Tode an dem Band „Gründerzeit“ weiterarbeitete, schrieb ich 1956–57 den Band „Naturalismus“, und zwar unter Benutzung der reichen Bestände der Berliner Bibliotheken und Museen sowie einiger Notizzettel Hamanns. Dieser Band erschien 1959 als erster der Gesamtreihe und erlebte seitdem zwei Neuauflagen (1968, 1972). 1957–1958 verfaßte ich – teils in Berlin, teils in Marburg – den Band „Impressionismus“, wobei ich als Starthilfe Hamanns Buch „Der Impressionismus in Leben und Kunst“ von 1907 verwandte, das bereits über ein reiches kulturhistorisches Material verfügt, dieses jedoch im Sinne Diltheys in eine weltweite Kulturmorphologie typisch ‚spätzeitlicher‘ Kunstformen einzuspannen versucht. Dieser Band erschien 1960 in erster, 1974 in vierter Auflage.

Nach dem Tode Hamanns traten Richard Hamann-MacLean und der Akademie-Verlag mit der Bitte an mich heran, auch Hamanns Nachlaßmanuskript zur „Gründerzeit“ im Sinne der Gesamtreihe zu überarbeiten. Das Gesamtkonzept dieses Bandes und vor allem die Abschnitte über Nietzsche, die Macht- und Rangideologie und die Stilideale der bildenden Kunst stammen weitgehend aus Hamanns Feder und sind selbst da, wo sie noch den Duktus der ersten Niederschrift verraten, möglichst unverändert in den endgültigen Text aufgenommen worden. Andere Teile, wie die Ausführungen über Literatur, Wissenschaft und Musik, wurden wesentlich erweitert, neu hinzugefügt – und schließlich das Ganze aufeinander abgestimmt. Die Arbeit daran beschäftigte mich vor allem in den Jahren 1962–63. Der Band selbst kam 1965 in erster, 1974 in dritter Auflage heraus. Unterdessen hatte ich 1959, kurz vor meiner Übersiedlung in die USA, mit der Arbeit an dem Band „Stilkunst um 1900" begonnen. Diese Arbeit, bei der mir die hervorragenden Bestände der früheren Preußischen Staatsbibliothek in Marburg und der Memorial Library der University of Wisconsin in Madison zugute kamen, erstreckte sich wegen der Vielschichtigkeit des Materials und einiger parallel laufender Grundsatzforschungen zu Problemen des Jugendstils bis zum Jahre 1965. Wie schon bei den früheren Bänden half mir auch diesmal Elisabeth Hermand nicht nur bei der Materialbeschaffung, sondern auch bei der Anlage des Registers und den Korrekturen, wofür ihr an dieser Stelle noch einmal ausdrücklich gedankt sei. Die erste Auflage dieses Bandes erschien 1967, die dritte 1975.

Mit der Arbeit an dem vorliegenden Band begann ich im Jahr 1968. Im Gegensatz zu dem „Naturalismus"- und dem „Stilkunst"-Band, wo ich fast ausschließlich auf eigene Forschungen angewiesen war, konnte ich mich bei diesem Band – neben mancher fruchtbaren Anregung, die ich Reinhold Grimm verdanke – auf einige, wenn auch recht sparsame Kollegnotizen Hamanns und einer Reihe seiner Publikationen zum bildkünstlerischen Expressionismus stützen. Ich meine damit vor allem den letzten Abschnitt seiner „Geschichte der deutschen Malerei vom Rokoko bis zum Expressionismus" (1925), das letzte Kapitel seiner „Geschichte der Kunst von der altchristlichen Zeit bis zur Gegenwart" (1932) und den Nachlaßaufsatz „Christentum und europäische Kultur", der 1963 in dem Band „Richard Hamann in memoriam" erschien, in denen er sein noch stark vom Expressionismus herkommendes Konzept einer allgemeinen ‚Leistungsethik' entwickelt. Obwohl also dieser Band erst ein Jahrzehnt nach Hamanns Tode niedergeschrieben wurde, dürfte er – der ideellen Zielrichtung nach – seinem Geiste nicht unbedingt am fernsten stehen. Was ich zum Gesamtkonzept dieser Reihe beigetragen habe, kommt vor allem in den Bänden „Naturalismus", „Impressionismus" und „Stilkunst um 1900" zum Ausdruck.

Der „Expressionismus" sei daher nicht Hamanns Andenken, sondern seinem Vordenken gewidmet. Doch eine solche ‚Widmung' hätte er selbst sicher abgelehnt. Hamann war kein Mann konventioneller Ehrungen oder großer Worte. Er bestand auf Leistung. Ich habe seinesgleichen selten wiedergetroffen.

Madison (Wisconsin), im März 1973 Jost Hermand

QUELLENNACHWEIS DER ABBILDUNGEN

Originalfotografien:

Berlin, Neue Nationalgalerie, Foto Steinkopf 70
Darmstadt, Hessisches Landesmuseum 76, 224 unten
Düsseldorf, Foto Stoedtner 68, 86, 220 unten, 222 unten, 225
Düsseldorf, Kunstsammlung Nordrhein-Westfalen 74 oben
Düsseldorf, Kunstmuseum, Foto Landesbildstelle Rheinland 67
Hamburg, Kunsthalle, Foto Kleinhempel 81
Hannover, Niedersächsische Landesgalerie 220 oben
Linz, Neue Galerie 74 unten
Marburg, Foto Marburg 80, 82, 219, 224 oben, 228 unten
Mülheim, Foto Neumüller 42
New York, Museum of Modern Art, Foto Sunami 69, 79 oben, 221, 227
Wien, Österreichische Galerie 79 unten

Reproduktionen aus Büchern:

„Bild der Klasse", Berlin 1968 233 oben
F. Borsi und G. K. König, „Architettura dell'Espressionismo", Genova 1967 228 oben, 230
Lothar-Günther Buchheim, „Die Künstlergemeinschaft ‚Brücke'", Dresden 1957 73 unten, 77 oben
Will Grohmann, „Paul Klee", Stuttgart 1954 73 oben
„El Lissitzky", Dresden 1967 226
„Propyläen-Kunstgeschichte", Bd. 16, Berlin 1926 223
Max Sauerlandt, „Emil Nolde", München 1921 75
Arnold Whittick, „Eric Mendelssohn", London 1956 231 oben
Hans M. Wingler, „Das Bauhaus", Bramsche 1962 229, 231 unten
Carl Zigrosser, „The Expressionists", New York 1957 77 unten

LITERATURHINWEISE

Folgende Gesamt- oder Werkausgaben werden im Text nur nach Band- und Seitenzahl zitiert: Gottfried Benn, „Gesammelte Werke", hrsg. von Dieter Wellershoff, Wiesbaden 1963 ff.; Bertolt Brecht, „Gesammelte Werke in acht Bänden", Frankfurt/Main 1967; Alfred Döblin, „Ausgewählte Werke in Einzelbänden", hrsg. von Walter Muschg, Olten 1960 ff.; Carl Einstein, „Gesammelte Werke", hrsg. von Ernst Nef, Wiesbaden 1963; Kurt Eisner, „Gesammelte Schriften", Berlin 1919; Georg Heym, „Dichtungen und Schriften", hrsg. von Karl Ludwig Schneider, München 1962 ff.; Ernst Stadler, „Dichtungen", hrsg. von Karl Ludwig Schneider, Hamburg 1954; Carl Sternheim, „Gesamtwerk", hrsg. von Wilhelm Emrich, Neuwied 1963 ff.; August Stramm, „Das Werk", hrsg. von René Radrizzani, Wiesbaden 1963; Friedrich Wolf, „Gesammelte Werke in sechzehn Bänden", hrsg. von Else Wolf, Berlin 1960 ff. Alle anderen Werke werden – wenn nicht anders angegeben – nach den Seitenzahlen der Erstausgaben zitiert.
Abkürzungen sind folgendermaßen aufzulösen: A = „Die Aktion", hrsg. von Franz Pfemfert, Berlin 1910 ff.; BG = Ernst Toller, „Briefe aus dem Gefängnis", Amsterdam 1935; BE = „Briefe der Expressionisten", hrsg. von Kasimir Edschmid, Frankfurt/Main 1964; E = „Erhebung", hrsg. von Alfred Wolfenstein, Berlin 1919; Ex = „Expressionismus. Der Kampf um eine literarische Bewegung", hrsg. von Paul Raabe, München 1965; FM = Kasimir Edschmid, „Frühe Manifeste", Hamburg 1957; JT = „Der Jüngste Tag", Leipzig 1913 ff.; K = „Kameraden der Menschheit", hrsg. von Ludwig Rubiner, Potsdam 1919; MD = „Menschheitsdämmerung", hrsg. von Kurt Pinthus, Hamburg 1959; P = „Literaturrevolution. 1910–1925", hrsg. von Paul Pörtner, Neuwied 1960; SuB = „Schrei und Bekenntnis", hrsg. von Karl Otten, Darmstadt 1959; WM = Gustav Landauer, „Der werdende Mensch", Potsdam 1921.

NAMENVERZEICHNIS

Die **halbfett** gesetzten Zahlen verweisen auf die Bildseiten